5

deutsch.werk

Gymnasium

Arbeitsbuch

Herausgegeben von:
Maximilian Nutz

Erarbeitet von:
Bernd Gockel
Susanne Heß
Oliver Klis
Susanne Lutz
Frieder Mutschler
Maximilian Nutz
Florian Schultz-Pernice
Angelika Schmitt-Kaufhold
Elke Wittmann

Ernst Klett Schulbuchverlag Leipzig
Leipzig Stuttgart Düsseldorf

Lernbereiche	Sprechen und Schreiben		Sprachbewusstsein entwickeln
	Lesen/Umgang mit Texten und Medien		
Aufbau der Kapitel	Organisierende Auftaktseite		Hier erfahrt ihr, was ihr im Kapitel alles lernt und wobei es euch hilft.
	Lernen	1	Aufgabe
			Querverweis
		ITG	Arbeiten mit dem Computer
		Projekt	Projekt
	Wissen	Wissen	Hier findet ihr die wichtigsten Lerninhalte des Kapitels zusammengefasst.
	Üben	Übungen	Hier könnt ihr euer erlerntes Wissen üben.
Arbeitstechniken		Arbeitstechnik	**Arbeitstechniken**, die euch bei der Lösung einer Aufgabe helfen, werden hier erklärt.
		Arbeitstechnik W-Fragen **Seite …**	Auf bereits erlernte **Arbeitstechniken**, die euch bei der Lösung einer Aufgabe helfen, wird hier verwiesen.
		Arbeitstechniken auf einen Blick	Im Anhang findet ihr alle in diesem Buch und in den Büchern der früheren Jahrgangsstufen vorkommenden **Arbeitstechniken auf einen Blick**.
			Im Kapitel **Lernmethoden** erhaltet ihr wichtige Hinweise, wie ihr euer Lernverhalten verbessern könnt.

Inhaltsverzeichnis

Sich und andere informieren

In dieser Einheit könnt ihr lernen,

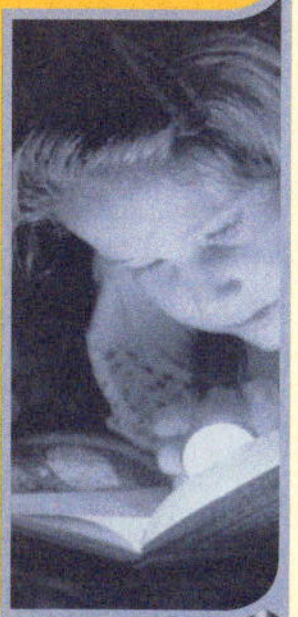

wie ihr euch an eurer neuen Schule orientieren könnt

- wie ihr euch in der neuen Klasse vorstellt
- wie und wo ihr mehr über eure neue Schule erfahrt und wie ihr eure Informationen ordnen könnt
- wie ihr über Interessantes an eurer Schule berichtet
- wie ihr andere über eure Schule informieren könnt

wie ihr Sachtexte leicht verstehen könnt

- wie ihr mit unbekannten Wörtern umgeht
- wie ihr Texte aufschlüsselt
- wie ihr aus Texten Informationen gewinnt

wie ihr anderen etwas beschreiben könnt

- wie ihr verlorene Gegenstände wiederbekommen könnt
- wie ihr dafür sorgen könnt, dass eure Gäste auch bei euch ankommen

Sich und andere informieren

1. Informationen beschaffen, ordnen und weitergeben

Die neue Klasse, die neue Schule

Sich und andere vorstellen

Ja – Das sind wir

Nach dem Abitur möchte ich gerne Tierforscher werden. Ich mag sehr gerne Schwimmen und Schnorcheln. Zu Hause habe ich Fische.

Tanzen finde ich cool und mein Lieblingsland ist Tunesien.

Ich liebe Meeressand!

Skifahren, Tennis, Klavierspielen, Computer sind meine Hobbys. Und natürlich Freunde treffen …

Ich spiele gerne Tennis und Basketball, aber Fußball mag ich überhaupt nicht.
In der Schule mag ich fast alle Fächer und finde auch fast alle Lehrer nett.
Klassische Musik finde ich bescheuert.

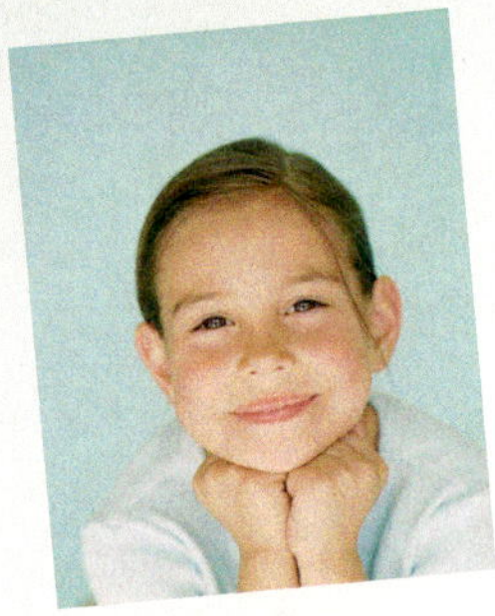

Ich bin eine Zicke.
Meine Hobbys sind Musik hören, Tanzen und sich mit Freunden treffen.
Ich habe grün-blau-graue Augen und dunkelblonde Haare.

1 „Das sind wir“. – Diskutiert die Idee, euch auf diese Weise besser kennen zu lernen.

2 Welche Informationen haben die Schüler und Schülerinnen einer 5. Klasse ausgewählt, um sich vorzustellen? Sprecht darüber, welche ihr selbst für wichtig haltet.

3 Stellt euch selbst in einem Text vor. Überlegt, wie ihr eure Vorstellung interessant gestalten könnt (z. B. durch Bilder, Fotos, ...).

4 Stellt eine Klassenwandzeitung zusammen, auf der ihr euch vorstellt.

Ich heiße Nastja. Das ist ein griechischer Name. Geboren bin ich in Reutlingen. Als ich sieben war, sind meine Eltern mit mir nach Thessaloniki zurückgekehrt. Jetzt arbeiten sie wieder in Deutschland. Mein Lieblingsfach ist Bio. Am meisten interessieren mich zur Zeit Dinosaurier und Reptilien. Vielleicht werde ich später einmal Naturforscherin.

5 Klärt, was ihr über Nastja erfahrt. Vergleicht ihre Vorstellung mit denen ihrer Mitschüler und Mitschülerinnen.

6 Versetzt euch in Nastjas Lage. Mit welchen Bildern oder Fotos hätte sie ihr Porträt gestalten können?

7 Überlegt euch Fragen, die ihr an Nastja stellen würdet.

8 Bereitet Fragen vor, die ihr euren Banknachbarn stellen wollt. Ihr könnt dazu Stichpunkte formulieren, z. B.

- Hobbys
- Freizeitbeschäftigungen
- Musik
- ...

9 Befragt eure Banknachbarn und notiert die Antworten. Stellt euch dann wechselseitig in der Klasse vor.

Sich orientieren – Informationen sammeln und ordnen

1 Beschreibt die Situationen, die auf den Bildern festgehalten sind. Vergleicht mit euren eigenen Erfahrungen.

2 Wie habt ihr den ersten Schultag an eurer neuen Schule erlebt? Überlegt, was euch besonders gefallen oder gestört hat.

3 Stellt die Informationen zusammen, die ihr an eurem ersten Schultag über eure neue Schule bekommen habt. Ihr könnt dabei so vorgehen:

Arbeitstechnik
Mindmap

Wenn ihr eure Informationen zu einem Thema zusammenstellen möchtet, könnt ihr das mit Hilfe einer Mindmap („Gedankenlandkarte") tun. In die Mitte eines Blattes schreibt ihr euer Thema, z. B. „Unsere neue Schule". Die verschiedenen Bereiche, die zu diesem Thema gehören, notiert ihr darum herum, z. B. „Veranstaltungen", „wichtige Personen", … Jedem Bereich könnt ihr dann mehrere Begriffe zuordnen, z. B. „Direktor" zu „wichtige Personen".

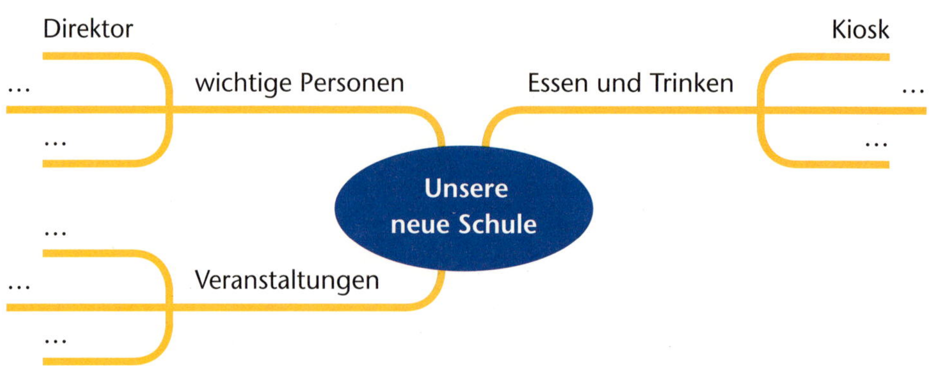

4 Was hättet ihr gerne noch erfahren? Notiert eure Fragen.

5 Formuliert Fragen zu folgenden Stichwörtern:

Theatergruppe Pausenverkauf Schulbücherei
Hausaufgabenhilfe Musikgruppen Veranstaltungen Schülerausweis

z. B.: *Gibt es eine Theatergruppe?, Was wird gerade vorbereitet?, Wann und wo trifft sie sich?, …*

6 Überlegt für jede der Fragen, die ihr gesammelt habt, welche Personen euch dazu Auskunft geben könnten:

Direktor/Direktorin Hausmeister Fachlehrer/Fachlehrerin …
Klassenleiter/Klassenleiterin Sekretariat Schülersprecher/Schülersprecherin

7 Erkundet, ob es noch weitere Informationsquellen zu euren Fragen gibt:
- ein schwarzes Brett?
- eine Homepage?
- …?

8 Informiert euch in Gruppen zu den Fragen, die ihr zu der neuen Schule habt.

9 Stellt eure Ergebnisse in der Klasse vor und ergänzt eure Mindmap.

Informationen weitergeben: Berichten

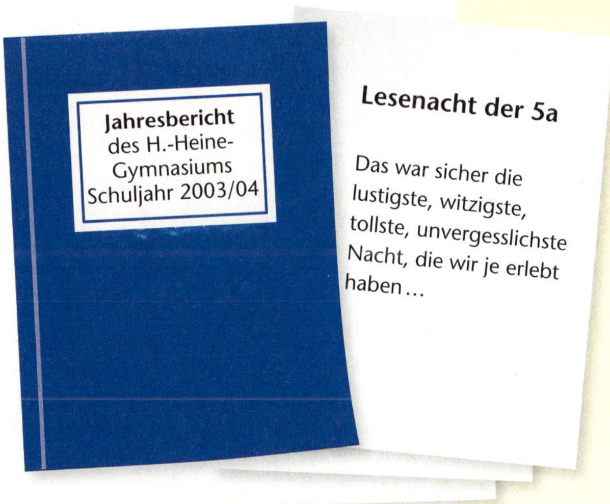

1 Habt ihr schon einmal eine Lesenacht mitgemacht? Erzählt davon.

2 Klärt, was ein Jahresbericht ist und ob es auch an eurer Schule einen gibt.

Auf dem Schulhof berichten die Schüler der jetzigen 6a von ihrer Lesenacht:

1 Sprecht darüber, was den Schülern an dieser Lesenacht so gefallen hat.

2 Tauscht euch darüber aus, wie die Lesenacht ausgesehen haben könnte. Was würdet ihr gerne noch erfahren?

3 Bringt die Äußerungen in eine zeitliche Reihenfolge.

4 Überlegt, wie ihr die Äußerungen noch ordnen könntet. Dabei können euch W-Fragen helfen:

Arbeitstechnik
W-Fragen

Viele Informationen sind Antworten auf W-Fragen. Deswegen könnt ihr mit Hilfe von W-Fragen Informationen beschaffen und sortieren. Die W-Fragen lauten:

- Was?
- Wer?
- Wann?
- Wo?
- Warum?
- Wie?

Wenn ihr andere über etwas informieren wollt, können die W-Fragen euch helfen, keine Information zu vergessen.

5 Gebt selbst einen Bericht über eine Veranstaltung an eurer alten oder eurer neuen Schule, z. B. über die Einführungs- oder Willkommensveranstaltung für die Fünftklässler. Achtet darauf,
- ✔ dass ihr die W-Fragen beantwortet,
- ✔ dass ihr die zeitliche Reihenfolge einhaltet.

6 Überlegt, wie ihr selbst eine Lesenacht vorbereiten und durchführen könntet.

Informationen weitergeben: Projekt Schulinfo

Für die neuen Schüler der fünften Klasse könnt ihr eine „Schulinfo" gestalten. Diese soll ihnen helfen, sich schnell in der neuen Umgebung zurechtzufinden. Dafür seid ihr Experten. Denn ihr wisst aus eigener Erfahrung, welche Informationen die „Neuen" dringend brauchen und welche Interessen sie haben.

Projekt

Das Heinrich-Heine-Gymnasium

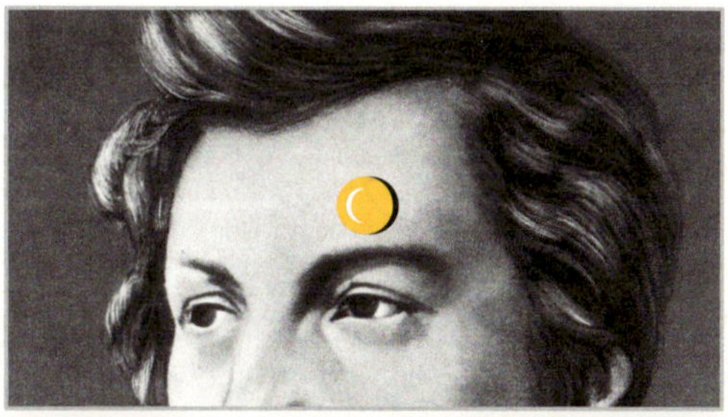

1 Stellt euch vor, die Bildkästen lassen sich öffnen. Ordnet jedem der Kästen eines der folgenden Themen zu:

- Schülerbibliothek
- Schulgeschichte
- Mittagstisch
- Schülerchor
- Schüleraustausch

2 Notiert zu jedem Kasten in Stichworten die Informationen, die er enthalten könnte.

3 Sprecht darüber, welche dieser Themen und Informationen für die „Neuen“ wichtig sind.

4 Sammelt weitere Informationen, die für die „Neuen“ interessant sind und die ihr deshalb in eure Schulinfo aufnehmen möchtet.

5 Legt die Themen fest, über die ihr informieren wollt. Bringt sie in eine übersichtliche Ordnung. Dazu könnt ihr eure Mindmap vom Beginn dieses Kapitels aufgreifen oder eine neue erstellen.

6 Entscheidet, wie die Schulinfo aussehen soll, z. B. Broschüre, Wandzeitung, ...

7 Bildet Expertengruppen, die Informationen zu den einzelnen Themen zusammenstellen, und ein Redaktionsteam, das für die Gesamtgestaltung der Schulinfo verantwortlich ist.

ITG

8 Wählt innerhalb eurer Gruppen Experten für bestimmte Tätigkeiten aus, z. B. fotografieren, grafisch gestalten, Texte mit einem Textverarbeitungsprogramm schreiben ...

9 Legt einen Zeitplan für eure Arbeit fest.

Wer ...	macht was ...	bis wann?
...	...	...
...	...	...

Der Projektplaner hilft euch zu überprüfen, ob eure Vorbereitungen vollständig sind. Außerdem zeigt er euch, wie ihr weiter vorgehen könnt:

Arbeitstechnik
Projekte planen

Projektplaner

Projektziel festlegen:
- Schulinfo für die „Neuen“ (Broschüre, Wandzeitung, Faltblatt, ...)

Themen finden:
- Worüber soll informiert werden?

Arbeitsgruppen bilden:
- Wer macht was?

einen Zeitplan erstellen:
- Was soll wann gemacht werden?
- Was soll bis wann fertig sein?

Informationen sammeln, ordnen, auswerten, kontrollieren:
- Stimmen die Angaben?

Informationen gestalten:
- eigene Texte schreiben
- Bilder, Fotos ergänzen
- Überschriften formulieren

Texte überarbeiten:
- Rechtschreibung, ...

Ergebnisse der Arbeitsgruppen zusammenstellen

Wissen

Informationen beschaffen, ordnen und weitergeben

Wenn ihr euch und andere über bestimmte Themen oder Personen informieren wollt, können euch diese Schritte helfen:

Fragen formulieren:
Was interessiert mich?
Was weiß ich schon?
Was will ich noch wissen?

Informationen sammeln und ordnen:
Wie, wo, von wem bekomme ich Informationen?
- Personen
- Erkundungsgänge
- Texte
- ...

Was gehört zusammen?
In welcher Reihenfolge?

Informationen weitergeben:
Was wissen die anderen bereits, was interessiert sie?
Welche Präsentationsform wähle ich (mündlicher Bericht, Wandplakat, ...)?
Wie ordne ich die Informationen an?
Wie kann ich meine Informationen anschaulich gestalten?

Übungen

1 Teilt euch in Gruppen auf und einigt euch in dieser Gruppe auf eine berühmte Person (Sportler, Sänger, Schauspieler, ...).

2 Tragt zusammen, was ihr über die Person bereits wisst und was euch noch interessiert.

3 Sammelt Informationen über die Person. Nutzt verschiedene Informationsquellen.

4 Wählt die Informationen aus, die für jemanden interessant sein könnten, der wenig über die Person weiß.

5 Ordnet diese Informationen. Ihr könnt dabei ein großes Blatt nehmen und in die Mitte ein Foto der Person kleben.

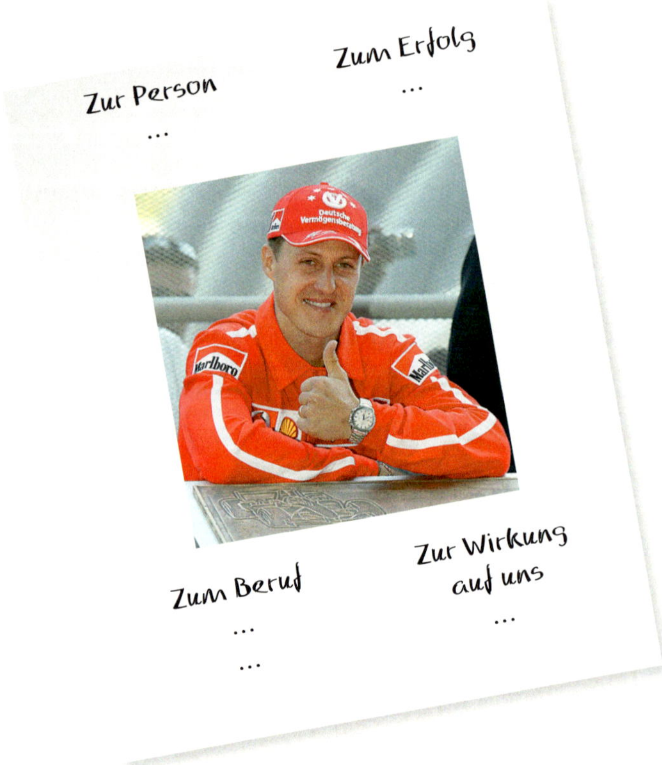

6 Überlegt Fragen an die Person, mit denen ihr in einem Interview zu diesen Informationen gelangen könnt.

7 Ihr könnt eine Person auch vorstellen, indem zwei Schüler ein Prominenteninterview spielen. Ihr dürft dabei keine Namen nennen. Eure Mitschüler erraten die berühmte Person.

2. Sachtexte erschließen
Dinosaurier

Dinosaurier – ein Film von Eric Leighton und Ralf Zondag

1 Sprecht darüber, was ihr an Dinosauriern interessant findet.

2 Beschreibt möglichst genau, worin sich der Held des Films *Dinosaurier*, Aladar (auf dem Bild links), von den beiden anderen Dinosauriern unterscheidet. Achtet dabei vor allem auf die Gesichtszüge der Tiere.

3 Worüber könnten die Dinosaurier sprechen? Erfindet einen kleinen Dialog.

Unbekannte Begriffe klären

Dinosaurier – Filmbesprechung

Die im Film erzählte Geschichte von Aladar, dem Iguanodon, beginnt mit einem Ei, das auf abenteuerliche Weise bei einer Lemurenfamilie landet. Das riesige Waisenkind verlebt auf der Insel der Lemuren eine glückliche Kindheit, bis der Einschlag eines Meteoriten die ganze Familie von dort vertreibt. Auf der Suche nach einem neuen Zuhause treffen sie auf eine Dinosaurierherde, die auf dem Weg zu ihrem Nistplatz ist. Aladar und seine Freunde schließen sich ihnen an. Das Besondere an diesem Disney-Film ist, dass es sich nicht um einen Zeichentrickfilm handelt, sondern um ein digitales Werk, in dem prähistorische Tiere vollkommen lebensecht auf die Leinwand gezaubert werden. Sie sind so authentisch, dass man fast schockiert ist, wenn sie plötzlich zu reden anfangen! Allerdings können nur die „Guten“ sprechen, die harmlosen Pflanzenfresser. Die Fleisch fressenden Zeitgenossen hört man nur brüllen oder knurren.

1 Weckt der Text euer Interesse an dem Film? Tauscht eure Meinungen aus.

2 Schreibt alle Wörter aus dem Text heraus, die ihr nicht kennt. Findet heraus, was sie bedeuten. Dabei hilft euch die folgende Arbeitstechnik:

Arbeitstechnik
Unbekannte Begriffe klären

Wenn ihr Texte verstehen wollt, müsst ihr unbekannte Begriffe klären. Hierzu gibt es verschiedene Möglichkeiten. Ihr könnt die Wörter

a) aus dem Zusammenhang erklären,
Einschlag eines ***Meteoriten****, vertreibt die Familie: Zerstörung der Insel durch einen Himmelskörper?*

b) aus Wörtern ableiten, die ihr bereits kennt,
Nistplatz*: nisten von Nest, also: Platz für den Nestbau*

c) in einem Lexikon nachschlagen.
Iguanodon*: Pflanzen fressender Dinosaurier*

Es gibt unterschiedliche Lexika, die euch Auskunft geben können:
- Manche Wörter findet ihr bereits in einem Rechtschreibwörterbuch oder in einem Fremdwörterlexikon erklärt.
- Ausführlichere Erklärungen findet ihr in einem Konversationslexikon (z. B. im *Brockhaus*).
- Sehr genaue Erklärungen zu speziellen Begriffen findet ihr in Fachlexika (z. B. in einem Tierlexikon).
- Auch im Internet findet ihr unterschiedlich ausführliche Worterklärungen (z. B. unter www.wissen.de).

Lexika sind alphabetisch geordnet.

3 Stellt eure Ergebnisse in der Klasse vor:
- Welche Wörter habt ihr im Lexikon nachgeschlagen?
- Welche Lexika habt ihr benutzt?
- Wie habt ihr die Wörter darin gefunden?
- Erklärt die Bedeutungen der Wörter.

4 Lest den Text noch einmal. Überprüft euer Verständnis, indem ihr folgende Behauptungen mit *ja* oder *nein* beantwortet und eure Antworten am Text begründet:

1. Die Fleisch fressenden Dinosaurier sind in dem Film stumm.
2. Die Tiere wirken lebensecht, weil sie sprechen.
3. Es handelt sich um einen Zeichentrickfilm, der mit Digitaltechnik hergestellt wurde.
4. Bei einem Meteoriteneinschlag kommt die Lemurenfamilie ums Leben.

5 Stellt euch vor, ihr hättet am Drehbuch des Films mitschreiben können: Was erleben Aladar und seine Freunde? Überlegt, wie die Geschichte weitergehen könnte.

Schlüsselwörter markieren

Auf der Suche nach Informationen über Dinosaurier könnt ihr in einem Jugendsachbuch auf folgenden Text stoßen:

Vor unvorstellbar langer Zeit, vor mindestens 250 Millionen Jahren, geschah etwas Ungeheuerliches: Die ersten fliegenden Reptilien eroberten den Luftraum und überwanden segelnd oder flatternd die Schwerkraft. Eine Revolution im Tierreich!
Vermutlich konnten die ersten Flugreptilien nur weite Sprünge von einem Baum zum anderen machen und noch nicht gut fliegen. Aber in Jahrmillionen wuchsen ihnen immer größere Hautlappen zwischen Armen und Beinen. Diese Flughäute wurden schließlich zu tragfähigen Flächen, mit denen die Tiere einen brauchbaren Gleitflug zustande brachten. Später begannen die Flugsaurier zu flattern und wie Vögel zu fliegen. […]
An der Küste weht ein frischer Wind vom Meer. Die Luftmassen kommen über den flachen Ozean und müssen in die Höhe steigen, um dem Festland auszuweichen. Das nutzt der größte Flugsaurier aus, der je über die Meere gesegelt ist. Er breitet seine Schwingen aus und lässt sich von den küstennahen Aufwinden hoch in die Lüfte tragen. So kann er stundenlang ohne einen einzigen Flügelschlag dahingleiten. Wenn er Hunger hat, steuert er nach unten, gleitet dicht über der Wasseroberfläche dahin und packt mit seinem langen Schnabel einen Fisch. Dann kippt er seine Flügel wie die Höhenruder eines Flugzeugs ein wenig nach oben und schwingt sich wieder mit dem Winde empor.
Der wissenschaftliche Name für den Ozeansegler lautet Pteranodon. Von ihm hat man ein vollständiges Skelett gefunden. Daher weiß man, dass die Flügelspannweite dieser „Riesenflieger“ mehr als sieben Meter betragen konnte.

1 Wovon handelt der Text? Sucht eine Überschrift, die über den Inhalt informiert.

2 Klärt Wörter, die ihr nicht kennt.

3 In den ersten beiden Abschnitten sind Wörter unterstrichen.
- Überlegt, wofür eine solche Markierung hilfreich sein kann.
- Besprecht, ob ihr die gleichen Wörter markiert hättet.

4 Schreibt die anderen drei Absätze des Textes in euer Heft ab und markiert jeweils Wörter, die ihr für wichtig haltet. Ihr könnt dabei so vorgehen:

Arbeitstechnik
Schlüsselwörter markieren

Das Richtige markieren: Schlüsselwörter

Markierungen können euch helfen, einen Text leichter und schneller zu erfassen. Ihr müsst dabei vor allem auf Schlüsselwörter achten, mit deren Hilfe sich der Text „aufschließen" lässt. Sie sind Signale, die zeigen, worum es im ganzen Text oder in den verschiedenen Abschnitten geht. Sie sind gleichsam die Überschriften für verschiedene Einzelinformationen.

z. B. ***Flughäute*** (Schlüsselwort):
- *Hautlappen zwischen Armen und Beinen*
- *wuchsen in Jahrmillionen*
- *wurden schließlich zu tragfähigen Flächen*

Richtig markieren: sparsam und deutlich

Beschränkt euch bei euren Markierungen auf wenige Schlüsselwörter, damit ihr die Übersicht nicht verliert.
Markiert so, dass sowohl die Markierung selbst als auch das markierte Wort deutlich zu erkennen sind: Ihr könnt die Wörter mit einem hellen Textmarker kennzeichnen oder sie mit einem bunten Stift und Lineal kräftig unterstreichen. Verwendet für einen Text nur eine Farbe.

nicht:

Vor unvorstellbar langer Zeit, vor mindestens 250 Millionen Jahren, geschah etwas Ungeheuerliches: Die ersten fliegenden Reptilien eroberten den Luftraum und überwanden segelnd oder flatternd die Schwerkraft. Eine Revolution im Tierreich!

sondern:

Vor unvorstellbar langer Zeit, vor mindestens 250 Millionen Jahren, geschah etwas Ungeheuerliches: Die ersten fliegenden Reptilien eroberten den Luftraum und überwanden segelnd oder flatternd die Schwerkraft. Eine Revolution im Tierreich!

5 Vergleicht eure Markierungen. Besprecht, welche den Text am besten erschließen helfen.

Informationen entnehmen

1 Formuliert in Gruppen Fragen, auf die der Text auf Seite 17 euch eine Antwort gibt, z. B.
Wann gab es die ersten Flugsaurier?, …

Anschließend stellt ihr die Fragen in der Klasse. Wer als Erster die Antwort nennt und die Zeile, in der die Antwort steht, darf die nächste Frage stellen.

2 Sucht in euren Gruppen für jeden Absatz des Textes eine passende Überschrift. Ihr könnt dabei Wörter aus dem Text oder ganz eigene Formulierungen verwenden, z. B.
Absatz 1: Revolution im Tierreich oder *Tiere erheben sich in die Luft*

Sprecht über eure Überschriften in der Klasse: Welche informieren besonders gut über den Inhalt? Begründet.

3 Schreibt in Gruppen eure Überschriften für jeden Absatz auf einzelne Blätter oder Karteikärtchen. Notiert darunter in Stichworten die wichtigsten Informationen, die ihr in den einzelnen Absätzen bekommt.

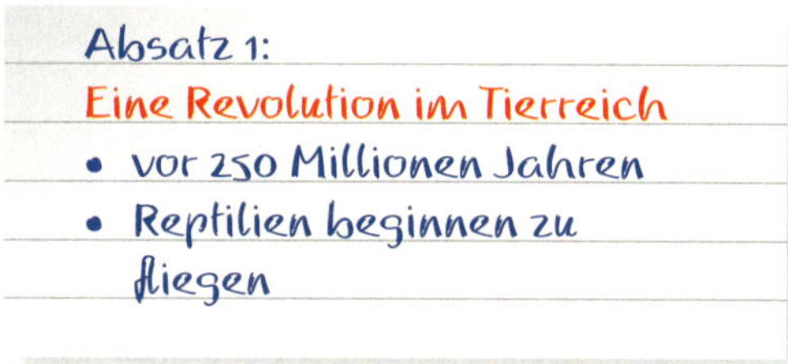

4 Vergleicht eure Ergebnisse in der Klasse. Wählt für jeden Abschnitt ein Karteikärtchen aus, das die Informationen am besten wiedergibt. Wenn ihr die Karteikärtchen in die richtige Reihenfolge bringt, habt ihr in Stichworten den Inhalt des Textes.

5 Bildet Gruppen und fasst die Informationen, die auf euren Kärtchen stehen, in einem Text zusammen.

Vor 250 Millionen Jahren gab es eine Revolution im Tierreich. Die ersten Reptilien begannen zu fliegen. Zuerst machten sie nur kleine Sprünge. Allmählich wuchsen ihnen Flughäute, die sich dann zu Flügeln entwickelten.
Der größte Flugsaurier hatte Flügel, die mehr als sieben Meter breit waren. Er ließ sich durch Aufwinde tragen und glitt damit über den Ozean.

6 Vergleicht diese Zusammenfassung mit euren eigenen Texten.
Achtet dabei auf
- ✔ die Informationen, die aufgenommen oder weggelassen wurden,
- ✔ die Genauigkeit der Ausdrucksweise.

7 Überarbeitet den Text. Entscheidet dabei,
- welche Informationen ihr zusätzlich aufnehmen oder weglassen wollt,
- wo ihr Formulierungen ändern, z. B. Fachbegriffe aus dem Text wie „Flügelspannweite" einbauen wollt.

Projekt

8 Vielleicht interessiert ihr euch auch noch für andere Themen aus dem Bereich der Dinosaurier.
- Entscheidet euch für einige dieser Themen, über die ihr euch genauer informieren wollt.
- Informiert euch in Gruppen in Lexika, Sachbüchern oder im Internet (z. B. unter www.blinde-kuh.de).
- Stellt anschließend die interessantesten Informationen zu eurem Thema auf einem Plakat zusammen.

ITG

Wissen

Sachtexte erschließen

Sachtexte könnt ihr so besser verstehen, bearbeiten und auswerten:

im Überblick lesen:
- Thema, Überschrift, Zwischenüberschriften, Bilder, Hervorhebungen beachten

unbekannte Wörter klären:
- aus dem Zusammenhang
- durch Ableiten
- durch Nachschlagen

abschnittweise bearbeiten:
- Schlüsselwörter markieren
- Überschriften zu den Abschnitten formulieren

Informationen entnehmen:
- Fragen an den Text beantworten (mit Zeilenangaben)
- Stichwörter herausschreiben
- Zusammenfassung formulieren

Übungen

1 Schon die ersten zehn Minuten von „Dinosaurier" werden sicher in die Filmgeschichte eingehen. Wenn zu Anfang des Films ein gewaltiger Oviraptor, ein Flugsaurier, sich mit einem geraubten Iguanodon-Ei in die Lüfte erhebt und über wilde Felsschluchten, Meere und Vulkane fliegt, macht dieser Walt Disney-Film klar, dass hier eine ganze Welt am Computer neu erschaffen wurde. Die ganze wilde Kreidezeit, mit ihren unzähligen kaltblütigen Bewohnern liegt dem Kinozuschauer minutenlang zu Füßen.
Sechs Jahre lang arbeiteten über 350 Mitarbeiter an „Dinosaurier" und filmten für die unglaublichen Panoramen und Landschaftsperspektiven 18 Monate überall auf der Welt. Für die am Computer nachbearbeiteten Realaufnahmen wurde eine

auf 21 Meter aufgehängte spezielle Kamera entwickelt, die in der Lage war, 360-Grad-Schwenks und -Neigungen mit bis zu 50 Stundenkilometern Geschwindigkeit zu filmen. So gelangen atemberaubende Fahrten und Flugeinstellungen, in die die am Computer animierten Echsen eingearbeitet wurden.

2 Seit der Entdeckung der Dinosaurier vor über hundert Jahren hat ihr restloses Aussterben die Menschen beschäftigt. Mehr als hundert Theorien wurden aufgestellt, die meisten davon sind unhaltbar. Oft wird nämlich übersehen, dass viele andere Tiere die kritische Zeit überlebt haben: Krokodile, Eidechsen, Schlangen, Schildkröten, Vögel und Säugetiere. Galten die Ursachen, die zum Aussterben führten, für sie nicht?
Mit den Land bewohnenden Dinosauriern verschwanden hingegen auch alle Meeressaurier und Ammoniten, viele andere Meereskleintiere und bestimmte Landpflanzen. Diese Arten starben wahrscheinlich aus denselben Gründen aus.
Eine der jüngsten Theorien macht eine plötzliche Katastrophe für das Massen-Aussterben verantwortlich, man nimmt an, dass vor 65 Millionen Jahren ein riesiger Meteorit von 10 Kilometern Durchmesser die Erde traf. Der Aufprall löste gewaltige Flutwellen aus. Gestein schmolz und wurde als ungeheure Staubmasse in die Höhe geschleudert. Monatelang verdunkelten die Staubwolken den Himmel. Die auf Licht angewiesenen Pflanzen starben, mit ihnen die Pflanzenfresser, danach die Fleischfresser. Es wurde erst sehr kalt, weil die Sonnenbestrahlung nicht mehr bis zur Erdoberfläche hindurchdrang, später aber heiß, weil sich inzwischen die oberen Luftschichten stark aufgeheizt hatten. Wenn einige Dinosaurier-Arten die unmittelbare Katastrophe überlebten, so starben sie schließlich an den Folgeerscheinungen, die sich über Jahrhunderte hinzogen.

1 Lest die beiden Texte im Überblick und entscheidet, welchen ihr genauer bearbeiten möchtet.

2 Erschließt den Text, den ihr ausgewählt habt:
- Stellt fest, wovon der Text handelt und sucht eine passende Überschrift.
- Schreibt die Wörter heraus, die ihr nicht kennt, und klärt ihre Bedeutung.
- Markiert die Schlüsselwörter.
- Formuliert für jeden Absatz eine Überschrift.
- Notiert die Informationen aus jedem Absatz in Stichwörtern.
- Schreibt eine kurze Textzusammenfassung.

3 Informiert euch über die verschiedenen Theorien, mit denen die Wissenschaftler das Aussterben der Dinosaurier zu erklären versuchen.

3. Beschreiben
Verwirrungen und Verirrungen

Einen Gegenstand beschreiben

1

2

1 Habt ihr schon einmal einen wichtigen Gegenstand verloren? Erzählt davon.

2 Erklärt die abgebildete Situation.

3 Wählt einen der abgebildeten Geldbeutel aus. Beschreibt ihn. Die anderen sagen, welchen Geldbeutel ihr beschrieben habt.

4 Tragt zusammen, welche Merkmale ihr beschreiben müsst, damit der Geldbeutel nicht verwechselt werden kann.

5 Welche Hinweise könnte der Besitzer des Geldbeutels außerdem noch geben?

6 Überlegt, in welcher Reihenfolge die Merkmale der Geldbeutel beschrieben werden sollten.

7 Was würdet ihr als erstes Merkmal nennen
- bei einem Schulranzen,
- bei einem Füller,
- bei Turnschuhen,
- bei einer Monatskarte?

8 Fundbörsenspiel:
- Beschreibt auf einem Papier eure Mäppchen.
- Ein Spielleiter sammelt 10–15 Mäppchen und die entsprechenden Beschreibungen ein. Die Mäppchen legt er gut sichtbar auf einen Tisch. Sie werden deutlich sichtbar nummeriert (z. B. mit Pappschildern).
- Dann eröffnet er die Fundbörse. Er liest in zufälliger Reihenfolge die Beschreibungen vor. Gewinner ist, wer den Gegenstand, der zur Beschreibung passt, als Erster nennt.

9 Vergleicht eure Beschreibungen:
- ✔ Welche Merkmale werden beschrieben?
- ✔ In welcher Reihenfolge werden die Merkmale genannt?
- ✔ Lassen sich die Merkmale noch genauer beschreiben?

Einen Weg beschreiben

Nastjas Mitschülerin Judith macht eine Pizza-Party. Sie lädt Nastja ein.

JUDITH: Komm doch einfach, wenn du Lust hast. Ich würde mich freuen!

NASTJA: Du, ich komme sehr gerne, aber ich weiß nicht, wo du wohnst.

JUDITH: Na, im Silcherweg Nr. 12.

NASTJA: Aha, und wie komme ich vom Lenauweg in den Silcherweg?

JUDITH: Vom Lenauweg? Das ist ganz einfach. Du gehst einfach bei Sabine vorbei, dann rechts. Dann ein paar Meter geradeaus und an dem großen Gebäude links. Danach geht es ein ordentliches Stück geradeaus – ach nein, erst musst du die Hauptstraße überqueren. Du kannst es so versuchen, dann musst du aber gut hingucken. Besser gehst du die paar Meter nach links und benutzt die Fußgängerampel. Bei Stefan biegst du dann zu mir ab. Du kannst aber auch schon ein bisschen vorher abbiegen. Das wäre dann eine Abkürzung.

NASTJA: Moment, da komme ich jetzt nicht richtig mit. Wo wohnt denn Sabine?

1 Besprecht, warum Nastja „nicht richtig mitkommt".

2 Untersucht Judiths Wegbeschreibung genauer:
- Welche der Informationen braucht Nastja, welche helfen ihr nicht?
- An welchen Stellen müsste Judith genauer sein?
- Welche Tipps könnt ihr Judith noch geben?

Judith hat zusammen mit ihrer Mutter eine Wegskizze angefertigt.

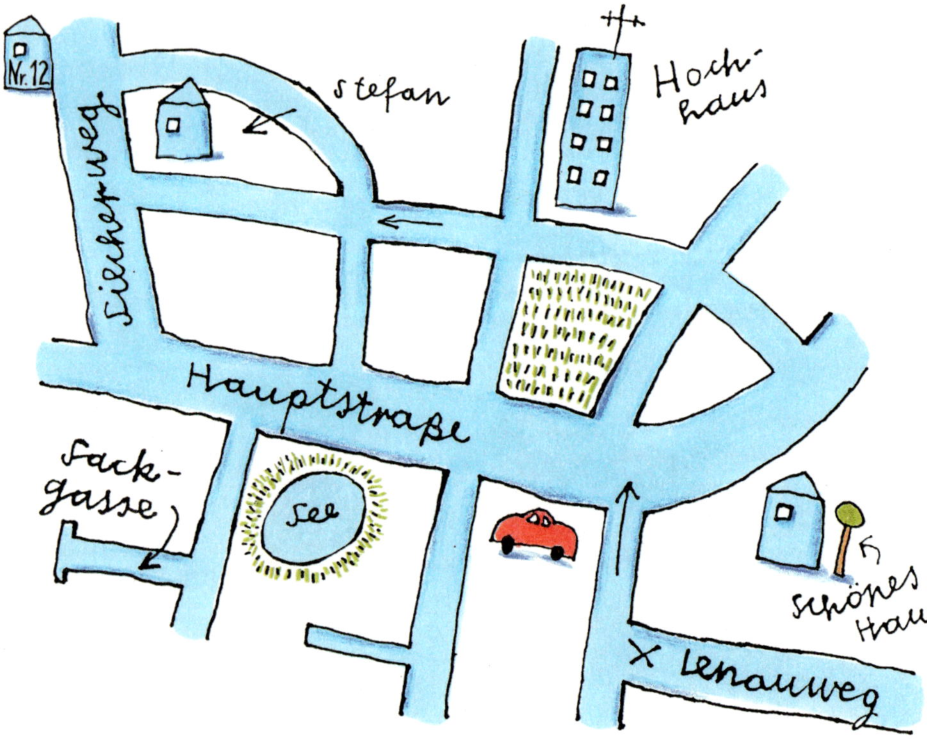

3 Schaut die Wegskizze genau an:
- Welche Informationen enthält sie?
- Welche Informationen sind eurer Meinung nach überflüssig?
- Welche könnte man noch brauchen?

4 Formt die Skizze in einen Text um. Benutzt dabei den „Wörter-Pool". Schreibt die Wegbeschreibung in euer Heft.

überqueren
stoßen auf
vorbeikommen an
entlanggehen
führen zu
links/rechts halten
abbiegen
einbiegen
die Erste/Zweite rechts/links nehmen
in Richtung…

5 Zeichnet eine Wegskizze für eine Geburtstagseinladung zu euch nach Hause. Sucht euch für den Ausgangspunkt einen bekannten Platz oder ein bekanntes Gebäude (Post, Rathaus, Schule,...) aus.

6 Schreibt einen Begleittext zu eurer Skizze. Er könnte so anfangen:
So findet ihr mich am einfachsten:
Ihr steigt am Krankenhaus „St. Elisabeth" aus. Von dort…

7 Kontrolliert eure Texte gegenseitig, indem ihr die Skizze mit dem Text vergleicht. Besprecht,
✔ ob wichtige Informationen fehlen,
✔ ob der Text etwas Überflüssiges enthält,
✔ ob die Hinweise eindeutig sind,
✔ ob die Reihenfolge stimmt.

Wissen

Beschreiben

Wenn ihr etwas beschreibt, informiert ihr andere über etwas, das sie nicht kennen. Sie müssen es sich mit Hilfe eurer Beschreibung vorstellen können. Es kommt daher darauf an,
- dass ihr euch überlegt, was euer Gegenüber bereits weiß und was er von euch noch erfahren muss,
- dass eure Beschreibung genau ist.

Genauigkeit erreicht ihr durch:
- Vollständigkeit:
  Alles Wichtige muss genannt werden.
- Kürze:
  Überflüssiges verwirrt.
- die richtige Reihenfolge:
  Bei Gegenstandsbeschreibungen beginnt ihr mit den auffälligsten Merkmalen und geht vom Ganzen zum Einzelnen.
  Bei Wegbeschreibungen haltet ihr die Reihenfolge des Weges ein.
- Eindeutigkeit:
  Hierbei hilft euch eine sorgfältige Wortwahl.
  (Gegenstände können einfach nur blau oder hellblau sein.
  Straßen können rechts oder schräg rechts abgehen.)

Bei einer Wegbeschreibung
- sucht ihr euch zunächst einen Startpunkt,
- nennt ihr wichtige oder auffällige Straßen, Plätze oder Gebäude als Orientierungshilfe,
- gebt ihr geschätzte Entfernungen an,
- verwendet ihr Richtungsangaben,
- weist ihr auf gefährliche Stellen hin.

Übungen

1 Benennt die Tiere, die hier abgebildet sind.

2 Beschreibt eines der Tiere so, dass es mit keinem der anderen verwechselt werden kann. Achtet besonders auf

- ✔ die Reihenfolge, in der ihr die Merkmale beschreibt,
- ✔ die Verwendung treffender Adjektive. Dabei kann euch der Wortspeicher helfen:

buschig wollig flaumig glatt dicht fein
hellbraun dunkelbraun nussbraun kastanienbraun
lang kurz spitz
gleichmäßig gefleckt

3 Beschreibt, wie ihr

- vom Uhland-Gymnasium zum Eiscafé im Nonnenhaus oder
- vom Eiscafé im Nonnenhaus zum Uhlandgymnasium kommt.

Unterwegs findet ihr verschiedene Plätze und Gebäude, die ihr als Orientierungshilfe nennen könnt.

4 Natürlich könnt ihr auch selbst ein Beispiel aus eurem Wohnort wählen. Beschreibt den Weg von einer Stelle zu einer anderen. Achtet darauf, dass die beiden Stellen nicht zu weit voneinander entfernt liegen.

Sprachlicher Umgang mit anderen

In dieser Einheit könnt ihr lernen,

wie ihr Gesprächsverhalten beobachten und verbessern könnt

wie ihr mit Bitten und Aufforderungen erfolgreich umgeht

- wie ihr gelungene Einladungen schreibt
- was ihr bei Bitten und Aufforderungen beachten müsst, um eure Ziele zu erreichen

wie ihr geordnete Gespräche in der Klasse führt

- welche Regeln euch dabei helfen
- wie ihr solche Gespräche leiten könnt

Sprachlicher Umgang mit anderen
Mit Eltern und Freunden

1. Gespräche untersuchen und gestalten

Uwe Timm: Rennschwein Rudi Rüssel

Ein Sonntagsausflug mit der Familie. Es wird gewandert, „was wir Kinder überhaupt nicht mögen". Da ist ein Jubiläumsfest einer Dorffeuerwehr schon eine Abwechslung. Die Kinder dürfen sich ein Los bei der Tombola kaufen, und Zuppi, die Kleinste, gewinnt den Hauptpreis:

„Du hast Schwein. Du hast nämlich ein kleines Schwein gewonnen."
Und dann hob der Mann ein Ferkel aus einer Kiste und drückte es Zuppi in die Arme. Die Leute klatschten und lachten. Zuppi schleppte grinsend das Ferkel zu unserem Tisch und setzte es Mutter auf den Schoß. Es war ein sauberes rosiges Tier mit einer dicken Schnauze, kleinen flinken Äuglein und großen Schlappohren. Es sah wirklich niedlich aus, trotzdem machte Vater ein finsteres Gesicht. Als ein Bauer, der an unserem Tisch saß, uns zu dem Ferkel gratulierte, lächelte Vater gequält. Man muss wissen, Vater mag keine Haustiere. Tiere gehören nicht ins Haus, sagt er immer. Und jetzt hatte Mutter dieses Ferkel auf dem Schoß und kraulte ihm das eine Schlappohr.

„Niedlich, nicht“, sagte Zuppi begeistert, „guck mal dieser kleine Ringelschwanz.“ Vater nahm die Pfeife aus dem Mund. „Ganz nett“, sagte er, „aber wenn wir gehen, dann gibst du das Tier zurück!“

„Nein“, rief Zuppi, „ich hab das gewonnen. Das gehört mir.“

„Wir können das Tier doch nicht mitnehmen.“

Da begann Zuppi zu weinen, und wenn sie weint, dann tut sie das ziemlich laut. Von den anderen Tischen sahen sie herüber. Warum weinte das kleine Mädchen, das doch eben ein Glücksschwein gewonnen hatte?

Vater, der schon die Hand ausgestreckt hatte um das Ferkel auf den Boden zu setzen, zog die Hand wieder zurück. Die Leute am Nachbartisch sahen ihn finster an. Es hatte tatsächlich so ausgesehen, als habe er dem Ferkel einen Klaps geben wollen.

„Gut, gut“, sagte Vater, „dann behalt das Vieh erst mal.“

Vater zahlte und wir gingen zum Auto zurück. [...] Mutter nahm das Ferkel auf den Schoß, damit es nicht die Polster schmutzig machte. Dabei war es ganz sauber.

„Schweine sind immer dreckig“, sagte Vater, „sie lieben Dreck. Was meint ihr wohl, woher das kommt, wenn man sagt, jemand isst wie ein Schwein oder das Zimmer ist ein richtiger Schweinestall?“

Es war natürlich klar, was er damit meinte, unser Kinderzimmer natürlich.

Wir waren noch nicht weit gefahren, da schrie Mutter auf.

Das Ferkel hatte ihr auf das Kleid gepinkelt.

„Jetzt reicht's“, sagte Vater. Beim nächsten Bauernhof hielt er an.

„So“, sagte er, „jetzt schenken wir das Ferkel einem Bauern. Schweine gehören aufs Land und nicht in eine Stadtwohnung.“

Zuppi begann zu schreien. Sie kann so laut schreien, dass man sich die Ohren zuhalten muss.

„Ruhe“, brüllte Vater. „Schweine werden traurig, wenn sie nur Häuser und keine Felder und Wiesen sehen.“

Zuppi schrie weiter.

„Lass ihr wenigstens ein paar Tage das Ferkel“, sagte Mutter, „sie hat es nun mal gewonnen. Wir können es ja immer noch weggeben.“

„Also gut, drei Tage darfst du es behalten, dann muss es weg. Was sollen die Leute im Haus denken.“

1 Was würdet ihr mit dem Ferkel machen?

2 Bildet Gruppen und versetzt euch in die Lage der verschiedenen Familienmitglieder. Hierzu gehören Zuppi, Vater, Mutter und der Ich-Erzähler. Macht aus ihrer Sicht Vorschläge, was mit dem Ferkel geschehen soll.

3 Diskutiert das Verhalten des Vaters.

4 Überlegt, warum der Ich-Erzähler nichts sagt.

5 Spielt die Szene, indem ihr euch in der Rolle des Ich-Erzählers einmischt. Dabei kann euch ein Rollenspiel helfen:

Arbeitstechnik Rhetorik
Rollenspiel

Wenn ihr besser verstehen möchtet, wie sich Menschen in Situationen verhalten, ist es hilfreich, sich in sie hineinzuversetzen. Ihr schlüpft in die Rollen der Personen und versucht so ihr Denken, Handeln und Reden nachzuvollziehen. In Rollenspielen könnt ihr das Sprechen und Verhalten von Personen auch verändern und damit verschiedene Gesprächsmöglichkeiten ausprobieren. Ihr lernt damit, wie ihr selbst Gespräche führen und beeinflussen könnt.

Bevor ihr ein Rollenspiel durchführt, könnt ihr Informationen über die Situation und die Personen auf Karteikarten festhalten. Auf der Situationskarte sammelt ihr Stichworte und Notizen zur Situation und zum Thema eures Gesprächs. Auf den Personenkarten notiert ihr wichtige Merkmale wie Rolle (z. B. in der Familie, im Beruf), Eigenschaften und Verhaltensweisen.

Situationskarte
- die kleine Zuppi hat bei einer Verlosung ein Schwein gewonnen
- sie möchte das Schwein mit nach Hause nehmen
- der Vater ist dagegen
- ...

Personenkarte: Vater
- ist gegen das Halten von Haustieren
- hält seine Meinung unbedingt für die richtige
- möchte bei den Nachbarn nicht auffallen

6 Ergänzt die Notizen auf den Karten durch weitere Informationen, die ihr für wichtig haltet.

7 Legt auch Personenkarten für die anderen Familienmitglieder an.

8 Spielt ein Gespräch, in dem die Mutter dem Vater deutlich macht, dass sie sein Verhalten nicht ganz richtig findet.

Peter Härtling: Ben liebt Anna

Bohr nicht in der Nase, du Indianer, sagt Mutter. Das sagt sie immer, wenn er in der Nase popelt. Jedes Mal denkt Ben, dass er noch nie eine Geschichte gelesen hat, in der ein Indianer in der Nase bohrt. Mutter hat ziemlich falsche Vorstellungen von Indianern. Wenn er grübelt, grübelt er manchmal mit der Nase.

Mutter weiß das auch. Nun hat sie ihn durcheinander gebracht. Jetzt habe ich vergessen, was ich gedacht habe, schimpft er. Dann wird es schon nicht so doll gewesen sein, sagt Mutter. Außerdem sollte einer, der bald zehn wird, nicht mehr in der Nase bohren. Ich kenne sogar Fünfzigjährige, die das tun. Ach, hör mal. Der Onkel Gerhard! Mutter dreht sich von ihm weg, und Ben weiß, dass sie lacht. Doch gleich spielt sie wieder die Strenge. Es fällt ihr so schwer, dass sie das Salzfass auf dem Tisch umwirft. Das kannst du doch nicht so einfach behaupten, sagt sie. Doch Grete, antwortet Ben. Er und Holger rufen Mutter Grete. Vater sagt Gretel zu ihr. Immer musst du streiten, sagt Mutter.

Ben schüttelt den Kopf und sagt dann: Du hast mal zum Papa gesagt, der Onkel Gerhard benimmt sich manchmal wie ein Ferkel. Wo es so alte Ferkel doch gar nicht geben kann. Er hat Mutter geschafft. Sie seufzt, räumt die Terrine vom Tisch und schlägt einen anderen Ton an. Wenn sie es ernst meint, schlägt sie den immer an.

Nun trödel mal nicht. Und mach gleich deine Hausaufgaben. […]

1 „Immer musst du streiten." – Beurteilt selbst, wie sich Ben in dieser Situation verhält.

2 Sucht Gründe dafür, dass die Mutter am Ende „einen anderen Ton" anschlägt.

3 „Nun trödel mal nicht." – Wie könnte das Gespräch weitergehen, wenn sich Ben so verhalten würde wie vorher? Probiert mehrere Möglichkeiten in einem Rollenspiel aus.

4 Bildet zwei Gruppen: Die eine versetzt sich in die Rolle Bens, die andere in die der Mutter. Überlegt gemeinsam: Wie sollte sich wohl Ben aus der Sicht der Mutter und wie die Mutter aus der Sicht Bens im Gespräch verhalten?

5 Verändert das Gespräch so, dass beide damit zufriedener sind.

Mutter: „Bohr nicht in der Nase, du Indianer."	*„Hör doch bitte mit dem Nasenbohren auf, Ben."*
Ben: „Jetzt habe ich vergessen, was ich gedacht habe."	*…*

6 Spielt kurze Rollenspiele zu alltäglichen Situationen, wie ihr sie selbst mit euren Eltern erlebt, z. B.
- das Zimmer ist wieder einmal nicht aufgeräumt,
- ihr habt die Hausaufgaben nicht gleich nach dem Mittagessen gemacht,
- ihr habt den Musikunterricht am Nachmittag versäumt.

Bereitet euer Rollenspiel in kleinen Gruppen vor, indem ihr Karteikarten anlegt.

7 Formuliert Vorschläge dazu, was ihr selbst und eure Eltern in solchen Gesprächssituationen beachten solltet.

2. Auffordern und bitten

Eine Einladung schreiben

Kasimir und Konrad

Kasimir Stachelschwein und Konrad Bär sind dicke Freunde. Sie streiten sich nur dann, wenn Kasimir wieder einmal der Allerschlaueste sein will.
Nach seinem Winterschlaf lädt Konrad seinen Freund Kasimir zu Tee und selbst gebackenen Keksen ein. Um Kasimir eine richtige Freude zu machen, schreibt Konrad ihm einen Brief. Er beginnt:

„Kasimir, ehrenwerter Freund, …

1 Wie würdet ihr einen Brief beginnen, den ihr an euren besten Freund oder eure beste Freundin richtet?

2 Schreibt eine Einladung an einen Freund oder eine Freundin zu einem für euch besonderen Nachmittag. Es könnte vielleicht euer Geburtstag sein oder ein Tag nach den Sommerferien, in denen ihr euch für lange Zeit nicht getroffen habt.

3 Formuliert eine Checkliste mit den wichtigsten Informationen, welche die Einladung enthalten muss:
✔ *Anlass*
✔ …
✔ …

4 Schreibt in der Rolle Konrads einen Brief an Kasimir. Formuliert ihn so, dass sich dieser über die Einladung richtig freut. Beachtet auch die Form, die ein Brief haben sollte.
ITG Ihr könnt euren Brief auch mit dem Computer gestalten.

5 Vergleicht eure Briefe und überlegt, wie sie auf Kasimir wirken.

[Rand]

[Rand]

Wertheim, den 14.2.2005 — *Ort, Datum*

[Leerzeile]

Hallo Kasimir, — *Anrede*

[Leerzeile]

gut, dass es für die kalte Jahreszeit einen Winterschlaf gibt, aber man vermisst doch sehr seine guten Freunde. …

____

____

____

Ich würde mich riesig freuen, wenn du kommen könntest.

[Leerzeile]

Bis dahin liebe Grüße, — *Grußformel*

dein Konrad — *Unterschrift*

6 Denkt euch Anlässe aus, zu denen ihr eure Rektorin einladen könnt, z. B. zum Klassenbasar oder zu einer Ausstellung eurer Arbeiten im Kunstunterricht, und schreibt ihr eine Einladung. Achtet besonders darauf,
- ✔ wie ihr eure Rektorin ansprechen könnt,
- ✔ wie ihr ihr Interesse an eurer Veranstaltung wecken könnt,
- ✔ wie ihr euer Interesse daran ausdrücken könnt, dass sie die Einladung annimmt.

Auffordern mit Erfolg

1 Überlegt, ob diese Äußerungen höflich sind. Begründet eure Meinung.

2 Schreibt auf, wie ihr die Aufforderungen in den abgebildeten Situationen formulieren würdet.

3 Notiert Umstände, von denen es abhängt, wie man Aufforderungen formuliert.

4 Schreibt eure Formulierungen zu der abgebildeten Situation auf. Beurteilt, welche Bitten und Aufforderungen am meisten Erfolg versprechen.

Der letzte Keks

Kasimir kommt am Nachmittag zu Konrad. Zusammen essen sie einen großen Teller Kekse. Kasimir schnappt sich den letzten Keks.

KONRAD: Kasimir, es ist unhöflich, den letzten Keks zu nehmen.
KASIMIR: Warum? Du wolltest ihn doch nicht.
KONRAD: Woher weißt du das? Hast du mich gefragt?
KASIMIR *(zuckt die Schultern)*: Wenn du ihn gewollt hättest, dann hättest du ihn doch genommen.
KONRAD *(schüttelt den Kopf)*: Pass auf, ich zeig dir mal, wie es richtig ist.
(Konrad geht in die Küche und holt noch einen Keks.)
Jetzt bietest du mir den Keks an.
KASIMIR: Möchtest du diesen Keks?
KONRAD *(betupft sich den Mund mit seiner Serviette)*: Oh, nein, vielen Dank. Ich bring keinen Bissen mehr runter.
KASIMIR: Gut! *(Mit Schwung wirft er sich den Keks in den Mund.)*
KONRAD: Das darf nicht wahr sein! Jetzt hast du noch einen letzten Versuch!!!
(Konrad holt den allerletzten Keks aus der Küche.) Ich werde dir nun den Keks anbieten. Du sagst „nein, danke“, auch wenn du den Keks möchtest. Verstanden?
KASIMIR *(kopfschüttelnd)*: Was geschieht dann mit dem Keks?
KONRAD: Wir könnten ihn teilen. Oder – wir lassen ihn auf dem Teller liegen, dann wären wir beide höflich.
KASIMIR: Hm. – Ich bringe den Teller in die Küche zurück.
KONRAD: Danke, das ist sehr höflich!
KASIMIR: Ich danke dir. *(Auf dem Weg zur Küche wirft er sich den letzten Keks in den Mund.)*

1 Lest das Gespräch mit verteilten Rollen.

2 Diskutiert das Verhalten Kasimirs.

3 Was würdet ihr einem Freund oder einer Freundin erwidern, die euch erklären, dass es „unhöflich“ ist, den letzten Keks oder das letzte Bonbon zu nehmen?

4 Sucht Gründe dafür, dass es Konrad nicht gelingt, Kasimir Höflichkeit beizubringen.

5 Konrad entdeckt, dass Kasimir auch den letzten Keks gegessen hat. Schreibt eine Fortsetzung des Gesprächs.

6 Überlegt, an welcher Stelle Kasimir die Aufforderung, sich höflich zu verhalten, zurückweisen könnte. Setzt das Gespräch als Streit über höfliches Verhalten in einem Rollenspiel fort.

Wissen

Auffordern und bitten

Wie ihr eine Aufforderung oder eine Bitte am besten formuliert, hängt von der Situation und von den Personen ab, mit denen ihr sprecht. Versetzt euch in die Rolle eurer Gesprächspartner und überlegt,

- welches Verhalten diese von euch erwarten,
- wie Formulierungen auf diese wirken.

Aufforderungen kann man einfach folgen, man kann sie aber auch zurückweisen.

Wenn ihr jemanden schriftlich zu etwas auffordert, z. B. in einer Einladung, solltet ihr beachten, dass es dabei bestimmte Formen der Mitteilung gibt. Diese hängen ab

- von der Rolle des Empfängers und von eurer Beziehung zu ihm,
- von dem Anlass eurer Einladung.

Mit der Formulierung und der Gestaltung der Einladung entscheidet ihr darüber, wie sie beim Adressaten ankommt.

Übungen

Hi, Eltern,

es ist so weit, am Dienstag steigt unsere Klassenfete.
Ihr könnt euch dieses tolle Ereignis nicht entgehen lassen.
Ihr werdet staunen, was euch bei der Klassenfeier alles geboten wird.

Also Tschüs bis Dienstag
eure Fans von der 5a

1 Beurteilt diese Einladung.

2 Schreibt selbst eine Einladung zum Klassenfest an eure Eltern. Achtet darauf,
- ✔ dass die Einladung alle wichtigen Informationen enthält,
- ✔ dass ihr das Interesse eurer Eltern weckt,
- ✔ dass ihr Formulierungen wählt, die für den Anlass und die Briefempfänger angemessen sind.

Wer zu wem?

1. Schließe die Tür!
2. Wäre es vielleicht möglich, dass du die Tür schließt?
3. Tür zu, bitte!
4. Und die Tür?
5. Die Tür hat geschlossen zu bleiben!
6. Tür zu, aber dalli!
7. Schon mal gemerkt, dass es hier zieht?
8. Wenn du doch ein einziges Mal die Tür schließen würdest!
9. Ja wie … – und die Tür?
10. Meinst du nicht auch, man sollte die Tür zumachen?
11. Es zieht!

1 Überlegt euch, wer die einzelnen Formulierungen in welcher Situation wem gegenüber äußern könnte. Begründet eure Überlegungen.

2 Formuliert mögliche Reaktionen.

3 Überlegt euch weitere Formulierungen, mit denen man dasselbe ausdrücken kann.

3. Gespräche führen

Gespräche brauchen Regeln

Der zerbrochene Füller

Nach der Fünf-Minuten-Pause liegt Marcels Füller zerbrochen auf dem Boden im Klassenzimmer. Marcel beschuldigt sofort seinen Tischnachbarn Jens. Jens behauptet jedoch, er sei in der Pause gar nicht an seinem Platz gewesen und habe mit dem zerbrochenen Füller nichts zu tun. Nun mischen sich mehrere Schüler der Klasse ein …

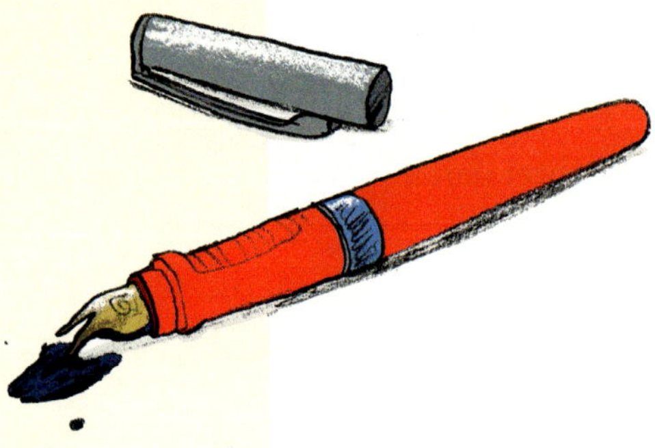

ANNIKA: Ich glaube auch, dass es der Jens war. Der ist sowieso immer so gemein …

NICO: Ich hab doch mit dem Jens in der Pause Sticker getauscht. Der kann es gar nicht gewesen sein.

SWEN: Der Marcel soll sich bloß nicht so anstellen. Der ärgert sich doch nur, weil Jens dafür ist, auch Mädchen in unserer Klassen-Mannschaft mitspielen zu lassen.

MARK: Was? Der Jens spinnt wohl total!

STEFAN: Sag mal, wann fangen wir denn eigentlich mit dem Training an?

NELLY: Aber es geht doch um den Füller! Meine Mutter würde sich auch aufregen, wenn ich …

SARAH: Bei Marcel geht doch ständig was kaputt!

NICO: Aber ihr könnt doch nicht einfach jemandem die Schuld geben, wenn ihr gar nicht beweisen könnt, dass er es war!

1 Macht Vorschläge dazu, wie man herausfinden könnte, auf welche Weise der Füller zerbrochen wurde.

2 Überlegt, welche Äußerungen etwas zur Klärung beitragen und welche nicht. Begründet eure Auffassung.

3 „Der ist sowieso immer so gemein." – Untersucht, welche Gesprächsregeln hier in diesem Gespräch verletzt werden.

4 Haltet alle Gesprächsregeln, die ihr kennt, auf einer Wandzeitung fest.

5 Erläutert, wozu Gesprächsregeln wichtig sind. Denkt dabei an
- die einzelnen Teilnehmer,
- den Gesprächsverlauf,
- das Ergebnis, den Zweck des Gesprächs.

6 Verändert das Gespräch in einem Rollenspiel so, dass keine Gesprächsregeln verletzt werden.

Was wir bei Gesprächen beachten sollen:
- Jeder lässt den anderen ausreden.
- … …
- … …

7 Erläutert die abgebildete Situation.

8 Ihr könnt Gesprächsregeln auch einzeln einüben, zum Beispiel anderen zuzuhören. Übt das Zuhören im Gespräch mit Hilfe des Echo-Spiels, das unten beschrieben wird.

Arbeitstechnik Rhetorik
Gesprächspartnern aufmerksam zuhören

Um ein gutes Gespräch zu führen, ist es wichtig, einander aufmerksam zuzuhören und aufeinander einzugehen. Vor dem eigenen Redebeitrag müsst ihr euch daher versichern, dass ihr den Vorredner richtig verstanden habt.
Wenn ihr dem anderen zuhört, könnt ihr, bevor ihr eure eigene Meinung sagt, zusammenfassen, was der Vorredner gesagt hat. Hierbei helfen Einleitungen wie

- Wenn ich dich richtig verstanden habe, meinst du …
- Ich habe dich so verstanden: …
- Du hast gesagt, dass …
- Du denkst also, dass …
- Ich möchte deine Worte so zusammenfassen: …

Im Echo-Spiel könnt ihr das aufmerksame Zuhören üben:
Der erste Redner sagt kurz seine Meinung zum Thema. Bevor der Nächste seine Meinung äußert, fasst er das, was sein Vorredner gesagt hat, kurz mit eigenen Worten zusammen. Er ist also zuerst einmal das Echo seines Vorredners, bevor er selbst etwas sagt. Der nächste Redner ist wieder zuerst das Echo und trägt dann vor, was er meint.

9 Überlegt, wie ihr selbst dazu beitragen könnt, dass man euch zuhört. Sammelt eure Tipps hierzu ebenfalls auf einer Wandzeitung.

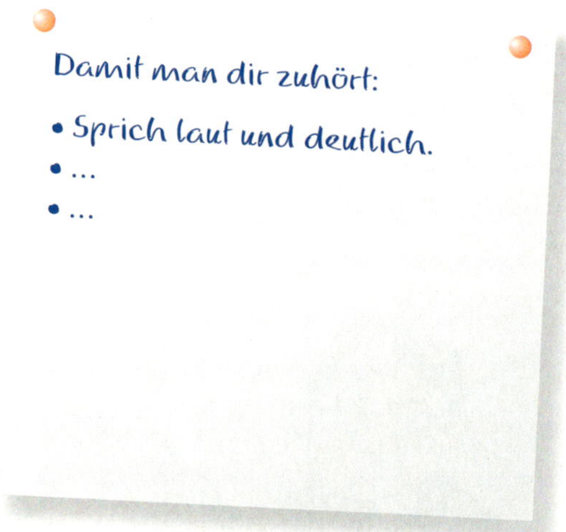

10 Diskutiert darüber, wie die Klassenlektüre ausgewählt werden soll: Soll die Lehrkraft oder die Klasse darüber entscheiden?

- Teilt hierzu die Klasse in zwei gleich große Gruppen: Eine Gruppe führt das Gespräch und dabei hat jeder Gesprächsteilnehmer einen Beobachter aus der anderen Gruppe.
- Die Beobachterinnen und Beobachter sollen genau beobachten, wie ihr euch beim Sprechen verhaltet. Sie sollen entweder anschließend oder direkt darauf hinweisen, welchen Tipp der einzelne Redner oder die Rednerin noch mehr berücksichtigen könnte.

Gespräche brauchen Lenkung

1 Beschreibt, was auf dem Bild dargestellt wird. Erklärt die Darstellung.

2 Versucht aus den Äußerungen abzuleiten, welche Aufgaben ein Gesprächsleiter hat. Schreibt die Aufgaben auf.

3 Sammelt Themen, über die ihr in der Klasse ein Gespräch führen wollt, z. B.:
- *Wie möchten wir unseren nächsten Wandertag gestalten?*
- *Wollen wir uns selbst um die Sauberkeit im Klassenzimmer kümmern?*
- …

Wählt ein Thema aus und diskutiert darüber. Bestimmt vorher einen Gesprächsleiter und einige Gesprächsbeobachter, die darauf achten, ob der Gesprächsleiter seine Aufgaben richtig wahrnimmt.

Gespräche führen

Wissen

Wenn ihr Gespräche führt, müsst ihr Gesprächsregeln folgen. Die wichtigsten lauten:
- einander zuhören
- die anderen ausreden lassen
- niemanden persönlich beleidigen, fair sein
- beim Thema bleiben
- sich auf das Gesagte beziehen
- nachfragen, wenn man etwas nicht verstanden hat

Wenn ihr die folgenden Tipps befolgt, vergrößert ihr eure Chance, dass eure Redebeiträge angehört werden und dass ihr euch mit eurer Meinung durchsetzen könnt:

- Sprich langsam genug.
- Sprich laut und deutlich.
- Schau die anderen Gesprächspartner an.
- Konzentriere dich auf das, was du sagst. Lass dich nicht ablenken.
- Du kannst deinen Gesprächsbeitrag durch ruhige Gesten unterstützen.

Für ein Gespräch in einer größeren Gruppe bestimmt ihr am besten einen Gesprächsleiter oder eine Gesprächsleiterin. Er oder sie hat folgende Aufgaben:

- das Wort erteilen
- darauf achten, dass die Gesprächsregeln eingehalten werden
- das Ergebnis des Gesprächs zusammenfassen
- eine Abstimmung durchführen

Übungen

Für das Aufräumen gibt es doch Putzfrauen!

Wir könnten zuerst mal überlegen, ob es in unserem Klassenzimmer wirklich oft so unordentlich ist, wie einige Lehrer behaupten.

Ich schlage vor, wir machen mal eine Liste, was uns selbst nicht gefällt. Also z. B. Einwickelpapier von Süßigkeiten liegt auf dem Boden …

In anderen Klassenzimmern sieht's doch viel schlimmer aus.

Die Idee mit dem Tafeldienst finde ich gut. Wir müssen aber festlegen, wann und wie oft der aufräumen soll.

Wenn jeder seinen eigenen Platz sauber hält, brauchen wir keinen Ordnungsdienst zu organisieren.

1 Bringt die Beiträge in eine solche Reihenfolge, dass eine Ordnung im Ablauf des Gesprächs entsteht.

2 Welche Beiträge tragen eurer Meinung nach eher zu einer Lösung des Problems bei, welche weniger? Begründet.

3 Bildet mehrere Gruppen und bestimmt jeweils einen Gesprächsleiter oder eine Gesprächsleiterin, der oder die die Diskussion leitet. Themen könnten sein:

- Sollen Mädchen und Jungen getrennten Sportunterricht haben?
- Ist es wichtig, ein Haustier zu haben?

4 Besprecht im Anschluss an eure Diskussion,

- ob der Gesprächsleiter seine Aufgaben erfüllt hat,
- ob alle sich an die Gesprächsregeln und Tipps gehalten haben.

Erzählen

In dieser Einheit könnt ihr lernen,

wie ihr Ideen zum Erzählen von Erlebnissen findet und verwendet

wie ihr eine Erlebniserzählung vorbereitet

- wie ihr einen Plan für eure Erzählung entwickelt
- wie ihr durch die Überschrift Neugierde weckt

wie ihr eine Erzählung ausarbeitet

- wie ihr einen gelungenen Anfang gestalten könnt
- wie ihr anschaulich, lebendig und spannend erzählt
- wie ihr eure Erzählung abschließen könnt

wie ihr eine Erzählung überarbeitet

- wie ihr in Schreibkonferenzen Verbesserungsvorschläge erarbeitet
- wie euch die Textlupe beim Überarbeiten hilft

wie ihr eine Bildergeschichte erzählt

- wie ihr den Aufbau einer Bildergeschichte erarbeitet
- wie ihr äußere und innere Handlung erschließen könnt
- wie ihr entdeckt, was zwischen den Bildern passiert
- wie ihr den Figuren Stimmen verleiht
- wie ihr aus der Sicht einer Figur erzählt

wie ihr eine Fantasiegeschichte erzählt

- wie ihr Ideen zu einer Fantasiegeschichte findet und ausarbeitet
- dass auch Fantasiegeschichten einer Ordnung folgen

wie ihr eine Geschichte nacherzählt

- wie ihr beim Nacherzählen die Aufmerksamkeit eurer Zuhörer gewinnt
- wie ihr eine Geschichte so nacherzählt, dass andere sie verstehen können
- wie ihr Geschichten umgestalten könnt

Erzählen
Ausflüge

1. Erlebnisse erzählen: Ideen finden

Ein schöner Garten zum Jagen!

...

...

Wer spielt mit mir?

...

...

...

1 Arbeitet in Gruppen. Betrachtet die Fotos: Was könnte passiert sein? Führt ein Brainstorming durch:

Arbeitstechnik
Brainstorming

Der englische Begriff brainstorming („Gedankensturm“) bezeichnet eine Arbeitstechnik, mit der ihr viele unterschiedliche Ideen finden könnt, um anschließend weiter damit zu arbeiten.
Beim Brainstorming schreibt ihr spontan alles auf, was euch zu einer Sache einfällt. Es kommt darauf an, wirklich alles zu notieren, ohne es zu beurteilen, zu bewerten, bereits auszuwählen oder zu sortieren.
Ein Brainstorming könnt ihr allein oder in einer Gruppe durchführen. In der Gruppe notiert einer alle Einfälle, die die anderen nennen. Keiner darf zunächst etwas kommentieren. Am besten schreibt ihr eure Ideen auf einzelne Kärtchen, dann könnt ihr nachher leichter damit weiterarbeiten. Die ungeordnete Ideensammlung dient als Ideenbörse. Aus dieser Sammlung wählt ihr später die besten Ideen aus.

2 Heftet die Kärtchen mit euren Ideen auf ein großes Plakat.

3 Besprecht in der Gruppe, welche Ideen erzählenswert sind und sich für eine Geschichte eignen könnten. Lasst diese Kärtchen auf dem Plakat hängen.

4 Überlegt, nach welchen Gesichtspunkten ihr bei eurer Auswahl vorgegangen seid.

5 Bringt die Kärtchen in eine sinnvolle Reihenfolge.
- Überlegt, wie sich die Geschichte ereignet haben könnte.
- Skizziert einen groben Ablauf der Handlung.

6 Teilt die Erzählung in Abschnitte ein. Jedes Gruppenmitglied erzählt einen Teil eurer Geschichte der Klasse.

7 Tauscht euch über eure Geschichten aus: Was hat euch gefallen, was war noch nicht gelungen? Begründet eure Meinungen.

8 Bringt eigenes Bildmaterial mit, das euch zum Erzählen anregt.
- Sammelt Erzählideen und entwickelt mögliche Handlungen.
- Erzählt euch gegenseitig eure Geschichten und beurteilt, welche am interessantesten, spannendsten, lebendigsten, ... sind.

Jörgen aus der 5a möchte unbedingt von einer Fahrradtour erzählen. Seine Ideen sammelt er in einem Ideennetz:

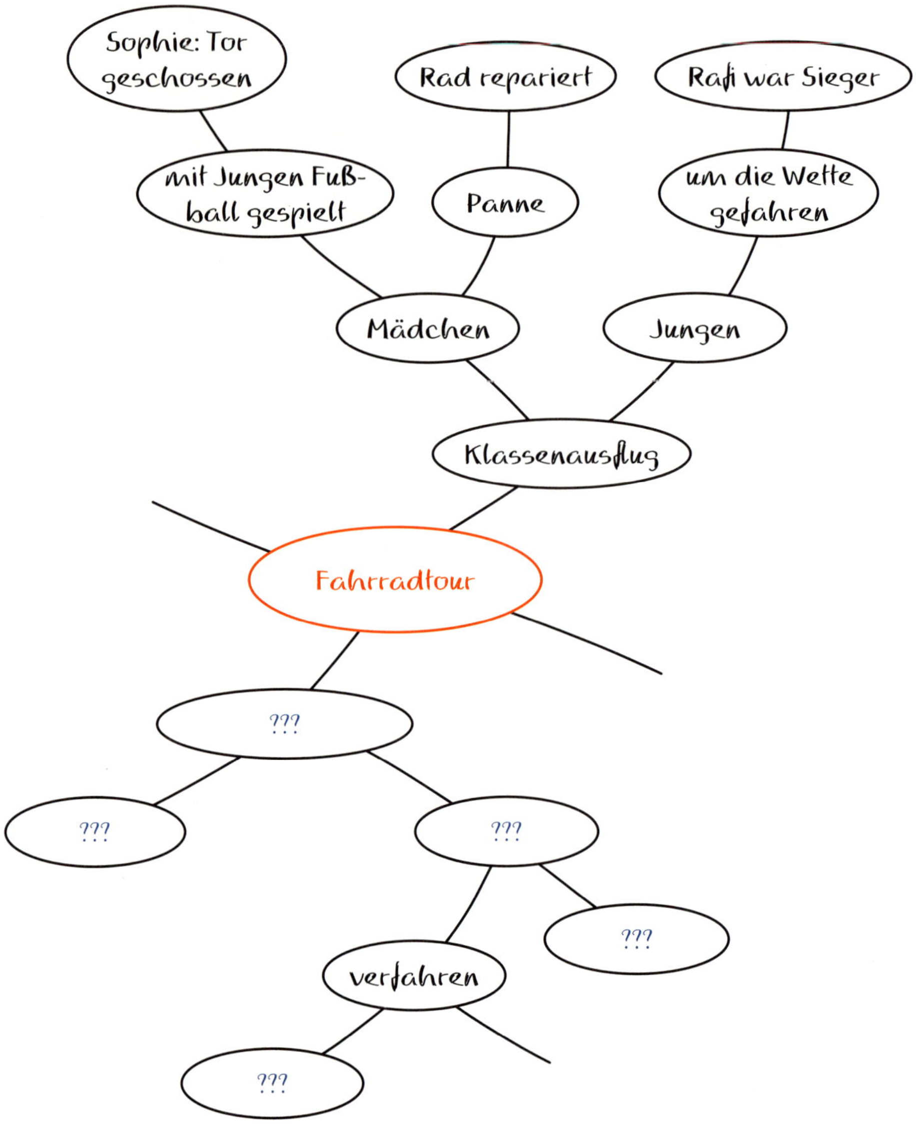

1 Ergänzt das Ideennetz von Jörgen. Fragen helfen euch dabei:
- Wohin ging die Fahrradtour?
- Warum haben sie sich verfahren?
- Wie haben sie den richtigen Weg gefunden?
- …

2 Besprecht, wie ein Ideennetz aufgebaut ist.

Erzählenswerte Erlebnisse

- aus dem Skilift gefallen
- Eigentor beim Fußballspiel
- bei der Bootsfahrt fast gekentert
- in den Skiferien eingeschneit
- Verhext! Beim Fastnachtsumzug …
- …

1 Sucht weitere erzählenswerte Erlebnisse und sammelt sie an der Tafel.

2 Wählt ein Thema aus und erstellt dazu ein Ideennetz. Geht so vor:

Arbeitstechnik
Ideennetz

Das Ideennetz ist eine von vielen Möglichkeiten, Ideen zu sammeln, zu erweitern und miteinander zu verknüpfen. So entstehen Zweige, die zeigen, was zusammengehört. In die Mitte eines Blattes schreibt ihr einen Begriff oder ein Thema, dies ist der Kern. Im nächsten Schritt werden die mit der Kernidee am engsten verbundenen Gedanken aufgeschrieben. Die Gedanken verzweigen sich dann immer mehr.

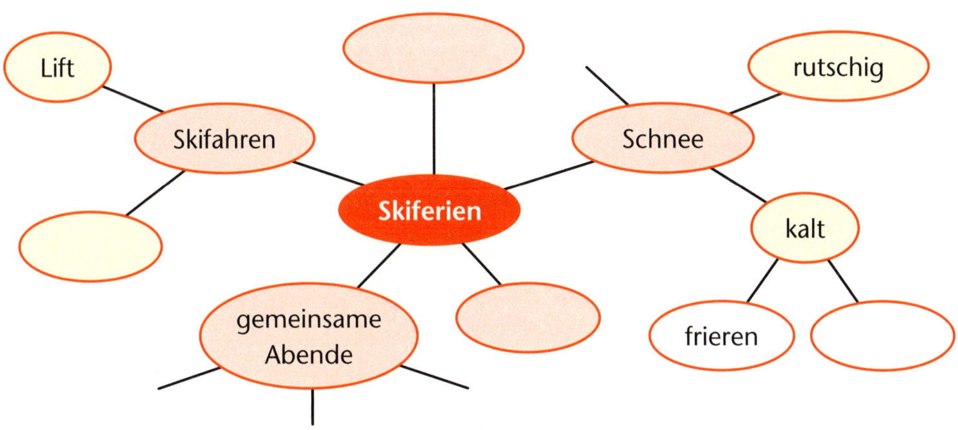

3 Bildet zu jedem gewählten Thema eine Gruppe und besprecht eure Ergebnisse. Achtet dabei auf folgende Gesichtspunkte:
- ✔ Sind die Ideen zum Erzählen geeignet?
- ✔ Ergeben sie eine verständliche Geschichte?
- ✔ Sind die Zusammenhänge zwischen den einzelnen Ideen klar?
- ✔ Verzweigen sich die Gedanken immer weiter?

4 Überprüft eure Ideennetze: Streicht solche Ideen, die weniger gut zum Erzählen geeignet oder unwichtig sind.

2. Erlebnisse erzählen: Eine Erzählung vorbereiten

Eine Erzählung braucht einen Plan

Jörgen hat sein Ideennetz in eine Sammlung von Erzählschritten umgesetzt:

- unfreiwilliges Baden in der Lauter: nasse Klamotten
- Schüler und Lehrer
- Kette abgesprungen an Irinis Rad
- Treffen vor der Schule mit Fahrrädern
- Manuel repariert Rad
- verfahren
- Lehrer Karte vergessen
- umkehren
- Ziel (Lautertal) endlich erreicht
- Holz sammeln
- um die Wette gefahren
- Würstchen grillen
- verkohlte Würstchen
- schöner Tag
- Fußballspiel (mit Mädchen!!)
- Heimweg
- alle müde und kaputt
- nächster Ausflug: wann?

1 Überprüft Jörgens Notizen:
- Streicht Erzählschritte, die ihr für unwichtig oder ungeeignet haltet.
- Bringt die anderen Erzählschritte in eine sinnvolle Reihenfolge.

2 Betrachtet den Erzählfisch. Besprecht, inwiefern sein Körperbau dem Aufbau einer Erzählung entspricht und wie er euch beim Ordnen der Erzählschritte helfen kann.

3 Zeichnet einen Erzählfisch in euer Heft und tragt die Erzählschritte darin ein.

4 Erstellt nun für euer Thema einen **Erzählplan**:
- ✔ Notiert Erzählschritte.
- ✔ Überlegt, welche die spannendste oder interessanteste Stelle eurer Geschichte ist.
- ✔ Überlegt, was ihr am Anfang und was ihr am Schluss erzählen wollt.
- ✔ Bringt eure Erzählschritte in eine sinnvolle Reihenfolge.

5 Vergleicht eure Ergebnisse. Besprecht, nach welchen Gesichtspunkten ihr eure Erzählschritte angeordnet habt.

6 Erstellt ein Lernplakat, auf dem ihr alle erarbeiteten Gesichtspunkte für gelungenes Erzählen sammelt. Hier sind Tipps, die ihr berücksichtigen könnt:
- Achtet darauf, das Plakat recht groß zu gestalten, damit die Ergebnisse gut lesbar sind.
- Haltet eure Ergebnisse auf Kärtchen fest, die ihr zunächst auf das Plakat heftet. So könnt ihr eure Ergebnisse schrittweise erweitern und die Kärtchen umhängen. Erst am Ende des Kapitels befestigt ihr alle Kärtchen endgültig.

Arbeitstechnik
Lernplakat
Seite 126

Eine Erzählung braucht eine gute Überschrift

Verfahren

Unser Klassenausflug

Verkohlte Würstchen

Eine Fahrradtour ins Lautertal

Eine Fahrradtour mit Hindernissen

1 Welche von Jörgens Ideen für eine Überschrift haltet ihr für gelungen? Begründet eure Meinung.

2 Was muss eine gelungene Überschrift leisten? Haltet eure Ergebnisse auf eurem Lernplakat fest.

3 Sucht selbst nach einer gelungenen Überschrift für eure Geschichte.

3. Erlebnisse erzählen: Eine Erzählung ausarbeiten

Einen Erzählanfang gestalten

A

„Los geht's! Aber passt auf die Autos auf!", so rief unser Sport- und Erdkundelehrer uns noch zu. Wir Jungen traten sofort kräftig in die Pedale ...

B

Vor zwei Wochen haben wir mit unserer Klassenlehrerin und unserem Sport- und Erdkundelehrer einen Fahrradausflug gemacht. Wir sind ins Lautertal gefahren. Um acht Uhr haben wir uns vor der Schule getroffen. Es war ein schöner und sonniger Morgen. Dann sind wir losgefahren.

C

Es war ein wunderschöner Morgen! Die ganze Klasse traf sich vor der Schule, um mit den Fahrrädern einen Ausflug ins Lautertal zu unternehmen.

D

Endlich Mittwoch – der Tag, an dem unser heiß ersehnter Klassenausflug stattfinden sollte: eine Fahrradtour ins Lautertal!

1 Vergleicht die verschiedenen Anfänge von Aufsätzen über den Klassenausflug. Welcher gefällt euch am besten? Begründet eure Wahl.

2 Schreibt selbst einen Erzählanfang zu eurem Thema. Orientiert euch an euren Erzählplänen.

3 Besprecht eure Erzählanfänge:
- Sammelt eure Fassungen ein, lasst blind ein paar Blätter ziehen und lest die Einleitungen vor.
- Entscheidet dann gemeinsam: Zu welchen Einleitungen würdet ihr gerne die ganze Geschichte hören? Begründet eure Auswahl.

4 Betrachtet andere Erzählungen in diesem Buch, z. B. auf S. 68 oder S. 95. Untersucht genauer, wie die Erzählanfänge gestaltet sind. Achtet dabei auf
- ✔ die Informationen, die der Leser/die Leserin am Anfang bekommt,
- ✔ den Satzbau,
- ✔ das Erzähltempus.

5 Fasst zusammen: Was sollte ein gelungener Erzählanfang leisten und wie kann er gestaltet sein? Übertragt eure Ergebnisse auf euer Lernplakat.

Eine Erzählung lebendig und anschaulich gestalten

Wir fuhren erst wenige Kilometer, da riefen* die Mädchen von hinten, dass wir anhalten sollten, weil die Kette an Irinis Rad rausgesprungen ist. Mein Freund Manuel ist ein guter Bastler und kennt sich mit solchen Sachen aus. Und <u>dann</u> kehrte er um und sagte* Irini, dass er ihr hilft, die Kette wieder zu montieren. <u>Dann</u> fuhren wir weiter.

* wörtliche Rede einfügen

—— andere Satzanfänge suchen

1 Sprecht über die Randbemerkungen der Lehrkraft zu Jörgens Aufsatz. Überlegt, was sie mit einem lebendigen Erzählen zu tun haben.

2 Verbessert Jörgens Text.

3 Was könnte Jörgen noch verbessern? Sammelt weitere Vorschläge.

Erst ein paar Kilometer waren wir geradelt, als plötzlich ein lautes Jammern und Rufen vom Ende der Fahrradkolonne ertönte:
„Anhalten! Stopp! Alle anhalten! Wir haben eine Panne! Wir können nicht mehr weiter!“ „Oh nein“, maulte Rafi, „jetzt halten uns die Mädchen auch noch auf. Da kommen wir ja nie ans Ziel, wenn das so weitergeht.“
Gott sei Dank hatten wir unseren Fahrradspezialisten Manuel dabei, den so leicht nichts aus der Ruhe bringt. „Jetzt hört auf zu jammern, das hab ich gleich repariert!“, warf Manu ganz cool ein. Nachdem die Kette ruckzuck wieder drin war, schwangen wir uns auf unsere Sättel und traten kräftig in die Pedale, um die verlorene Zeit einzuholen.
Wenn Manu gewusst hätte, wie oft er an diesem Tag den Mädchen noch helfen musste, wäre er wahrscheinlich nicht so cool geblieben.

4 Untersucht, was Jörgen alles verändert hat.

5 Besprecht, welche Wirkungen diese Veränderungen haben.

6 Übertragt die Tabelle in euer Heft und ergänzt sie.

Beispiel	Veränderung	Wirkung
„geradelt“ … (Z. 3) …	…	…
Anhalten! …“ (Z. 1) *„maulte“ (Z. 3)* …	…	…
„… Rafi, …“ (Z. 3) *„Fahrradspezialisten Manuel …“ (Z. 5)*	…	…
…	…	…

7 Statt des Ausdrucks *sagen* hat Jörgen nun ganz unterschiedliche Verben benutzt: Schreibt sie heraus.

8 Ergänzt die Liste noch durch weitere in der Bedeutung verwandte Ausdrücke.

9 Erstellt auch zu anderen Begriffen Wortfelder, z. B. zu *gehen* oder *machen*.

Wortfeld
Seite 176

Jutta Richter: Der Tag, als ich lernte die Spinnen zu zähmen

Plötzlich entdeckte ich die Spinne. Sie war mindestens so groß wie meine Hand und sie kroch langsam die Zimmerdecke entlang, bis sie genau über meinem Gesicht verharrte. Ich wollte schreien und ich konnte nicht. Ich wollte aufspringen und ich konnte nicht. […]

Die Spinne hatte glänzende tote Augen, die etwas vorgewölbt auf ihrem Kopf saßen. An ihren Beinen wuchsen feine schwarze Härchen. Sie saß ganz reglos und starrte mich an. Es war wirklich die größte Spinne, die ich je gesehen hatte. Es war die größte Spinne der Welt. Jetzt presste sie langsam einen schleimigen Silberfaden aus sich heraus und begann sich abzuseilen.

Ich konnte mich immer noch nicht bewegen. Ich stellte mir vor, wie sie mich

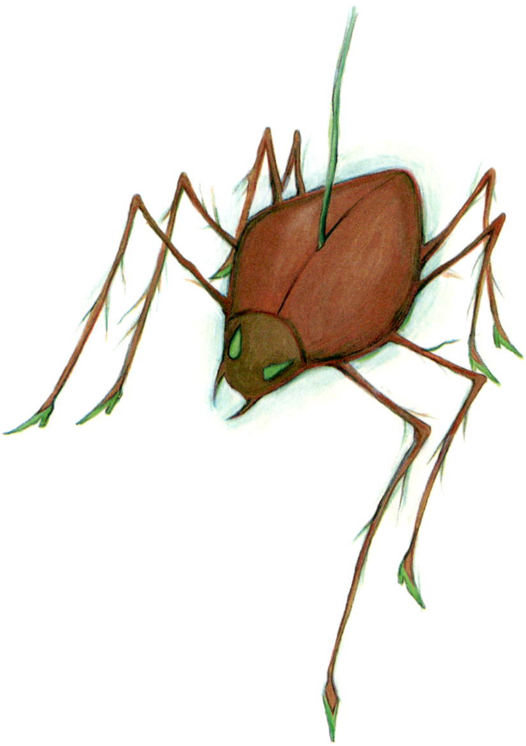

einspinnen würde, so wie es mit den Fliegen passiert war, die im frühen Herbst in den tauglitzernden Spinnennetzen an Hansi Pfeifers Jägerzaun hingen.
Ich hatte Schweißtropfen auf der Stirn und einen Kloß im Hals, an dem ich fast erstickte. Die Spinne kam immer näher. Dabei wurde sie immer größer. Und als sie fast mein Gesicht berührte, konnte ich plötzlich schreien.
Ich schrie und sprang auf und zog am grauen Gurt des Rollladens, der mit Schwung nach oben sauste. Gleichzeitig riss ich das Fenster auf, zerriss dabei die Gardine, und plötzlich hörte ich auch, was ich schrie, nämlich: „Rainer!“
Er zögerte nicht eine Sekunde, nahm kurz Anlauf und schwang sich über das Fensterbrett ins Zimmer.
Ich zeigte auf die Spinne.

1 Tauscht euch darüber aus, wie dieser Ausschnitt aus einem Jugendbuch auf euch wirkt.

2 Überlegt, inwiefern die Wirkung des Textes mit der Erzählweise zusammenhängt.

3 Untersucht, wie die Erzählerin Spannung erzeugt. Ergänzt die Erzählschritte.

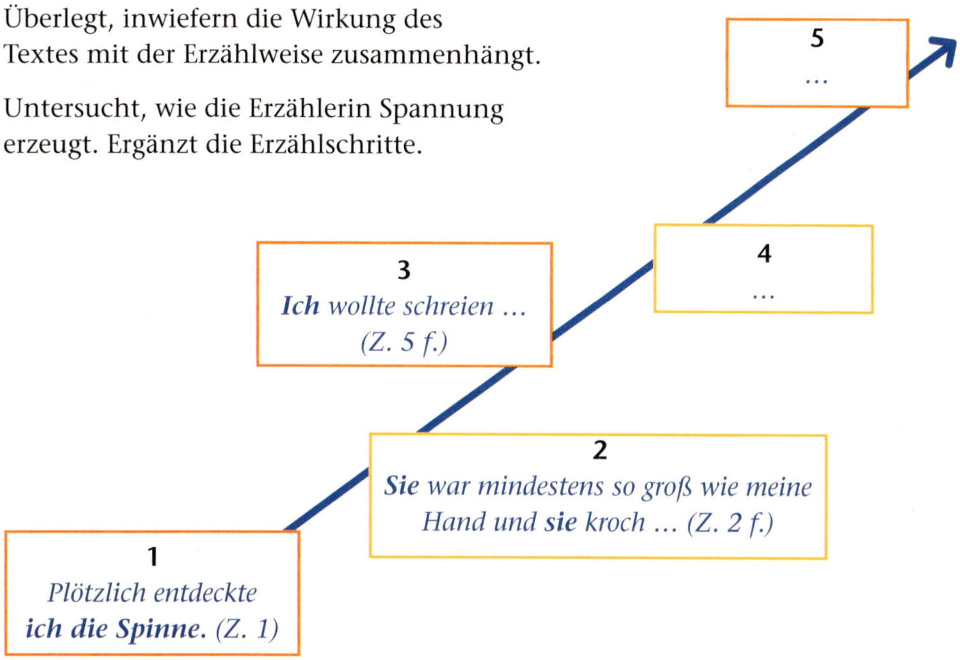

4 Untersucht genauer, wie die Erzählerin die Situation so darstellt, dass man sie miterleben kann. Achtet dabei auf
- die Beschreibung der Spinne,
- die Gefühle des Ichs.

5 „Ich wollte schreien und ich konnte nicht. Ich wollte aufspringen und ich konnte nicht.“
- Tauscht euch darüber aus, wie ihr diese Art der Satzgestaltung beurteilt.
- „Andere Satzanfänge suchen!“ – Überlegt, ob der Hinweis der Lehrkraft hier die Erzählung verbessern könnte.

Einen Schluss gestalten

1 Beschreibt, wie Jörgens Aufsatz endet. Tauscht eure Meinungen dazu aus.

2 Entwerft einen anderen Schluss für die Geschichte. Besprecht und vergleicht eure Ideen.

> … Müde und vollkommen kaputt kamen wir zu Hause an. Und doch hatte ich nur einen Gedanken: Wann würden wir wohl den nächsten Ausflug machen?

Joanne K. Rowling: Harry Potter und der Stein der Weisen

[…] Es war Onkel Vernon, immer noch purpurrot im Gesicht, immer noch mit Schnurrbart, immer noch wütend darüber, wie Harry nur so gelassen einen Käfig mit einer Eule in einem Bahnhof voller normaler Menschen herumtragen konnte. Hinter ihm standen Tante Petunia und Dudley, entsetzt beim bloßen Anblick von Harry.

„Sie müssen Harrys Familie sein", sagte Mrs. Weasley.

„Man mag es so ausdrücken", sagte Onkel Vernon. „Beeil dich, Junge, wir haben nicht den ganzen Tag Zeit." Er schritt davon.

Harry blieb für ein Abschiedswort bei Ron und Hermine stehen.

„Wir sehen uns dann im Sommer."

„Ich hoffe, du hast – ähm – schöne Ferien", sagte Hermine und sah ein wenig zweifelnd Onkel Vernon nach, entsetzt darüber, dass jemand so unfreundlich sein konnte.

„ Oh, ganz bestimmt", sagte Harry, und sie waren überrascht, dass sich ein verschmitztes Lächeln über sein Gesicht breitete. „Die wissen ja nicht, dass wir zu Hause nicht zaubern dürfen. Ich werde diesen Sommer viel Spaß haben mit Dudley …"

3 Erklärt, was den Schluss des ersten *Harry-Potter*-Bandes interessant macht. Erläutert hierzu, was sich hinter den drei Punkten am Ende verbirgt.

4 Es gibt viele Möglichkeiten für einen Schluss. Stellt einige zusammen, z. B.
- *die Handlung abschließen*
- *den Leser mit einer Pointe überraschen*
- *…*

5 Ergänzt euer Lernplakat mit den Ergebnissen.

4. Erlebnisse erzählen: Eine Erzählung überarbeiten

Schreibkonferenz

ITG

1 Schreibt zu dem Thema, das ihr gewählt habt (vgl. S. 45, Aufgabe 2), eine Erzählung. Benutzt dabei eure Ideennetze und Erzählpläne. Schreibt eure Erzählung am besten mit dem Computer.

2 Lest euch gegenseitig eure Geschichten vor.

3 Notiert Beispiele für gelungenes Erzählen, z. B.:
anschauliche Verben: „zuckte", „zappelte"
wörtliche Rede verwendet
...

4 Sammelt eure Aufsätze in einem großen Hut oder Karton.

5 Bildet Konferenzteams (ca. 3 bis 4 Schülerinnen und/oder Schüler). Jede Gruppe zieht einen Aufsatz.

6 Untersucht die Aufsätze in euren Gruppen mit Hilfe einer Schreibkonferenz:

Arbeitstechnik
Schreibkonferenz

In einer Schreibkonferenz geht es darum, dass ihr untereinander eure Aufsätze besprechen und euch gegenseitig Tipps geben könnt. Die Bearbeitung fremder Texte schult eure Aufmerksamkeit und hilft euch beim Schreiben eigener Texte.

Ihr könnt dafür zum Beispiel die folgenden Checklisten verwenden:

Inhalt
- ✔ Ist der Titel gut gewählt? Regt er zum Lesen der Geschichte an?
- ✔ Weckt der Erzählanfang Aufmerksamkeit?
- ✔ Ist die Erzählung spannend, interessant, ...? Wollt ihr wissen, wie sie endet?

Aufbau
- ✔ Ist ein klarer Erzählplan erkennbar?
- ✔ Werden wichtige Dinge ausführlich erzählt, unwichtige dagegen knapp?

Sprachverwendung
- ✔ Wird an geeigneter Stelle wörtliche Rede eingesetzt?
- ✔ Werden anschauliche Verben und Adjektive verwendet?
- ✔ Werden abwechslungsreiche Satzanfänge benutzt?

Sprachrichtigkeit
- ✔ Sind die Regeln der Rechtschreibung eingehalten?
- ✔ Wird das richtige Erzähltempus verwendet?

- ✔ Sind die Satzzeichen korrekt gesetzt (Kommas, Punkte, Anführungszeichen bei wörtlicher Rede)?
- ✔ Ist die Grammatik (Kasus, Präpositionen, Singular – Plural, …) korrekt?

Im Anschluss an die Untersuchung erstellt ihr für den Autor/die Autorin des Aufsatzes einen Tipp-Zettel zur Überarbeitung. Er kann z. B. so aussehen:

Titel der Erzählung: ____________________

Mitglieder des Konferenzteams: ____________________

Das hat uns gut gefallen: ____________________

Folgende Verbesserungsvorschläge machen wir dir:

Zeile ________ Vorschlag ____________________

Zeile ________ Vorschlag ____________________

Zeile ________ Vorschlag ____________________

7 Ergänzt die Checklisten mit weiteren Gesichtspunkten, die ihr erarbeitet habt. Nehmt auch euer Lernplakat zur Hilfe.

8 Erstellt einen Tipp-Zettel für den Aufsatz, den ihr untersucht habt. Heftet den Tipp-Zettel an den Aufsatz und gebt beides zurück.

ITG

9 Die Verfasserin/der Verfasser überarbeitet nun ihre/seine Geschichte. Am sinnvollsten geschieht dies, indem ihr den Aufsatz noch einmal schreibt – z. B. als Hausaufgabe. Die Arbeit mit dem Computer erleichtert das Überarbeiten sehr. Die überarbeiteten Erzählungen könnt ihr in der Klasse präsentieren.

Textlupe

[...] Meine Hausaufgaben hatte ich gemacht, jetzt wollte ich ein bisschen mit Antra spielen. Ihr war offensichtlich langweilig. Den ganzen Nachmittag lief sie schon mit einem Ball im Maul umher, mal setzte sie sich vor die Haustür, mal in den Garten und schaute: „Spielt denn heute niemand mit mir?“, schien ihr Blick zu sagen. Jaulen begleitete das Ganze noch.

„Ich komm ja schon!“, sagte ich Antra und holte Halsband und Leine, um mit ihr in den Wald zu gehen. Aber anstatt sich das Halsband umlegen zu lassen, lief sie in ihre Spielecke, nahm ihren Lieblingsball, der immer quietschte, wenn sie drauf biss. Dann lief sie in den Garten. [...]

1 Tauscht euch darüber aus, was in diesem Ausschnitt aus einem Aufsatz gelungen ist und was verbessert werden könnte.

Arbeitstechnik
Textlupe

Ihr kennt die Redewendung „Das muss ich mal genauer unter die Lupe nehmen!“
Mit der Textlupe könnt ihr den Blick auf einzelne Aspekte eines Aufsatzes richten, z. B.

- den Aufbau,
- die Rechtschreibung,
- die Satzanfänge,
- ...

So lässt sich ein Aufsatz gezielt überarbeiten. Ihr lest dazu den Aufsatz durch und achtet dabei nur auf den von euch ausgewählten Aspekt. Die Stellen, die euch auffallen, verändert ihr. Anschließend könnt ihr selbstverständlich auch noch einen anderen Aspekt auswählen.

2 Besprecht, auf welche Aspekte ihr die Textlupe richten wollt. Ihr könnt euch dabei auch an den Checklisten auf S. 53 und S. 54 orientieren.

3 Untersucht den Aufsatz unter den ausgewählten Aspekten und verbessert ihn.

4 Überarbeitet mit Hilfe der Textlupe eure eigenen Aufsätze. Wenn ihr euren Aufsatz mit dem Computer geschrieben habt, könnt ihr eure Texte leichter verbessern.

ITG

5 Sammelt eure Geschichten in einem Geschichtenbuch, das ihr gestalten und illustrieren könnt.

Projekt

Wissen

Erlebnisse erzählen

Ideen sammeln
Ideen für eure Erzählungen könnt ihr mit Hilfe eines Brainstormings oder in einem Ideennetz sammeln. Aus eurer Sammlung wählt ihr die geeigneten Ideen aus.

Eine Erzählung vorbereiten
Die Überschrift ist der Eingang in die Erzählung. Sie sollte zu der Erzählung passen, Interesse und Neugier wecken und nicht zu viel verraten.
Ein Erzählplan hilft euch, die Reihenfolge eurer Erzählschritte festzulegen. Ihr überlegt,
- was ihr am Anfang und was ihr zum Schluss erzählen wollt und welche Erzählschritte ihr im Hauptteil besonders ausgestaltet,
- welche Erzählschritte zu der interessantesten Stelle (Höhepunkt) hinführen.

Damit könnt ihr Spannung aufbauen. Eine Erzählung kann auch mehrere spannende Momente enthalten.

Eine Erzählung ausarbeiten
Ein gelungener Erzählanfang lässt in den Köpfen der Leser oder Zuhörer viele Fragen entstehen, die erst nach und nach beantwortet werden.
Auch der Schluss einer Erzählung ist wichtig. Deswegen sollte er nicht langatmig sein. Die Geschichte kann sogar ganz unvermittelt enden. Ebenso wie die Einleitung kann auch der Schluss neue Fragen entstehen lassen: Wie könnte es weitergehen? Was passiert dann? Dadurch wird die Fantasie der Leser oder Zuhörer angeregt.
Lustige, spannende, interessante Stellen der Erzählung gestaltet ihr besonders sorgfältig aus. Um anschaulich und lebendig zu erzählen, könnt ihr
- wörtliche Rede einsetzen,
- mit Hilfe von Wortfeldern eure Ausdrucksweise verfeinern und abstufen,
- treffende Adjektive und Verben verwenden,
- unterschiedliche, abwechslungsreiche Satzverknüpfungen benutzen.

Eine Erzählung überarbeiten
Die Schreibkonferenz und die Textlupe sind Arbeitstechniken, mit denen ihr Texte überarbeiten könnt. Selbstverständlich lassen sich beide Methoden auch gut miteinander verbinden.

Übungen

1 Sucht euch aus eurer Liste von S. 45 ein anderes Thema aus und schreibt dazu eine Erlebniserzählung:
- Erstellt einen Erzählplan.
- Sucht eine Überschrift.
- Überlegt, wie ihr Anfang und Schluss gestalten wollt.
- Gestaltet die interessanten oder spannenden Stellen eurer Erzählung besonders sorgfältig aus.

2 Überarbeitet euren Aufsatz mit Hilfe der Textlupe oder einer Schreibkonferenz.

5. Bildergeschichten erzählen

Den Aufbau einer Bildergeschichte erarbeiten

1 Bringt die Bilder in die richtige Reihenfolge. Dies könnt ihr am besten mit einer Fotokopie ausprobieren, die ihr zerschneidet.

2 Besprecht, nach welchen Überlegungen ihr die Bilder sortiert habt. Welches Bild zeigt eurer Meinung nach den Höhepunkt der Geschichte?

3 Notiert zu den einzelnen Bildern die Erzählschritte.
- Überlegt, ob ihr noch weitere Schritte braucht, damit der Zusammenhang deutlich wird.
- Entwickelt daraus einen Erzählplan.

4 Vergleicht und besprecht eure Erzählpläne in der Klasse.

Äußere und innere Handlung erarbeiten

Gestik, Mimik, Köperhaltung **Seite 82**

1 Betrachtet das Bild genauer. Achtet auf Gestik, Mimik und Körperhaltung.
- ✔ Was denken und fühlen die Figuren?
- ✔ Was sagen sie?
- ✔ Warum tun sie etwas?

2 Klebt eine vergrößerte Kopie des Bildes in die Mitte eines Blatts und ergänzt die abgedruckten Notizen. Sammelt weitere Beobachtungen und haltet sie auf dem Blatt fest.

3 Bearbeitet in Gruppen auf diese Weise auch die übrigen Bilder. Stellt eure Ergebnisse in der Klasse vor.

4 Ergänzt eure Erzählpläne.

Bilder miteinander verknüpfen

1 Beschreibt die Unterschiede zwischen den beiden Bildern. Was geschieht dazwischen?

2 Besprecht die folgende Verknüpfung der Bilder. Was könnte man verbessern?

Der Junge und seine Mutter sitzen am Tisch. Sie warten und warten. Dann sagt die Mutter zu dem Jungen: „Geh und sieh mal nach, wo Papa jetzt bleibt!"

3 Überarbeitet den Text und vergleicht eure Versuche.

4 Überlegt, wie ihr die anderen Bilder verknüpfen könnt.

Die Figuren sprechen lassen

1 Entwerft zu jedem Bild kleine Dialoge, in denen zum Ausdruck kommt, was die Figuren denken, fühlen, beabsichtigen.

2 Stellt eure Dialoge vor und besprecht, welche besonders gelungen sind.

3 Spielt eure Geschichten.

4 Schreibt auf der Grundlage eurer Vorarbeiten eine lebendige Bilderzählung. Achtet dabei auf die Tipps, die ihr in den Kapiteln 1 bis 3 dieser Einheit erarbeitet habt.

Dialoge spielen
Seite 86

Aus der Sicht einer Figur erzählen

1 Überlegt:
- In welchem Bild liegt die Pointe der Geschichte?
- Wie könnte der Vater in Bild 6 reagieren?

2 Schreibt eine Bilderzählung aus der Sicht des Vaters oder des Sohnes:
- Entscheidet, aus welcher Sicht ihr die Geschichte erzählen wollt.
- Notiert zu den einzelnen Bildern, was die Personen jeweils denken, fühlen, sagen.
- Überlegt, was zwischen den Bildern geschieht.
- Entwerft einen Erzählplan.

3 Überarbeitet eure Texte in Schreibkonferenzen und mit der Textlupe.

4 Wenn euch Bildergeschichten Spaß gemacht haben, könnt ihr
- selbst Bildergeschichten zu Themen aus eurem Alltag zeichnen,
- zu diesen Sprechblasen formulieren und Geschichten schreiben,
- Erzählungen (z. B. Märchen, Sagen) in Bildergeschichten umschreiben.

5 Präsentiert eure Bildergeschichten und Texte im Klassenzimmer oder auf einem Klassenelternabend.

Arbeitstechniken
Schreibkonferenz,
Textlupe
Seite 53, 55

Projekt

Wissen

Bildergeschichten erzählen

Bei der Bilderzählung gestaltet ihr mit Sprache eine Geschichte in Bildern um.
Die einzelnen Bilder sind wie „Schnappschüsse" einer Handlung: Deswegen müsst ihr überlegen, was zwischen den Bildern geschieht, damit ihr Zusammenhänge herstellen könnt.
Über die innere Handlung könnt ihr etwas erfahren, wenn ihr auf Mimik, Gestik und Körperhaltung der Figuren achtet. Diese zeigen euch, was die Figuren denken, fühlen und warum sie etwas tun.
Durch wörtliche Reden gewinnen die Figuren Leben.

Übungen

1 Schreibt eine Bilderzählung aus der Sicht eines der beiden Jungen.

2 Sucht weitere Bildergeschichten, die ihr zu einer Erzählung umgestalten könnt.

6. Fantastische Erzählungen

Ideen für eine fantastische Erzählung finden

René Magritte: Schmerzliche Fortdauer

Der Zug ist in einen langen Tunnel gefahren

...

Woher kommt der Zug?

Wo steht der Kamin?

...

Die Reisenden des Zuges steigen aus und ...

1 Betrachtet das Bild von René Magritte.
- Tauscht euch über eure ersten Eindrücke aus.
- Besprecht, was für euch an dem Bild ungewöhnlich, überraschend, befremdend, ... ist.

2 Untersucht, in welchem Zusammenhang die abgebildeten Gegenstände stehen.
- Notiert eure Vorstellungen, Einfälle, Empfindungen zu den einzelnen Gegenständen, die auf dem Bild dargestellt sind.
- Tauscht in Gedanken die Lokomotive gegen einen anderen beliebigen Gegenstand aus (ein Auto, ein Skateboard, ...). Findet ihr einen Gegenstand, der die Lokomotive ersetzen könnte?

3 Klärt, welcher der folgenden Ausdrücke die Darstellungsweise am besten charakterisiert:

unwirklich

fantastisch

unwahrscheinlich

übernatürlich

märchenhaft

4 Sammelt Ideen für eine Geschichte zu diesem Bild.
- Ergänzt die Notizen zu dem Bild durch eure eigenen Fragen, Ideen, …
- Welche lassen sich eher der Realität und welche eher der Fantasie zuordnen?
- Welche Ideen eignen sich gut für eine Erzählung? Begründet eure Meinung.

5 Erstellt ein Ideennetz.

Arbeitstechnik
Ideennetz
Seite 45

6 Betrachtet diese Gegenstände. Kombiniert zwei oder drei von ihnen und sammelt Einfälle für eine fantastische Geschichte. Besprecht eure Ideen.

7 Bringt selbst Gegenstände von zu Hause mit und montiert diese zu einem fantastischen Bild. Ihr könnt euch dabei von Magrittes Bild anregen lassen.

8 Sammelt zu euren Bildern Ideen für eine fantastische Geschichte.

Erzählpläne für eine fantastische Erzählung erarbeiten

A
- Sommerferien
- ich besuche Großeltern
- Zug fährt in Frankfurt los
- Zugfahrt ist langweilig, bin ganz alleine im Abteil
- ich lese spannendes Buch
- am Ende schaue ich auf Uhr, sehr spät
- draußen schon dunkel
- Zug hat nirgends gehalten
- der Zug fährt immer weiter ohne anzuhalten
- bekomme Angst
- gehe ins nächste Abteil
- ist auch leer
- ...

B
- Zug fährt in Tunnel
- alle Reisenden haben Angst
- plötzlich fährt der Zug aus dem Tunnel
- im Abteil sitzen grüne Marsmännchen
- jetzt fliegt der Zug in die Luft
- eine Hexe kommt ins Abteil
- die grünen Männchen werden unsichtbar
- ein weißer Geist schlüpft aus einer Flasche
- der Zug schwimmt auf dem Meer
- eine Nixe schwimmt durchs Fenster
- ...

1 Vergleicht die beiden Erzählpläne.
- Welche Erzählschritte sind realistisch, welche fantastisch?
- An welcher Stelle geht die Handlung von der Wirklichkeit in eine fantastische Welt über?
- Wie hängen die einzelnen fantastischen Erzählideen zusammen?

2 Beurteilt die Erzählpläne. Was müsste verändert werden? Macht Vorschläge.

3 Erarbeitet selbst Erzählpläne anhand eurer Ideennetze zu dem Bild von Magritte (S. 62, Aufgabe 5).

Der unheimliche Pfad (Schüleraufsatz)

Es war einmal ein kleiner Junge, der hieß Peter. Peter ging oft mit seiner Mutter einkaufen. Eines Tages sah er in einem neuen Laden ein altes Buch. Es hieß: „Der unheimliche Pfad“. Er nahm das Buch und machte es auf. Er war so begeistert, dass er das Buch kaufte.
Abends, als Peter dann im Bett lag, fing er an zu lesen. Das Buch war so spannend, dass er überhaupt nicht aufhören konnte. Er las und las ... und plötzlich stand er vor einem kleinen schmalen Weg. Es war auf einmal Nacht und der Wald war ganz dicht bewachsen. Peter lief weiter. Aber es war schwierig, denn auf dem Weg lagen umgefallene Bäume und der Weg war oft nur tiefer Matsch. Er hörte oft raschelnde Büsche oder andere Geräusche wie Gejaule von Wölfen. Es war sehr unheimlich. Er hielt plötzlich an und stand vor einer Falle. Daneben war auch eine,

dahinter auch. Peter nahm kurz Anlauf und sprang über die Fallen. Als er darüber war, rannte er ein kurzes Stück, fiel aber hin. Als er sah, worüber er gefallen war, erschrak er sehr. Es war ein Skelett. Und neben dem Skelett waren zerfetzte Kleider. Voller Angst lief er weiter, bis er auf einmal in eine Grube fiel. Ihm taten alle Knochen weh. Aber plötzlich sah er, dass hinter ihm ein Tunnel war. Er lief in den Tunnel hinein. Dann stand er vor einer Treppe. Er lief die Treppe hinauf und war in einer alten Hütte. Plötzlich hörte er von draußen Stimmen. Er versteckte sich im Schrank. Es kamen ein paar Männer herein in gestreiften Kleidern. Peter sah sofort, dass es Gangster waren, die aus dem Gefängnis ausgebrochen waren. Als die Gangster wieder gingen, ging Peter zum Telefon und rief die Polizei, die sofort kam. Peter wunderte sich, wie sie so schnell den Weg gefunden hatten. Als die Gangster kamen, stürzten sich die Polizisten auf sie und nahmen sie fest. Als Peter aus der Hütte ging, sah er, dass sie neben einer Landstraße war, die vorher noch nicht da gewesen war …

1 Tauscht eure Meinungen über den Schüleraufsatz aus.

2 Untersucht den Erzählplan des Aufsatzes.
- Wie hängen die einzelnen fantastischen Erzählschritte zusammen?
- Wie ist die Spannungskurve gestaltet?

3 Sammelt Vorschläge dafür, wie man den Erzählplan noch verbessern könnte.

4 Schreibt selbst eine fantastische Geschichte zu euren Erzählplänen.

5 Findet zu euren Geschichten eine Überschrift, die Interesse weckt.

6 Lest euch eure Geschichten gegenseitig vor. Besprecht, was euch gut gelungen ist und worauf ihr noch achten müsst.

Wissen

Fantastische Erzählungen

Im Unterschied zu anderen Erzählungen können in fantastischen Erzählungen Dinge passieren, die im wirklichen Leben undenkbar wären: Träume werden Realität, Dinge werden lebendig, …
Dabei werden oft ganz reale Gegenstände oder Ereignisse miteinander verknüpft, die normalerweise nicht zusammengehören: Das Fantastische entsteht erst durch die Kombination dieser Elemente.
Die Handlung der fantastischen Welt folgt einer eigenen Ordnung, sie hat eine „innere Wahrscheinlichkeit". Das Auftauchen von Außerirdischen würde z. B. nicht zur Ordnung einer Geistergeschichte passen. Dies bedeutet, dass die Fantasie nicht mit euch durchgehen darf. Vermeidet es, fantastische Elemente ohne Zusammenhang einfach aneinander zu reihen oder diese besonders übertrieben darzustellen.

Franz Hohler: Tschipo

Das riecht aber eigenartig, dachte die Mutter, als sie vor der Tür des Kinderzimmers stand und „Tschipo, aufstehen!" rief. So roch es sonst nur auf Baustellen oder auf Straßen im Sommer. Rasch machte sie die Tür auf, aber Tschipo lag wie immer im Bett, und ringsherum war die übliche Sauordnung, also alles wie sonst.
„Tschipo", sagte die Mutter, „wach auf, ist irgendetwas passiert?"
„Aaah", sagte Tschipo.
„Was?", sagte die Mutter.
„Aaah!", sagte Tschipo und stellte die Füße auf den Teppich.
„Hast du gut geschlafen? Ist nichts passiert?", fragte die Mutter.
„Ja", sagte Tschipo.
„Was?", rief die Mutter. „Es ist also etwas passiert?"
„Nein", sagte Tschipo, „ich habe gut geschlafen, und es ist nichts passiert."
„Komisch", sagte die Mutter, „es riecht hier wie auf einer Baustelle."
„Ja", sagte Tschipo, „davon habe ich auch geträumt. Ich war an einem Ort, wo eine neue Straße gebaut wurde, und dem Dampfwalzenführer wurde es plötzlich schlecht, und dann durfte ich auf die Dampfwalze und bin damit über den Teer gefahren, bis du mich geweckt hast."
Die Mutter schüttelte den Kopf und öffnete das Fenster, und bald roch es im Kinderzimmer wieder so, wie es in jedem frisch gelüfteten Zimmer am Morgen riecht, nämlich unangenehm frisch.
Sonst passierte an diesem Tag nichts Besonderes. Tschipo ging zur Schule und kam wieder heim, machte die Aufgaben, ging auf den Spielplatz und kam wieder heim, und nach dem Nachtessen erzählte ihm der Vater noch eine Geschichte, und dann ging er ins Bett.

Das Besondere passierte erst am nächsten Morgen. Als die Mutter nämlich vor der Tür des Kinderzimmers stand und „Tschipo, aufstehen!" rief, dachte sie bei sich, das riecht aber eigenartig. So roch es sonst nur in einem Wald, in einem Tannenwald.

Rasch öffnete sie die Tür, aber Tschipo lag wie immer im Bett, und rings um ihn war die übliche Sauordnung, also alles wie sonst.
„Tschipo", sagte die Mutter, „wach auf, ist irgendetwas los?"
Tschipo sagte nichts und streckte nur seine beiden Hände aus.
„Was hast du da?", fragte die Mutter und machte seine Hände auf. „Das sind ja Tannenzapfen!"
„Ja", sagte Tschipo und hob die Bettdecke hoch.
Die Mutter stieß einen kleinen Schrei aus. „Und das?"
„Das auch", sagte Tschipo und begann alle Tannenzapfen, die in seinem Bett lagen, aufzulesen und in einer Schublade seiner Kommode zu versorgen.
„Tschipo!", rief die Mutter, „woher kommen diese Tannenzapfen?"
„Ich habe geträumt, dass ich mit Papi in einem Wald war und wir eine Tannenzapfenschlacht gemacht haben, und ich habe Papi immer getroffen, und er mich fast nie, und das sind die Tannenzapfen, die er mir nachgeworfen hat", sagte Tschipo. „Siehst du, hier ist einer, der von einem Eichhörnchen angefressen ist, mit dem hat er mich fast getroffen."
Die Mutter schüttelte den Kopf. „Ich muss die Leintücher wechseln", sagte sie, „egal, wo die Tannenzapfen her sind." Und das musste sie, denn die Tannenzapfen waren zum Teil noch feucht und dreckig, so frisch waren sie.
An diesem Morgen sprach auch der Vater mit Tschipo, aber er sagte ihm dasselbe, was er der Mutter gesagt hatte – die Tannenzapfen waren einfach aus seinem Traum übrig geblieben.
Die Eltern wussten nicht, was sie davon halten sollten. „Ein Spunz", sagte der Vater schließlich, „das geht schon vorbei."
Aber die Mutter glaubte es nicht.
Und sie hatte Recht.
Als sie am nächsten Morgen vor der Tür des Kinderzimmers stand und „Tschipo, aufstehen!", rief, roch es zum Schlüsselloch heraus wie aus einer Konditorei, ...

Spunz: etwas Ersponnenes

1 Untersucht die Geschichte von Tschipo.
- Was ist hier Realität, was Fantasie?
- Wie ist die Geschichte aufgebaut? Wie beginnen die einzelnen fantastischen Teile?

2 Erzählt die Geschichte weiter. Was könnte die Mutter im Kinderzimmer erwarten?

3 Sammelt weitere Ideen für lustige, überraschende, spannende, ... Tschipo-Geschichten. Sucht euch jeweils eine Idee aus und schreibt dazu eine neue Tschipo-Geschichte.

4 Lest euch eure Geschichten vor. Wenn ihr Erzählgruppen bildet, entstehen „Tschipo-Ketten-Geschichten".

7. Nacherzählen

Mündlich nacherzählen

Rafik Schami: Wie der Kutscher Salim sitzend zu seinen Geschichten kam und sie unendlich lang frisch halten konnte

[…] kein anderer Kutscher konnte so gut erzählen wie er. Wie schaffte es aber der alte Fuchs, der nicht lesen und schreiben konnte, immer wieder neue und frische Geschichten zu erzählen? Ganz einfach! Wenn die Fahrgäste ein paar Geschichten gehört hatten, fragte er beiläufig: „Kann jemand von euch auch eine Geschichte zum Besten geben?“ Da gab es unter den Leuten immer wieder jemanden, einen Mann oder eine Frau, der antwortete: „Ich kenne eine unglaubliche Geschichte. Sie ist aber bei Gott wahr!“ Oder: „Na, ja, ich kann nicht gut erzählen, doch ein Schäfer hat mir einst eine Geschichte erzählt, und wenn die Herrschaften mich nicht auslachen, würde ich sie gern erzählen.“ Und natürlich ermunterte Kutscher Salim jeden, seine Geschichte zu erzählen. Er würzte sie später nach und erzählte sie den nächsten Fahrgästen. So war sein Vorrat immer frisch und unerschöpflich.

Stundenlang konnte der alte Kutscher die Zuhörer mit seinen Geschichten verzaubern. Er erzählte von Königen, Feen und Räubern, und er hatte in seinem langen Leben viel erlebt. Ob er heitere, traurige oder spannende Geschichten erzählte, seine Stimme verzauberte jeden. Sie brachte nicht nur Trauer, Zorn und Freude hervor, es wurden sogar Wind, Sonne und Regen für uns spürbar. Wenn Salim zu erzählen anfing, segelte er in seinen Geschichten wie eine Schwalbe. Er flog über Berge und Täler und kannte alle Wege von unserer Gasse bis nach Peking und zurück. Wenn es ihm gefiel, landete er auf dem Berg Ararat – und sonst nirgends – und rauchte seine Wasserpfeife.

Hatte der Kutscher keine Lust zu fliegen, so durchstreifte er in seinen Erzählungen die Meere der Erde wie ein junger Delfin. Wegen seiner Kurzsichtigkeit begleitete ihn auf seinen Reisen ein Bussard und lieh ihm seine Augen.

So schmächtig und klein er auch war, in seinen Erzählungen bezwang Salim nicht nur Wesen mit funkelnden Augen und furchterregenden Schnurrbärten, er schlug auch Haifische in die Flucht, und fast auf jeder Reise kämpfte er mit einem Ungeheuer.

Seine Flüge waren uns vertraut wie das anmutige Segeln der Schwalben am blauen Himmel von Damaskus. Wie oft stand ich als Kind am Fenster und schwebte in Gedanken wie ein Mauersegler über unseren Hof. Diese Flüge haben mir damals kaum Angst bereitet. Aber ich zitterte mit den anderen Zuhörern vor den Kämp-

fen, die Salim mit den Haifischen und anderen Meeresungeheuern zu bestehen hatte.
Mindestens einmal im Monat verlangten die Nachbarn von dem alten Kutscher, er solle die Geschichte vom mexikanischen Fischer erzählen. Salim erzählte diese Geschichte besonders gern …

1 Besprecht,
- wie der Kutscher Salim zu immer neuen Geschichten kommt,
- warum Kinder und Erwachsene ihm so gerne zuhören.

2 „Er würzte sie später nach." – Überlegt, was damit gemeint sein könnte.

3 Wählt selbst Geschichten aus, die euch gefallen, und erzählt sie in einer Geschichtenstunde in der Klasse.
- Notiert euch zur Vorbereitung die Erzählschritte der Geschichten auf einem Stichwortzettel.
- Versucht, die Geschichten wie Salim auch durch eure Stimme zu „würzen".

4 Sprecht darüber, welche Nacherzählungen euch am besten gefallen haben. Woran lag das?

5 Tauscht euch aus: Was ist euch beim Nacherzählen leicht gefallen? Was war schwierig?

6 Sammelt Tipps für gelungenes mündliches Nacherzählen.

Schriftlich nacherzählen

Isaac B. Singer: Wie Schlemihl Geschäfte machte

Schlemihl: jiddisches Wort für „Pechvogel", liebevolle Bezeichnung für einen unbeholfenen, vom Missgeschick verfolgten Menschen

Schlemihl, der in Chelm lebte, war nicht immer ein Stubenhocker gewesen. Und es gab eine Zeit, da hatte seine Frau kein Gemüse auf dem Markt verkauft. Frau Schlemihls Vater war ein vermögender Mann, und als seine Tochter den Schlemihl heiratete, da gab er ihr einen guten Batzen Heiratsgeld. Kurz nach der Hochzeit beschloss Schlemihl, die Mitgift zu benützen, um ins Geschäft zu kommen.
Er hatte gehört, dass man in Lublin billig Ziegen kaufen konnte. So ging er dorthin, um eine zu kaufen. Es sollte eine Milchziege sein. Aus der Milch wollte er Käse machen und den Käse dann verkaufen.
Ein Viehhändler bot ihm eine Ziege an, deren Euter prall mit Milch gefüllt war. Schlemihl zahlte ihm die fünf Gulden, die er dafür verlangte, band der Ziege einen Strick um den Hals und führte sie heim nach Chelm.
Auf dem Heimweg kehrte er in Piask ein. Das Dorf war bekannt für seine Diebe

und Betrüger, aber Schlemihl wusste das nicht. Er ging in ein Wirtshaus um zu essen. Die Ziege ließ er draußen auf dem Hof an einen Baum gebunden zurück.

Er bestellte süßen Branntwein, als Vorspeise gehackte Leber mit Zwiebeln, einen Teller Hühnersuppe mit Nudeln und Tee mit Honigkuchen als Nachspeise – das war er sich als erfolgreicher Geschäftsmann schuldig. Es dauerte nicht lange, da tat der Branntwein seine Wirkung. Vor dem Gastwirt prahlte Schlemihl mit dem prächtigen Tier, das er in Lublin erstanden hatte. „Hab ich vielleicht ein Geschäft gemacht!", verkündete er. „Eine junge, gesunde Ziege. Das wird eine Milchziege, sag ich euch."

Wie's der Teufel will, war der Gastwirt ein ausgemachter Piasker Betrüger. Er besaß einen alten Geißbock, der war auf einem Auge blind, hatte einen langen, weißen Bart und ein abgebrochenes Horn. Nur die Tatsache, dass er so abgemagert und ausgemergelt war, bewahrte ihn vor dem Schlachter. Der Wirt hörte sich Schlemihls Loblied auf seine neue Ziege an, dann ging er auf den Hof hinaus und vertauschte Schlemihls junges Tier mit seinem alten Geißbock. Schlemihl war so vertieft in seine geschäftlichen Pläne, dass er gar nichts merkte, als er das Tier losband.

Weil das nun Schlemihls erste geschäftliche Unternehmung war, wartete die ganze Familie ungeduldig darauf, das Tier zu sehen, das er aus der großen Stadt heimbringen sollte. Alle waren sie in Schlemihls Haus versammelt: seine Schwiegereltern, seine Schwager und Schwägerinnen, auch Freunde und Nachbarn. Als Schlemihl schließlich ankam, rannten sie alle zur Begrüßung auf den Hof hinaus. Er hatte noch nicht einmal das Tor geöffnet, da pries Schlemihl schon die Vorzüge seines unübertrefflichen Handels – die Stärke der Ziege, ihr volles Euter.

Als der alte Geißbock hinter ihm durch das Tor gehumpelt kam, herrschte große Bestürzung. Sprachlos raufte sich der Schwiegervater den Bart. Und die Schwiegermutter war wie vom Donner gerührt. Die jungen Männer lachten lauthals und die jungen Frauen kicherten. Der Schwiegervater war der Erste, der etwas sagte: „Das nennst du eine junge Ziege? Ein halb verreckter alter Geißbock ist das!"

Zuerst wehrte sich Schlemihl noch heftig, aber dann schaute er sich zum ersten Mal das Tier so richtig an, das er da mit nach Hause gebracht hatte. Als er den alten, klapprigen Geißbock sah, schlug er sich den Kopf mit Fäusten. Er war überzeugt, dass ihn der Viehhändler hinters Licht geführt hatte, obgleich er sich nicht denken konnte, wann er das getan haben mochte. Schlemihl war so wütend, dass er sich nach einer schlaflosen Nacht auf den Weg nach Lublin machte. Er wollte den Bock zurückgeben und dem Händler ganz gehörig die Meinung sagen.

In Piask kehrte er wieder im Gasthaus ein. Er erzählte dem Wirt, dass er in Lublin

übers Ohr gehauen worden sei und dass er die richtige Ziege oder sein Geld zurückhaben wolle. Wenn ihn der Händler nicht zufrieden stelle, werde er die Polizei rufen. Der Gastwirt hatte schon mehr als einmal Scherereien mit der Polizei gehabt. Es war ihm klar, dass eine mögliche Untersuchung auf seine Spur führen musste, und das war das Letzte, was er sich wünschte.
Als Schlemihl sich so heftig über den Lubliner Viehhändler beklagte, da sagte der Gastwirt mitfühlend: „O ja, man weiß ja, was für Betrüger die Lubliner Händler sind. Sei nur wachsam, sonst beschwindelt man dich auch noch ein zweites Mal."
Bald darauf – Schlemihl war mit Essen beschäftigt – ging der Wirt auf den Hof und vertauschte seinen alten Geißbock wieder mit der jungen Ziege. Als Schlemihl aufbrach, war er so sehr damit beschäftigt, sich vorzustellen, was er dem Viehhändler sagen wollte, dass er das Tier wieder kaum beachtete, das er da führte.
Schlemihl kam bei dem Händler an und bedrohte und beschimpfte ihn wüst. Der erstaunte Mann machte ihm klar, dass die Ziege, die Schlemihl zurückbrachte, wirklich jung war und pralle Euter hatte. Schlemihl schaute sich die Ziege an und war sprachlos. Als er sich schließlich wieder gefasst hatte, meinte er: „Ich kann nur sagen, ich muss Gespenster sehen."
Er entschuldigte sich ein ums andere Mal, nahm die Ziege und machte sich auf den Weg nach Chelm.
Wie üblich kehrte er wieder im Piasker Wirtshaus ein. Er bestellte Brathuhn und Knödel. Und weil er den schließlich doch noch guten Handel feiern wollte, ließ er auch noch süßen Branntwein bringen. Der Wirt – unverbesserlicher Betrüger, der er war – ließ ein so leichtgläubiges Opfer doch nicht ungeschoren davonkommen. Er ließ Schlemihl noch ein zweites Glas auf seine Kosten bringen, dann ging er auf den Hof und vertauschte die Ziegen wieder.
Es dämmerte schon, als Schlemihl das Gasthaus verließ. Diesmal war er ein bisschen betrunken, und weil er beschickert war, sah er sich das Tier, das er losband und heimführte, überhaupt nicht an.

beschickert: leicht betrunken, beschwipst

Als Schlemihl nun das zweite Mal einen alten Geißbock statt einer jungen Ziege nach Chelm brachte, da war die Hölle los. Wie ein Lauffeuer verbreitete sich die Sache. Das ganze Dorf war erschreckt und verwirrt. Man brachte die Angelegenheit sogleich vor den Ältestenrat und dieser steckte bedachtsam sieben Tage und sieben Nächte die Köpfe zusammen. Endlich kamen die Ältesten zu dem Ergebnis: Wenn man eine Ziege von Lublin nach Chelm bringen will, verwandelt sie sich unterwegs in einen alten Geißbock. Sie erließen daher ein Gesetz, das es den Einwohnern von Chelm bei Strafe verbot, Ziegen aus Lublin einzuführen. Der alte Geißbock starb bald und Schlemihl hatte ein Drittel der Mitgift seiner Frau verloren. [...]

1 Tauscht euch über eure ersten Leseeindrücke aus. Besprecht:
- Ist Schlemihl eurer Meinung nach ein „Pechvogel"?
- Wie denkt ihr über die Reaktion der Chelmer?

2 Notiert die Erzählschritte der Geschichte für eine Nacherzählung.

Erzählplan

- Schlemihl heiratet
- bekommt viel Geld
- kauft Ziege
- will nach Hause
- ist sehr hungrig
- geht ins Wirtshaus
- trinkt Branntwein
- dann ist er betrunken
- isst Leber mit Zwiebeln
- dann isst er Hühnersuppe
- dann trinkt er Tee
- zum Schluss isst er Nachspeise: Honigkuchen
- Wirt vertauscht Ziegen
- Schlemihl geht nach Hause
- alle lachen
- Schlemihl kehrt um
- geht wieder ins Wirtshaus und isst
- Wirt vertauscht wieder Ziegen
- ...
- ...

1 Vergleicht diesen Erzählplan mit euren eigenen Notizen. Klärt dabei:
✔ Welche Erzählschritte sind wichtig, welche könnte man weglassen?
✔ Entspricht die Reihenfolge der Erzählschritte dem Verlauf der Handlung?

2 Verbessert eure Erzählpläne.

Nacherzählung der Geschichte „Wie Schlemihl Geschäfte machte" von I. B. Singer (Schüleraufsatz)

In der Geschichte geht es um einen Mann, der viel Geld bekam, als er heiratete. Er kaufte mit dem Geld eine Ziege. Als er in einem Wirtshaus aß, vertauschte der Wirt die junge Ziege mit einer alten Ziege. Der Mann merkte nichts und ging nach Hause. Als er zu Hause ankam, lachten alle. Der Mann ging wieder zurück und wollte die Ziege umtauschen. Er aß wieder im Wirtshaus, und da passierte ihm das Gleiche wie vorher. Der Wirt vertauschte wieder die Tiere. Deshalb war der Viehhändler böse, weil er nicht verstand, was der Mann wollte. Der Mann kehrte wieder um und ging nach Hause. Unterwegs machte er wieder im Wirtshaus Halt und aß etwas. Der Wirt vertauschte wieder die Ziegen und der Mann merkte nichts. Als er nach Hause kam, waren alle böse. Und die Alten machten ein Gesetz, dass niemand Ziegen in die Stadt bringen darf.

1 Sprecht über diese Nacherzählung einer Schülerin. Überprüft:
- ✔ Sind die Erzählschritte vollständig, stimmt die Reihenfolge?
- ✔ Ist das Wichtige genügend ausführlich erzählt?
- ✔ Ist die Erzählung anschaulich, lebendig, spannend?

2 Macht Vorschläge für eine Verbesserung.

Nacherzählung der Geschichte „Wie Schlemihl Geschäfte machte" von I. B. Singer – Überarbeitete Fassung (Schüleraufsatz)

Schlemihl, der mit seiner Frau in Chelm lebte, wollte mit dem Geld, das er zur Hochzeit von seinem Schwiegervater bekommen hatte, im nächsten Dorf eine schöne, fette Milchziege kaufen. Aus der Milch wollte er Käse machen, und den Käse wollte er verkaufen. Schlemihl träumte von einem großartigen Geschäft. Eines Tages zog er los nach Lublin, wo er einem Viehhändler eine schöne Milchziege mit prall gefülltem Euter abkaufte. Der Ziege legte er einen Strick um den Hals und marschierte nach Hause.
Doch unterwegs plagte ihn der Hunger und er kehrte in dem Dorf Piask in ein Gasthaus ein. Die Ziege band er an einen Baum. Er bestellte reichlich zu essen und zu trinken, auch Branntwein. Glücklich über den gelungenen Kauf schwärmte Schlemihl dem Wirt von der Ziege vor. Dieser war nun ein gerissener Betrüger. Während Schlemihl noch vor seinem Essen in der Wirtsstube saß, tauschte der Wirt die fette Milchziege gegen einen dürren alten Geißbock aus. Nach dem Essen band Schlemihl das Tier los und wanderte weiter. Er war noch etwas betrunken und so begeistert von dem geglückten Handel, dass er überhaupt nicht bemerkte, was für ein Tier er da nach Hause führte.
Zu Hause wartete schon die ganze Familie …

3 Betrachtet den Anfang der überarbeiteten Nacherzählung: Was ist verändert und verbessert worden?

4 Schreibt die Nacherzählung zu Ende.

5 Lest ein paar eurer Fassungen vor und tauscht euch aus: Was ist gut gelungen? Was könntet ihr noch verbessern? Was ist euch noch schwer gefallen?

6 Sammelt Tipps für die Anfertigung einer gelungenen Nacherzählung.

Eine Erzählung umgestalten

Johann Peter Hebel: Das Mittagessen im Hof

Man klagt häufig darüber, wie schwer und unmöglich es sei, mit manchen Menschen auszukommen. Das mag denn freilich auch wahr sein. Indessen sind viele von solchen Menschen nicht schlimm, sondern nur wunderlich, und wenn man sie nur immer recht kennte, inwendig und auswendig, und recht mit ihnen umzugehen wüsste, nie zu eigensinnig und nie zu nachgebend, so wäre mancher wohl und leicht zur Besinnung zu bringen. Das ist doch einem Bedienten mit seinem Herrn gelungen. Dem konnte er manchmal gar nichts recht machen und musste vieles entgelten, woran er unschuldig war, wie es oft geht. So kam einmal der Herr sehr verdrüßlich nach Hause und setzte sich zum Mittagessen. Da war die Suppe zu heiß oder zu kalt oder keines von beiden; aber genug, der Herr war verdrüßlich. Er fasste daher die Schüssel mit dem, was darinnen war, und warf sie durch das offene Fenster in den Hof hinab. Was tat der Diener? Kurz besonnen warf er das Fleisch, welches er eben auf den Tisch stellen wollte, mir nichts, dir nichts, der Suppe nach, auch in den Hof hinab, dann das Brot, dann den Wein, und endlich das Tischtuch mit allem, was noch darauf war, auch in den Hof hinab. „Verwegener, was soll das sein?“, fragte der Herr und fuhr mit drohendem Zorn von dem Sessel auf. Aber der Bediente erwiderte kalt und ruhig: „Verzeihen Sie mir, wenn ich Ihre Meinung nicht erraten habe. Ich glaubte nicht anders, als Sie wollten heute in dem Hof speisen. Die Luft ist so heiter, der Himmel so blau, und sehen Sie nur, wie lieblich der Apfelbaum blüht und wie fröhlich die Bienen ihren Mittag halten.“ – Diesmal die Suppe hinabgeworfen, und nimmer! Der Herr erkannte seinen Fehler, heiterte sich im Anblick des schönen Frühlingshimmels auf, lächelte heimlich über den schnellen Einfall seines Aufwärters und dankte ihm im Herzen für die gute Lehre.

verdrüßlich: verdrießlich

1 Sprecht darüber, wie die Erzählweise von Johann Peter Hebel auf euch wirkt.

2 Macht es so wie der Geschichtenerzähler Salim und „würzt“ diese Geschichte.
- Sammelt dafür in Gruppen Ideen.
- Überlegt, welchen Teil der Geschichte Salim vielleicht weggelassen hätte.
- Gestaltet die spannendste Stelle besonders aus.

3 Erzählt die Geschichte aus der Sicht einer der Figuren.
- Der Diener erzählt die Geschichte dem Stallburschen.
- Der Herr erzählt die Geschichte seiner Ehefrau.

4 Lest euch eure Geschichten gegenseitig vor und vergleicht sie.

5 Vergleicht eure Geschichten mit der Originalfassung von Hebel.

Wissen

Nacherzählen

Eine Nacherzählung ist die Erzählung einer Geschichte mit eigenen Worten. Sie richtet sich an jemanden, der selbst die nacherzählte Geschichte nicht kennt. Er muss sie verstehen und nachvollziehen können und er darf sich nicht langweilen. Ihr solltet daher darauf achten,

den Verlauf der Handlung nicht zu verändern, also:

- die Reihenfolge der Erzählschritte beizubehalten,
- keine wesentlichen Erzählschritte wegzulassen,
- wichtige Stellen ausführlich genug zu erzählen,
- keine neuen Erzählschritte oder Figuren hinzuzuerfinden,

anschaulich, lebendig und spannend zu erzählen, also:

- auch die innere Handlung zu berücksichtigen,
- auch wörtliche Rede zu verwenden,
- abwechslungsreiche Wortwahl und Satzverknüpfungen zu verwenden.

Bei einer mündlichen Nacherzählung kommt es besonders darauf an, sich auf die Zuhörer einzustellen, sie zu fesseln. Um dies zu erreichen, solltet ihr

- flüssig erzählen: Ein Stichwortzettel mit den Erzählschritten kann euch dabei helfen, den Faden nicht zu verlieren.
- eure Stimme wirkungsvoll einsetzen: Ihr könnt Lautstärke und Tempo verändern, auch Gefühle lassen sich gut mit der Stimme ausdrücken.
- eure Erzählungen mit passenden Gesten unterstützen.

Für die Umgestaltung einer Erzählung könnt ihr

- etwas weglassen oder dazuerfinden,
- ausgewählte Stellen besonders ausgestalten,
- eine veränderte Sicht wählen.

Übungen

1 Wählt geeignete Geschichten aus und gestaltet mit ihnen Erzählstunden. Das könnt ihr mit ganz unterschiedlichen Geschichten machen: Märchen, Fabeln, Gespenstergeschichten, …
Ihr könnt auch zu zweit oder dritt eine Geschichte erzählen.

2 Zum mündlichen Nacherzählen eignen sich besonders gut Geschichten, die man ausschmücken kann, so wie ihr es mit der Geschichte *Das Mittagessen im Hof* gemacht habt. Sucht solche Geschichten und gestaltet sie aus und um. Vergleicht anschließend eure unterschiedlichen Fassungen.

3 Sucht nach weiteren Geschichten, die euch gefallen. Lest sie euch gegenseitig vor oder lasst sie euch vorlesen. Verfasst dazu schriftliche Nacherzählungen.

4 Überarbeitet eure Nacherzählungen mit Hilfe von Schreibkonferenzen oder der Textlupe.

Szenische Verfahren

In dieser Einheit könnt ihr lernen,

wie ihr euch vor dem Theaterspielen aufwärmen könnt

wie ihr ohne Worte Geschichten erzählen könnt

- was Gesichter ausdrücken und wie ihr sie verstehen könnt
- wie ihr mit dem Körper sprechen könnt
- wie ihr kleine Szenen pantomimisch gestalten könnt

wie ihr einen Dialog aufführen könnt

wie ihr eine Erzählung für eine Aufführung umschreiben könnt

Szenische Verfahren
Ein anderer sein

1. Spiele zur Vorbereitung

1 Wer Theater spielen will, braucht dazu keinen perfekt eingerichteten Raum. Auch in eurem Klassenzimmer lässt sich ohne große Mühe eine Spielfläche einrichten, wenn ihr Tische und Stühle an die Wand rückt.

2 Die folgenden Übungen helfen euch dabei, ein Gefühl dafür zu entwickeln, wie ihr euch allein und gemeinsam mit anderen auf einer freien Fläche bewegen könnt.

Begrüßung

Alle Schülerinnen und Schüler gehen lautlos im Klassenraum herum und auf ein Zeichen des Lehrers versuchen sie, möglichst viele Hände zu schütteln und sich jeweils dem Partner vorzustellen.
Überlegt euch auch neue Begrüßungsgesten und probiert sie im Spiel aus.

Gangarten

Alle gehen kreuz und quer durcheinander, jeder in seinem eigenen Tempo. Sucht euch im Zimmer ein Ziel (an der Wand, in einer Ecke, einen Gegenstand). Wenn ihr es erreicht habt, dreht euch um und steuert ein neues Ziel an. Begegnungen und Zusammenstöße sollen dabei vermieden werden. Auf Zuruf eures Lehrers wird die Gangart verändert.
Probiert auch einmal folgende Gehweisen aus: schreiten, balancieren, schlendern, schleichen, wandern, tänzeln, pirschen, joggen, schwanken, …

Elefantenjagd

Alle Schülerinnen und Schüler fassen sich an den Hüften und bilden eine lange Reihe. Der letzte Schüler/die letzte Schülerin erhält ein Seil in die Hose gesteckt. Der Erste in der Reihe ist der Kopf des Elefanten. Er versucht nun, den Schwanz zu fangen, ohne dass die Reihe unterbrochen wird.
Wer den Kontakt verliert, wird in der nächsten Runde selbst zum Kopf.

Atomspiel

Alle bewegen sich möglichst rasch durcheinander, sie sausen wie Atome im Raum herum. Auf das Klatschen des Lehrers und die Ansage „Molekül 4" müssen sich sofort Vierergruppen zu einem Molekül fest verbinden. Jeder soll versuchen, schnell eine Bindung zu finden.
Dann schwirren die Schüleratome erneut frei herum bis zur nächsten Ansage: Molekül 2 oder 3 oder …

Blindenführer

Sucht euch einen Partner. Einer schließt die Augen und wird vom Partner geführt. Euer Kontaktpunkt sind die Fingerspitzen, die der/die Blinde in Brusthöhe hält. Durch leichtes Berühren lässt er/sie sich nun durch den Raum führen, ohne dass es zu Zusammenstößen kommt. Die Übung erfordert von euch großes Vertrauen und höchste Konzentration, da nicht gesprochen werden soll.
Nach einiger Zeit wird gewechselt.

Muschelsuche

Stellt euch folgende Urlaubsstimmung vor: Eine Gruppe steht gemeinsam am Strand und versucht, mit dem zurückfließenden Wasser vorzugehen, um Muscheln zu suchen. Wenn die Welle wieder zurückkommt, müssen sich alle schnell zurückziehen, ohne nasse Füße zu bekommen.
Teilt eure Klasse in zwei Gruppen. Eine Gruppe nimmt sich an den Händen und spielt das Meer, die anderen sind die Muschelsucher.

2. Pantomime

Gesichter sprechen lassen: Mimik

1 Wählt ein Gesicht aus. Formuliert in Worten, was es euch mitteilen könnte, z. B.

- *„Toll, dass ich es geschafft habe“*
- *„War das ein Stress!“*
- …

2 Begründet eure Äußerungen. Beschreibt dabei möglichst genau, was in den Gesichtern „spricht“, z. B. Mund, Augen, …

3 Sprecht über mögliche Situationen, in denen Gesichter einen solchen Ausdruck haben können.

4 Sammelt in Zeitungen, Zeitschriften oder Werbeanzeigen „sprechende“ Gesichter. Schneidet sie aus, klebt sie auf ein Blatt und schreibt in einem kleinen Text dazu, was sie „sagen“.

5 Drückt selbst mit eurem Gesicht aus, wie ihr euch fühlt, wenn ihr
- in eine Zitrone beißt,
- ein Stück Schokolade esst,
- ein Eis lutscht,
- …

6 Gesichter „sprechen" durch die **Mimik**, das Mienenspiel. Denkt euch Gefühle oder Situationen aus, die ihr durch eure Mimik ausdrücken wollt. Jemand „spricht" mit dem Gesicht, die anderen sagen, was der Gesichtsausdruck für sie bedeutet.

7 Schreibt Gefühle oder Stimmungen als Begriffe auf Karten (z. B. *Schreck*). Sammelt die Karten. Einer zieht eine Karte und drückt den Begriff mimisch aus, die anderen versuchen ihn zu erraten. Wer den richtigen Begriff nennt, darf die nächste Karte ziehen und einen Begriff ausdrücken.

Körper sprechen lassen: Gestik und Haltung

1 Die Sprache der Hände und Arme heißt **Gestik**. Sprecht darüber, was die einzelnen abgebildeten Gesten bedeuten.

2 Überlegt, warum ihr die Gesten auch ohne Worte verstehen könnt.

3 Überlegt in Gruppen, welche Gesten ihr noch kennt (von zu Hause, aus dem Fernsehen, …). Zeichnet diese Gesten als Skizzen und stellt sie in einer Gestentafel zusammen.

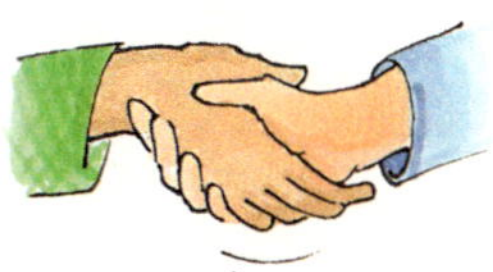
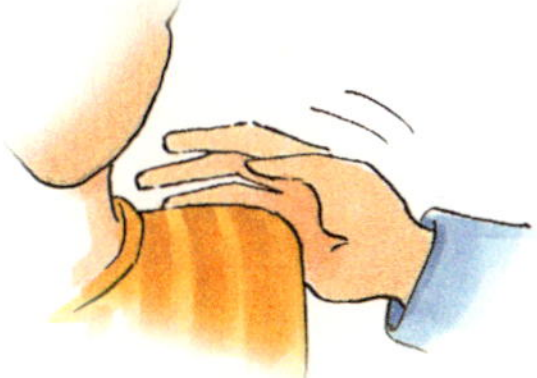

…

1 Richtet eine Spielfläche in eurem Klassenzimmer ein und versucht nacheinander die Körperhaltungen der vier Bilder einzunehmen. Welcher Gesichtsausdruck passt dazu?

2 Geht in einer dieser Haltungen herum. Auf Klatschen des Lehrers wechselt ihr in eine neue Körperhaltung.

3 Spielt euch die verschiedenen Haltungen auf der Bühne vor und besprecht, was sie ausdrücken.

Situationen pantomimisch gestalten

1 Als der Film entstand, mussten die Schauspieler zunächst stumm spielen. Eines der Bilder ist eine Szene aus einem Stummfilm. Beschreibt möglichst genau Mimik, Gestik und Körperhaltung. Überlegt, was der Schauspieler damit zum Ausdruck bringt.

2 Vergleicht die Szene aus dem Stummfilm mit der Clownnummer. Bei welchem Bild fällt es leichter, es in ein Geschehen einzuordnen? Begründet.

3 Die „Sprache“ unseres Gesichtes, unserer Gesten und unseres Körpers wird nicht nur von Film- und Theaterschauspielern genutzt, sondern auch beim Spiel ohne Worte (**Pantomime**).
Damit die Zuschauer alles verstehen, ist es bei der Pantomime wichtig, alle Bewegungen deutlich, manchmal sogar ein bisschen übertrieben auszuführen.
Spielt diese Redensarten pantomimisch vor:

- in die Luft gehen
- jemanden an der Nase herumführen
- jemanden auf den Arm nehmen
- Tomaten auf den Augen haben
- sich für jemanden ein Bein ausreißen
- jemandem auf den Zahn fühlen
- anderen eine Grube graben

4 Sammelt weitere Redensarten und spielt sie euch vor. Die Zuschauer versuchen sie zu erraten.

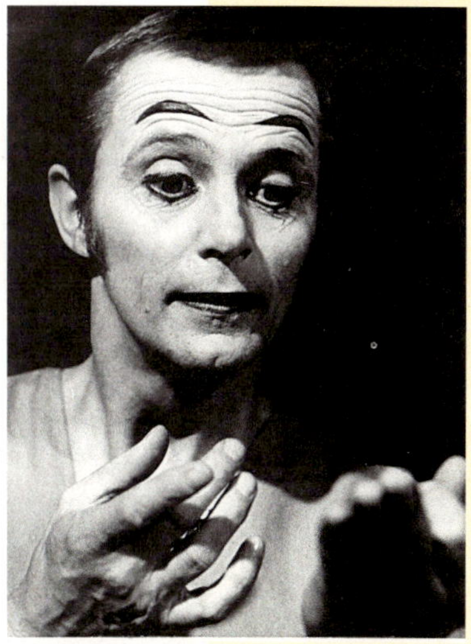

5 Überreicht jemandem pantomimisch folgende Gegenstände: einen Ball, eine Blume, ein Buch, einen Brief, ein Paar Langlaufski, einen Elefanten.
- Stellt euch dazu den Gegenstand genau vor. Tastet die Umrisse mit den Händen ab und macht so den Zuschauern deutlich, welchen Gegenstand ihr überreicht.
- Überlegt, wie ihr unterschiedliche Situationen ausdrücken könnt. Ihr überreicht z. B. ein Buch
  – als Verkäufer in einer Buchhandlung,
  – einem Freund/einer Freundin, der ihr es ausleiht,
  – als Geschenk,
  – ...

6 Teilt eure Klasse in Vierer- oder Fünfergruppen ein. Jede Gruppe hat die Aufgabe, eine der folgenden Szenen pantomimisch vorzubereiten. Bestimmt einen Spielleiter in jeder Gruppe, der das Spiel der anderen von außen beobachtet und den Spielern berichtet, wie ihre Pantomime wirkt. Falls nötig, gibt er Ratschläge, die das gemeinsame Spiel verbessern. Übt eine Szene zuerst in eurer Gruppe, bevor ihr sie der Klasse vorspielt.
- Ihr wartet ungeduldig an der Bushaltestelle auf den Schulbus, der schon zehn Minuten Verspätung hat.
- Eine Frau sitzt auf ihrer Lieblingsbank im Park und genießt das schöne Wetter. Plötzlich setzt sich ein junges Paar zu ihr. Sie fühlt sich belästigt und möchte erreichen, dass die beiden weitergehen.
- Ein Mann möchte seine Einkäufe im Supermarkt bezahlen. Als die Kassiererin ihn zum Zahlen auffordert, stellt er fest, dass er sein Portemonnaie vergessen hat.
- Ihr sitzt beim Zahnarzt auf dem Behandlungsstuhl und habt wahnsinnige Angst vor dem Bohrer. Als der Zahnarzt anfangen will, fällt euch ein, dass ihr eine dringende Verabredung habt.

7 Erfindet selbst Situationen, in denen etwas Unerwartetes passiert. Schreibt sie auf und übt, sie pantomimisch darzustellen. Spielt sie den anderen Gruppen vor, die Zuschauer berichten euch dann, was sie gesehen haben.

Wissen

Pantomime

Ein Pantomime erzählt mit seinem Körper eine Geschichte. Er benutzt dafür
- seine Körperhaltung,
- seinen Gesichtsausdruck (Mimik),
- die Bewegung der Arme und Hände (Gestik).

Ihr könnt einzelne Begriffe, Handlungen, Situationen, aber auch ganze Geschichten pantomimisch darstellen. Dabei ist es wichtig, dass ihr eure Mimik und Körpersprache sehr deutlich einsetzt, damit die Zuschauer euch verstehen.

3. Einen Dialog spielen

Otto Waalkes: Die verflixte Rechenaufgabe

Wir befinden uns im Wohnzimmer der Familie Redlich. Vater Redlich sitzt gemütlich in seinem Fernsehsessel und buchstabiert im milden Schein der Leselampe seine geliebte Bildzeitung. Mutter Redlich poliert ihren geliebten Gummibaum. Beider Sohn sitzt über seinen Schulbüchern und macht seine Hausaufgaben. Er versucht es zumindest.

SOHN: Papa!
VATER *(abwesend)*: Ja?
SOHN: Ich hab hier 'ne Rechenaufgabe.
VATER: Meinetwegen. Aber komm nicht so spät nach Hause!
SOHN: Ich hab hier 'ne Rechenaufgabe, die krieg ich nicht raus!
VATER *(bei der Sache)*: Was? Die kriegst du nicht raus? Zeig mal her.
SOHN: Hier. 28 durch 7.
VATER: 28 durch 7? Und das kriegst du nicht raus? Elke!! Dein Sohn kriegt 28 durch 7 nicht raus!
MUTTER: Dann hilf ihm doch!
SOHN: Was heißt denn 28 durch 7, Papa? Wofür brauch ich das denn?
VATER: Wofür? Wofür? Alle naslang brauchst du das! Stell dir vor, du hast 28 Äpfel, ihr seid sieben Buben und wollt die Äpfel untereinander aufteilen!
SOHN: Wir sind aber nur vier! Der Fips, der Kurt, sein Bruder und ich!
VATER: Dann nehmt ihr halt noch den Erwin, den Gerd und den Henner dazu, dann seid ihr…
SOHN: Der Henner ist blöd. Der kriegt keinen Apfel.
VATER: Na, dann musst du halt sehen, wen du sonst noch auf der Straße triffst.

MUTTER: Der Junge geht mir nicht auf die Straße! Der macht jetzt seine Schulaufgaben!

VATER: Jetzt misch dich nicht auch noch ein! Oder weißt du eine bessere Erklärung dafür, wie 28 durch 7 geht?

MUTTER: Jedenfalls geht der Junge nicht auf die Straße!

VATER: Gut! Er bleibt hier! Wir haben also keine sieben Buben, sondern nur 28 Äpfel und die teilen wir jetzt durch sieben Birnen, das macht …

MUTTER: Aber Hermann! Das geht doch gar nicht!

VATER: Jaja, 's war falsch … Nun macht doch nicht alles so kompliziert! Ihr seid also keine sieben Birnen … äh … Buben … ihr seid sieben … sieben … na! Sieben Zwerge! Jawohl, ihr seid sieben Zwerge.

SOHN: Und?

VATER: Und die haben zusammen eine 28-Zimmer-Wohnung!

MUTTER: Ach Gott, Hermann, es gibt doch in der ganzen Stadt keine 28-Zimmer-Wohnung!

VATER: Natürlich nicht! Es gibt ja auch in der ganzen Stadt keine sieben Zwerge, verdammt noch mal! Wenn ich deine unqualifizierten Bemerkungen schon höre!

MUTTER: Unqualifiziert! Aha! Und was machen deine sieben Zwerge in ihrer 28-Zimmer-Wohnung?

VATER: Wohnen! Was denn sonst? 28 Zimmer durch sieben Zwerge!

MUTTER: Soso! Die geh'n da durch. Hintereinander – wie?

SOHN: Und was macht das Schneewittchen, Papa?

VATER: Die? Sie soll bleiben, wo sie ist, die dumme Nuss!

MUTTER: Aber Hermann!

VATER: Ist recht! Ist recht! 28 durch 7! Das muss man teilen. Verstehst du? Wie einen Kuchen! Du hast eine Torte, und die teilst du in der Mitte durch. Und dann ist sie geteilt, klar?

SOHN: Ja, und dann?

[…]

1 Bildet Vierergruppen und schreibt den Dialog zu Ende. Tragt eure Fortsetzungen in der Klasse vor und beurteilt, welche am besten zu dem Dialog passt.

2 Wenn ihr den Dialog als kleines Theaterspiel aufführen wollt, solltet ihr in eurer Gruppe zuerst einen Spielleiter bestimmen. Dieser übernimmt keine Rolle und kann damit das Spiel beobachten.

3 Legt fest, wer in eurer Gruppe welche Rolle übernimmt. Denkt euch in die Person hinein, die ihr spielen wollt. Folgende Fragen können euch dabei helfen:

- ✔ Wie alt bin ich?
- ✔ Welche Beziehung habe ich zu den anderen Personen?
- ✔ Welche Eigenschaften, Fähigkeiten usw. habe ich?
- ✔ Wie verhalte ich mich in dieser Situation?
- ✔ Was erwarten die anderen Personen von mir?

Arbeitstechnik
Mindmap
Seite 8

4 Haltet für euer weiteres Spiel die Merkmale der Personen in einer Mindmap fest:

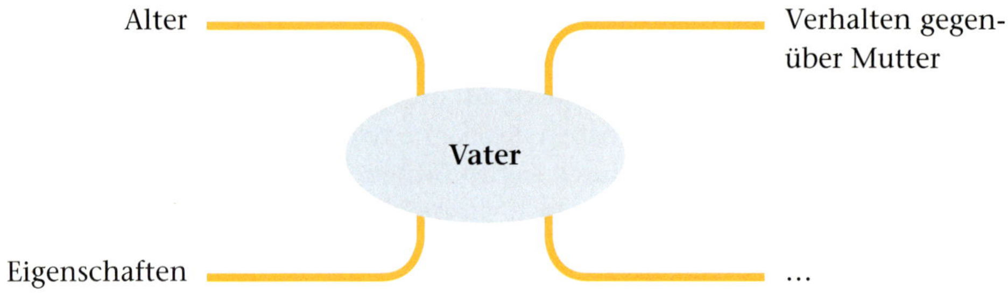

[...]

VATER: 28 durch 7? Und das kriegst du nicht raus? Elke!! Dein Sohn kriegt 28 durch 7 nicht raus.

MUTTER: Dann hilf ihm doch!

[...]

1 Sprecht darüber, welche Gefühle und Gedanken der Vater hat, wenn er so mit seinem Sohn und seiner Frau spricht. Wie erklärt ihr euch, dass er an dieser Stelle zu seiner Frau sagt: „Dein Sohn“?

2 Wie wirkt die Reaktion der Mutter auf euch? Verärgert, genervt, bestimmend ...?

3 Probiert verschiedene Sprechmöglichkeiten dieses Dialogausschnitts und beurteilt diese.

4 Verstärkt die Wirkung eurer Sprechweise durch Mimik und Gestik.

5 Lest in euren Gruppen den ganzen Text laut mit verteilten Rollen. Überlegt gemeinsam, wie ihr euch bei den verschiedenen Sätzen des Dialogs fühlt, was ihr dabei denkt. Tragt eure Ideen in eine Kopie des Textes ein.

Hört nicht zu, will seine Ruhe haben, ...
Vater: Meinetwegen. Aber komm nicht so spät nach Hause!

6 Setzt eure Ideen durch eine geeignete Sprechweise der Sätze um. Entscheidet, welche Sprechweise jeweils am besten passt. An einigen Stellen helfen euch hierbei die **Regieanweisungen**, die in Klammern vor dem Sprechertext stehen.

7 Drückt das, was die Personen in der Situation denken, fühlen usw., durch Körperhaltungen, Gestik und Mimik aus. Der Spielleiter entscheidet, wie der Dialog am Schluss aufgeführt werden soll.

8 Spielt die Szene mit euerem eigenen Schluss vor der ganzen Klasse.

4. Einen Erzähltext dialogisieren

Jürg Schubiger: Das Kind auf dem Kasten

Was ich erzähle, hat sich in den dreißiger Jahren in Piacenza, in Oberitalien, zugetragen. Beim Versteckspielen kletterte ein Kind, das Töchterchen eines Rechtsanwalts, auf einen Kasten. Als es dann entdeckt wurde und die Reihe an ihm war, die anderen zu suchen, sagte es: Spielt ohne mich weiter. Ich bleibe hier auf dem Kasten. Und es blieb dort, wo es war, während die anderen weiterspielten.

Am Abend bei Tisch fehlte das Kind. Es sagte: Esst ohne mich. Ich bleibe hier.

Maria, das Kindermädchen, war wütend. Doch es war nichts zu machen. Nicht einmal zum Schlafen kam das Kind vom Kasten herunter. Maria reichte ihm spät in der Nacht noch ein Kissen hinauf und ein Butterbrot.

Fortan lebte das Kind auf dem Kasten. Es hatte hier Raum genug, der sogar zum Stehen ausreichte, denn das Zimmer war sehr hoch. Von seinem Platz aus sah es alles, was in der Familie passierte. Die Eltern, Maria und die Geschwister kamen und gingen, und das Kind schaute ihnen dabei zu. Manchmal las es auch in einem Buch oder lag auf dem Rücken, summte und blickte zur Decke.

Die Mutter, der Vater, Maria und die Geschwister taten alles, was ihnen einfiel, um das Kind vom Kasten herunterzuholen. Sie schmeichelten ihm und schalten es aus, sie zeigten ihm Süßigkeiten und teures Spielzeug, oder sie sprachen laut miteinander über einen Besuch im Zirkus oder über das Fischen im Teich. Das Kind hörte aufmerksam zu und lachte manchmal, aber es ließ sich nicht darauf ein. […]

Mehr als einmal holte man es mit Gewalt vom Kasten herunter. Man setzte es auf einen Stuhl und legte es in sein Bett. Aber das Kind aß dann nichts und trank nichts, und nachts behielt es die Augen offen. Es wurde dabei so mager und trübsinnig, dass man fürchtete, es würde sterben. Darum ließ man es schon nach wenigen Tagen wieder tun, was es wollte, und sein Stuhl am Tisch blieb weiterhin leer. […]

Gegen Ende des fünften oder bei Beginn des sechsten Jahres geschah dann etwas Unerwartetes. Ein Mann war ins Haus bestellt worden, um das Klavier zu stimmen. Er machte seine Arbeit, und das Kind schaute und hörte ihm zu, ohne dass er es bemerkte. Erst als das Kind vor Vergnügen lachte, blickte er auf und sah es. Was machst du denn da?, fragte er. Komm doch herunter.

Da kam das Kind vom Kasten herunter, nahm einen Stuhl und setzte sich neben ihn. Es blieb sitzen, bis der Mann seine Arbeit beendet hatte. Dann ging es in die Küche und holte sich ein Stück Kuchen.

Seit diesem Tag lebte das Kind wieder wie andere Kinder. Es ist auch später nie mehr auf den Kasten zurückgekehrt.

1 Schreibt aus dem Text alle Informationen heraus, die ihr über die einzelnen Figuren bekommt. Fertigt Mindmaps zu jeder Person an.

2 Notiert die Sätze, welche die Personen im Text sprechen. Ihr könnt sie verwenden, wenn ihr aus der Erzählung ein kleines Theaterstück macht.

3 Überlegt, welche Vorgänge und Situationen ihr als Szenen gestalten wollt und welche Personen dabei auftreten, z. B.

Szene 1	*Das Versteckspielen*	*Kind, Geschwister, Freunde*
Szene 2	…	…

4 Teilt eure Klasse in Gruppen auf und schreibt zu jeder Szene einen Dialog. Überlegt dabei, wie ihr möglichst viele Informationen, die der Text enthält, nutzen könnt. Ihr könnt auch Regieanweisungen einsetzen.

5 Probt in den Gruppen eure selbst geschriebenen Szenen. Legt fest, wie ihr eure Sätze sprechen wollt. Achtet auch auf die Gestik und Mimik der Schauspieler.

6 Bestimmt einen Spielleiter, der euer Spiel von außen als Zuschauer betrachtet und diskutiert mit ihm über mögliche Spielweisen.

7 Spielt eure Szenen den anderen Gruppen vor und sprecht darüber, welche Aufführung am besten gelungen ist.

Wissen

Dialoge spielen, Texte dialogisieren

Ein Theaterstück besteht aus verschiedenen Szenen, in denen Figuren aufeinander treffen und miteinander sprechen. Szenen zeigen Ausschnitte aus der Handlung und dem Geschehen. Oft gibt es im Text Hinweise darauf, wo eine Szene spielt, wie die Bühne eingerichtet werden kann oder wie etwas gespielt oder gesprochen werden soll. Man nennt diese Hinweise Regieanweisungen: „VATER *(abwesend)*: Ja?“

Wenn zwei oder mehrere Personen miteinander sprechen, nennt man das einen Dialog. Wenn ihr Dialoge aufführen wollt, könnt ihr durch

- Sprechweise und
- Körpersprache (Mimik, Gestik, Körperhaltung)

deutlich machen, was die Personen denken und fühlen.

Erzählende Texte könnt ihr in einen Dialog umschreiben (dialogisieren). Dazu solltet ihr

- alles notieren, was ihr aus dem Text über die Personen erfahrt,
- den Text in Szenen einteilen und die darin auftretenden Personen festlegen,
- zu jeder Szene einen passenden Dialog schreiben.

Hierbei könnt ihr auch die wörtliche Rede aus dem Text verwenden und sie mit Hilfe der Informationen aus dem Text ergänzen.

Umgang mit literarischen Texten: Erzählende Texte

In diesem Kapitel könnt ihr lernen,

wie ihr erzählende Texte erschließen könnt

- wie ihr eure ersten Eindrücke formuliert
- wie ihr Figuren besser versteht
- warum manche Textstellen besonders spannend sind
- was sich alles über die Handlung einer Geschichte sagen lässt

wie ihr Texte lesen und vorlesen könnt

- wie ihr euch das Vorlesen erleichtert
- wie ihr beim Vorlesen mit eurer Stimme Stimmung macht
- dass es beim Vorlesen auf die Betonung ankommt
- wie ihr einen Lesevortrag vorbereitet und gestaltet

was an Märchen und Sagen interessant sein kann

- was Märchen zu Märchen macht
- wie ihr Märchen nachbauen und umbauen könnt
- dass Märchen nicht immer alt sein müssen
- was sich hinter Sagen verbergen kann
- was Sagen von Märchen unterscheidet
- dass auch Sagen nicht immer alt sein müssen
- wie ihr ein Projekt zum Thema *Sagen* durchführen könnt

Umgang mit literarischen Texten: Erzählende Texte

Spannendes – Sonderbares – Unglaubliches

1. Erzählende Texte erschließen

Spannendes …

Texteindrücke formulieren

Janosch: Onkel Jonas wohnt in Übersee

Nun hatte Hannes Strohkopp aber einen Onkel mit Namen Jonas.

Onkel Jonas wohnte leider weit weg, in Übersee nämlich.

Kennen konnte Hannes ihn nicht selber. Aber einmal im Jahr kam ein Brief von Onkel Jonas. An Frau Strohkopp, den und den Ort, Eu-ro-pa.

Und auf dem Absender stand: Jonas und ÜBERSEE!

Onkel Jonas war ein wunderbarer Mensch. Er war Hannes Strohkopps Lieblingsonkel. Wie oft hatte er sich von seiner Mutter die Geschichte vom Onkel Jonas schon erzählen lassen! (Über hundert Mal.) Von damals, als Onkel Jonas noch hier wohnte bei ihnen, Hannes Strohkopp war noch nicht auf der Welt.

Und dann wie Onkel Jonas eines Tages,

ganz früh am Morgen, ausgewandert war. Er hatte einen Sack Kartoffeln mitgenommen zum Pflanzen und weil er in der Fremde davon leben wollte. Und eine Geige für die langen Stunden nach Feierabend.

Später kam dann ein Brief. Und dann wieder einer; und so jedes Jahr. Hannes Strohkopps Mutter las die Briefe leise und bewegte dabei die Lippen. Und Hannes schaute sie an und hörte im Stillen die wunderbaren Abenteuer, die sein Onkel Jonas erlebte. Er sah ihn direkt vor sich, wie er durch den Urwald schlich, stark wie ein Löwe und ohne Furcht. Rings um ihn herum lauerte die Gefahr. Wilde Tiere umzingelten ihn. Plötzlich auf einem Baum ein Panther!! Onkel Jonas!! Pass auf! – – zu spät. Der Panther springt blitzschnell. Aber Onkel Jonas reißt die Büchse hoch – – – krrrrrch – aus. Tot. Mitten zwischen die beiden Augen getroffen. Ausgelöscht. – Das sah Hannes Strohkopp direkt vor sich, wenn er der Mutter beim Lesen zuschaute.

Onkel Jonas war ein tapferer Mensch.

Oder wenn Hannes Strohkopp am Bach saß und dem Wasser nachguckte, da fielen sie ihm alle ein, die Abenteuer, die sein Onkel Jonas in der Wildnis erlebte. Oder wenn es draußen regnete! Dann saß Hannes Strohkopp unter dem Dachvorsprung vom Heuschober und guckte auf die Regentropfen, wie sie in die Pfützen fielen. Dann fielen ihm auch Onkel Jonas' Geschichten ein.

Wie er so allein und tapfer auf einem wilden Mustang über die Steppe fegte. Ringsherum überall Feinde. Jetzt umzingelten sie ihn! Von allen Seiten. Onkel Jonas kämpft sich frei. Sie verfolgen ihn. Sein Mustang rast wie der Blitz. Der Erste kommt immer näher. Da!! Jetzt! – Er schwingt sein Lasso. Onkel Jonas ist gefangen. Sie sind in der Übermacht.

Er wird gefesselt. Mit Lederriemen. Aber in der Nacht zerreißt Onkel Jonas die starken Fesseln. Er überwältigt lautlos die Wachen. Da!!! Er springt auf seinen Mustang – – – und gerettet. Am besten, Onkel Jonas wäre hier. Bei ihm, bei Hannes Strohkopp.

Manchmal in der Pause, da versammelten sich alle auf einem Haufen. Sie hielten lange, dumme Reden und schwätzten von unheimlichen Abenteuern, die sie erlebt haben wollten, protzten sich wie die Kröten. Wenn ihnen nichts mehr einfiel, prahlten sie mit der Kraft ihrer Väter oder wie reich die waren. Jeder riss das Maul auf, so weit er konnte, und log, dass sich die Balken bogen. Hannes Strohkopp hörte sich das an, was die da logen. Er hätte ihnen ja Geschichten erzählen können, von seinem Onkel Jonas aus Übersee! Denn in Übersee hatten sie alle keinen Onkel, nicht einer von ihnen.

Einmal, als sie alle so richtigen Unsinn erzählten, da sagte Hannes Strohkopp: „– – da könnte ich euch eine Geschichte erzählen!! Von meinem Onkel Jonas!! Junge, Junge!! Damals, wie er einmal durch den Wald schlich. Ganz allein – – ringsherum kein Freund. Auf einmal bewegt sich ein Blatt!!! Onkel Jonas vernimmt ein verdächtiges Geräusch.

Aber schon zu spät. Durch die Luft fliegt ein Panther auf ihn zu. Onkel Jonas reißt die Büchse hoch – ein einziger Schuss noch im Lauf. Onkel Jonas duckt sich – und der Panther – krrrrrch – getroffen. Blattschuss. Jawohl!"

Blattschuss: Schuss ins Schulterblatt des Wildes

Die anderen hielten die Mäuler noch offen vor Staunen. Auf einmal sagte einer: „Der spinnt ja. Der Strohkopp hat doch einen Vogel. Haut ihn, den Dämlack!" Sie verjagten ihn, warfen auch noch mit Lehm hinter ihm her. Sie waren in der Überzahl. Da erzählte ihnen Hannes Strohkopp nie mehr etwas von seinem Onkel Jonas.
Nicht ein einziges Mal.

1 Tauscht euch darüber aus, wie ihr diese Erzählung findet: überraschend, nachdenklich machend, spannend, ...

2 Überlegt, was für euch in dieser Geschichte besonders wichtig ist. Zeigt diese wichtigen Stellen im Text.

3 Wer genau liest, stellt Fragen.

Ergänzt diese Liste von Fragen an den Text und entscheidet: Welche Fragen sind wichtig für das Verständnis der Erzählung, welche sind eher unwichtig? Beantwortet die wichtigen Fragen.

Warum macht der das? Warum sind die so? – Figuren verstehen

1 Wie stellt ihr euch Hannes vor? Malt ein Bild von ihm in einer Situation, die zur Erzählung passt. Ihr könnt auch Bilder aus Illustrierten ausschneiden, die Hannes darstellen könnten. Begründet eure Darstellung und Auswahl.

2 Versetzt euch an die Stelle von Hannes Strohkopp. Dabei kann euch dieses Vorgehen helfen:

Arbeitstechnik
Rollenbiografie

Wenn ihr eine Figur und ihre Handlungsweise verstehen wollt, kann es euch helfen, wenn ihr eine Rollenbiografie schreibt. Das ist ein kleiner Text, in dem ihr Fragen zu der Figur beantwortet. Für Hannes könntet ihr zum Beispiel diese Fragen beantworten:

- Wie alt bist du ungefähr?
- Wie siehst du aus?
- Mit welchen Menschen wohnst du zusammen?
- Wo hältst du dich meistens auf? Was tust du dort?
- Bist du zufrieden mit deiner Situation?
- Wie findest du deine Klasse / deine Mitschüler?
- Hast du Freunde? Wen magst du besonders gern? Warum? Wen magst du nicht? Warum nicht?
- Wie findest du dich selbst? Was wünschst du dir? Wovon träumst du? Wovor hast du Angst?

Ich heiße Hannes Strohkopp und …

Manche Fragen beantwortet der Text selbst, bei anderen Fragen könnt ihr nur vermuten.

3 Vergleicht eure Rollenbiografien.

4 Die Mitschüler „protzten“ (Z. 51), „prahlten“ (Z. 52), „log[en]“ (Z. 53). –
- Erfindet erlogene Geschichten über aufregende Abenteuer, Reichtum oder Kraft. Tragt diese Geschichten möglichst angeberisch vor.
- Gehört eurer Meinung nach die Erzählung von Hannes über seinen Onkel Jonas auch zu den Lügen? Begründet eure Meinung.

5 Unterteilt die Szene im Pausenhof (Z. 49 – Schluss) in Handlungsschritte und entwerft dazu passende Bilder oder Skizzen.

6 Bildet Arbeitsgruppen und besetzt die Rollen, die in dieser Szene vorkommen. Schreibt einen Sprechtext und spielt diese Szene in eurem Pausenhof.

Dialoge spielen, Texte dialogisieren **Seite 86**

7 Vergleicht, wie Hannes und wie seine Mitschüler von den Gruppen jeweils dargestellt wurden. Welche Darstellung findet ihr besonders gelungen? Begründet eure Auffassung.

8 Findet ein anderes Ende, ab: „Da erzählte ihnen Hannes Strohkopp nie mehr etwas …“ (Z. 68) Unterhaltet euch darüber, welche Lösung für Hannes und seine Mitschüler wohl am besten wäre.

Sprachliche Gestaltung untersuchen

1 Sprecht darüber, wie das Bild auf euch wirkt. Begründet eure Eindrücke durch genau beobachtete Einzelheiten im Bild.

2 Lest die folgende Textstelle so vor, dass man die Spannung hören und fühlen kann.

„Wie er so allein auf einem wilden Mustang über die Prärie fegte. Ringsherum überall Feinde. Jetzt umzingelten sie ihn! Von allen Seiten. Onkel Jonas kämpft sich frei. Sie verfolgen ihn. Sein Mustang rast wie der Blitz. Der Erste kommt immer näher. Da! Jetzt!! – Er schwingt sein Lasso …"

3 Untersucht, wie diese spannende Stelle geschrieben ist. Achtet dabei
- ✔ auf den Satzbau (lange oder kurze Sätze, vollständige oder unvollständige Sätze?)
- ✔ auf die Satzzeichen,
- ✔ auf die Wortwahl (Verben und Adjektive),
- ✔ auf die Zeit,
- ✔ darauf, wie der Erzähler etwas anschaulich macht.

4 Schreibt ein kleines Abenteuer, das Onkel Jonas erlebt haben könnte, z. B. Onkel Jonas in der Wüste, im Eismeer, im All, im Dschungel …
Versucht eure Abenteuergeschichte auch so spannend und anschaulich zu gestalten wie die Onkel-Jonas-Geschichten und lest sie so vor, dass euer Publikum gefesselt ist.

Äußere und innere Handlung untersuchen

Das Buch „Insel der blauen Delfine" erzählt von dem Indianermädchen Won-a-pa-lei. Als Letzte ihres Stammes lebt sie auf einer verlassenen Insel im Pazifik. Nur Tiere leisten ihr Gesellschaft. Manche dieser Tiere fürchtet sie zunächst, vor allem die Hunde, die ihren kleinen Bruder Ramo getötet haben. Einige Hunde tötet Won-a-pa-lei mit Pfeil und Bogen; einen unter ihnen, den Anführer des Rudels, verletzt sie schwer. Das verwundete Tier bringt sie zu ihrer Lagerstelle. Die folgende Szene zeigt, wie das Mädchen und dieser Hund sich langsam anfreunden.

A Am vierten Tag kehrte ich früher als gewöhnlich von der Küste zurück. Der Hund stand nicht hinter dem Zaun. Ein eigentümliches Gefühl überkam mich. Bis zu diesem Tag hatte ich immer gehofft, er werde nicht mehr da sein, wenn ich abends nach Hause kam, doch jetzt, als ich unter dem Zaun durchkroch, war alles anders. Ich rief „Hund, Hund!" Ich hatte keinen anderen Namen für ihn. Rufend lief ich zum Haus. Er lag drinnen auf dem Boden, war jedoch im Begriff, aufzustehen, denn er reckte sich und gähnte. Zuerst schaute er auf den Fisch in meiner Hand, dann blickte er zu mir auf und wedelte mit dem Schwanz.

B Vor dem Schlafengehen gab ich ihm nochmals frisches Wasser zu trinken. Am Morgen, ehe ich ans Meer ging, legte ich Futter für ihn bereit, und als ich nach Hause kam, sah ich, dass er alles gefressen hatte. Er lag in einer Ecke. Er beobachtete mich, während ich Feuer machte und mein Nachtmahl zubereitete. Seine gelben Augen folgten mir, wo ich ging und stand. In jener Nacht schlief ich oben auf dem Felsen, weil ich mich vor ihm fürchtete. Tags darauf ließ ich beim Fortgehen das Loch im Zaun für ihn offen, aber abends war er immer noch da. Er lag an der Sonne, den Kopf zwischen die Vorderpfoten gebettet.

C Ich hatte mir zum Abendbrot zwei Fische gefangen, die ich am Speer aufgespießt nach Hause trug. Da der Hund sehr mager war, teilte ich die Beute mit ihm, und nachdem er seinen Fisch verzehrt hatte, kam er zu mir ans Feuer, legte sich nieder und schaute mich mit seinen gelben Augen an. Es waren ganz schmale Augen, und sie standen ein bisschen schräg.

D Von da an schlief ich wieder im Hause. Ich dachte mir auch einen Namen für ihn aus, weil ich ihn nicht länger einfach „Hund" nennen wollte. Der Name, der mir einfiel, war Rontu, was in unserer Sprache Fuchsauge bedeutet.

E Vier Nächte verbrachte ich auf dem Felsen, und jeden Morgen ließ ich das Loch unter dem Zaun unversperrt, damit er fortgehen konnte. Jeden Tag tötete ich einen Fisch für ihn, und jedes Mal, wenn ich nach Hause kam, stand er hinter dem Zaun und wartete auf sein Fressen. Solange ich den Fisch in der Hand hielt, rührte er ihn nicht an; zuerst musste ich ihn auf den Boden legen. Einmal streckte ich die Hand nach ihm aus, doch er wich gleich zurück und fletschte die Zähne.

1 Bringt die Abschnitte in die richtige Reihenfolge und begründet diese. Hier zwei Vorschläge, wie ihr vorgehen könnt:

- Entwerft auf einem Skizzenblock zu den Textabschnitten passende Zeichnungen, legt sie nebeneinander und gebt ihnen Bildunterschriften. Oder:
- Kopiert den Text. Verseht die Abschnitte mit geschweiften Klammern und gebt ihnen Überschriften.

Der Hund erhält einen Namen: Er heißt „Rontu".

D Von da an schlief ich wieder im Hause. Ich dachte mir auch einen Namen für ihn aus, weil ich ihn nicht länger einfach „Hund" nennen wollte. Der Name, der mir einfiel, war Rontu, was in unserer Sprache Fuchsauge bedeutet.

2 Welcher Erzählabschnitt erscheint euch besonders wichtig? Begründet eure Auffassung.

3 „Tags darauf ließ ich beim Fortgehen das Loch im Zaun für ihn offen ..." (Z. 6f. in Abschnitt B). Versucht zu erklären, was Won-a-pa-lei sich dabei gedacht haben könnte.

4 Schreibt die Textstellen heraus, in denen ihr etwas über die Gedanken und Gefühle Won-a-pa-leis erfahrt. Man nennt dies die **innere Handlung**.

5 Gibt es bei Rontu auch eine innere Handlung? Belegt eure Antworten mit Textstellen aus der Erzählung.

Wissen

Erzählende Texte erschließen

Wenn ihr zum Ausdruck bringen möchtet, welchen Eindruck ein Text auf euch macht, könnt ihr auf folgende Fragen eingehen:

- Was finde ich besonders auffällig, komisch, beeindruckend, witzig, traurig, nachdenklich machend, spannend, ...?
- Was erscheint mir besonders wichtig in diesem Text?
- Welche Fragen habe ich zum Text und an den Text?

Figuren und ihre Beweggründe könnt ihr besser verstehen,

- wenn ihr euch ein Bild von dieser Figur macht (selbst malen oder ausschneiden) und diese Darstellung oder Bildauswahl auch begründet,
- wenn ihr euch in die Person hineinversetzt, zum Beispiel mit einer Rollenbiografie,
- wenn ihr die Person in einer Szene spielt.

Informationen über die innere Handlung, die Gedanken und Gefühle der Personen, bekommt der Leser

- direkt, z. B. wenn der Erzähler oder die Person selbst etwas über Gedanken und Gefühle mitteilen,
- indirekt aus Handlungen und Verhaltensweisen.

Den Verlauf der äußeren Handlung in einer Erzählung könnt ihr als eine Reihenfolge von einzelnen Handlungsschritten darstellen. Achtet dabei

- auf die zeitliche Reihenfolge: Was ist zunächst, was danach passiert?
- auf den Ort: Welcher Handlungsschritt findet wo statt?
- auf die Personen: Wer ist an welchem Handlungsschritt beteiligt?

In Zwischenüberschriften zu einzelnen Abschnitten gewinnt ihr am schnellsten eine Übersicht über den gesamten Verlauf.

Übungen

Werner Helwig: Jorgos und der Wolf

Unlängst hatte ich ein seltsames Erlebnis. Ich befand mich im Olymposgebirge in Griechenland und wanderte von einem Mandri zum andern. Mandri nennt man dort die mit Hürden umgebenen Rastplätze der Ziegen- und Schafherden. Die Hirten hatten schon lange mein Interesse erregt, weil sie als die besten Geschichten- und Märchenbewahrer im heutigen Griechenland gelten. Mein Führer war ein dreizehnjähriger Junge namens Jorgos. Wir waren seit dem frühen Morgen unterwegs. Wir gingen durch dünnen, scherbig gefrorenen Schnee. Halbhohe Büsche fassten unseren Weg ein und hinderten den Ausblick in die Runde. Vor mir schritt Jorgos, Stunde um Stunde mit gleicher Ausdauer. Er war ein ernster Junge, der sich nicht gern auf Gespräche einließ. Plötzlich blieb er stehen. Ich war unaufmerksam hinter ihm hergetrottet und hätte ihn jetzt fast umgerannt... Keine zehn Schritte vor uns stand ein riesiger Grauwolf mitten im Wege und weitete die Nasenlöcher gegen uns, die Lauscher steil aufgerichtet. Jorgos, sofort erstarrend zu der Unbeweglichkeit einer Statue, hielt die Hände über Kreuz an seine Brust gepresst. Wir waren gänzlich unbewaffnet. Sogar die Stöcke hatten wir weggeworfen, da sie uns hinderten, die Hände in die Taschen zu stecken. Ich blickte über Jorgos' Schulter und nahm, mich seinem Vorbild anpassend, sogleich dieselbe unbewegliche Haltung an. Der Wolf verharrte lässig, sah uns hochmütig an und zog die Oberlippe über seinem leuchtend weißen, scharfzähnigen Gebiss hoch. Unauffällig ließ ich meine Augen nach handlichen Steinen Ausschau halten, obschon damit nicht viel auszurichten gewesen wäre.

Wenn Wölfe hungrig sind, verfügen sie über eine fürchterliche Behändigkeit im Angriff, vor allem Einzelgänger wie der unsere, die meist wegen Unverträglichkeit und Böswilligkeit abgesondert von den Rudeln ihrer Artgenossen leben. Da nun keine Steine in Greifnähe zu entdecken waren, blieb mir nichts anderes übrig, als mich völlig dem Beispiel des Jungen anzupassen. Wie in Erz gegossen stand Jorgos da und starrte das Tier an. Es gleichsam am Platz festhaltend und dadurch eine gewisse Unschlüssigkeit in ihm vermehrend (denn der Wolf wartete ja nur darauf, dass wir durch irgendwelche Regungen der Furcht oder der törichten Abwehr seinen Angriff herausforderten), sagte Jorgos, ohne den Kopf zu bewegen: „Rühr dich nicht. Hast du Streichhölzer?“ Ich bejahte mit kaum geregten Lippen. „Zieh die Schachtel aus der Tasche“, befahl er, ohne den Blick von dem Wolf zu lösen. „Aber mach es so langsam, dass ihn deine Bewegung nicht aufregt, und wenn du eine Stunde dazu brauchst.“ Der Wolf blickte mit grüngelb umrandeter Pupille staunend zu mir, als ich mit Stundenzeigerlangsamkeit die Hand in die Tasche schob und die Streichholzschachtel zum Vorschein brachte.

„Gib sie mir geräuschlos in die Hand“, sagte Jorgos, und es war, weiß Gott, als ob da eine Denkmalfigur spräche. Gleichzeitig streckte er mir hinter seinem Rücken mit unendlicher Behutsamkeit seine Linke entgegen und nahm die Schachtel in Empfang. Vorsichtig beförderte er Hand und Schachtel vor seine Brust. Der Wolf, als sei er neugierig geworden, kam zwei zögernde Schritte auf uns zu, senkte den Kopf und nahm flach über dem Boden Witterung auf. Diesen Augenblick benutzte Jorgos, um die Streichholzschachtel in einer bestimmten Art vorzubereiten.

Er öffnete sie nämlich, nahm ein Streichholz heraus und klemmte fünf weitere mit den Köpfen nach oben in Orgelpfeifenanordnung zwischen Schachtel und Deckel ein. Jetzt rieb er das einzelne Hölzchen an der Reibfläche in Brand – alles mit gleichsam in sich zurückgehaltenen Bewegungen. Der hungermagere Wolf schnupperte das Räuchlein des brennenden Streichholzes offenbar mit wenig Vergnügen. Jedenfalls verdrehte er die Augen sonderbar schielend nach oben und peitschte verdrießlich mit der schweren, eisflockigen Rute den Boden. Seine Lauscher spielten nachdenklich und misstrauisch. Was jetzt geschah, ging merkwürdig schnell vor sich. Jorgos hatte die Streichholzschachtel an ihrem oberen Ende angezündet. Nun warf er die Schachtel, an der die Flamme schnell aufzischend schräg ins Innere hineinbrannte, dem Wolf direkt vor die Nase. Der hatte die ganze Veranstaltung verfolgt und behielt nun, den Kopf einziehend, die Schachtel im Auge. Jetzt erreichte die Flamme das Schachtelinnere. Mit einer kleinen, erschreckenden Explosion krachte das Ding auseinander. Der Wolf warf sich auf die Hinterhand seitwärts, ließ ein komisches hustendes Geräusch hören und verschwand mit hastigen Sätzen in den Büschen. Wir sahen ihn den Hang hinabtraben. Ab und zu blieb er stehen, witterte nach uns hin, trottete aber gleich wieder weiter mit jenem leichten Heben und Senken der Läufe, das die Gangart des Wolfes von der des Hundes unterscheidet.

Wir blieben noch eine Welle stehen, um uns zu überzeugen, dass er sich uns nicht etwa rücklings an die Spuren heftete, und nahmen dann beruhigt unseren Weg wieder auf. Ich fragte Jorgos, ob er die List mit der Streichholzschachtel früher schon gegen Wölfe angewendet oder ob der Augenblick sie ihm eingegeben habe. Er erzählte kurz, dass es ein Kinderspiel in den Dörfern sei, mit dem man fremde Hunde erschrecke. Dergleichen gegen einen Wolf anzuwenden, sei ihm allerdings heute zum ersten Male eingefallen. Und als sei die ganze Begebenheit ein Zwischenfall ohne Belang gewesen, den zu erörtern sich nicht verlohne, beschleunigte er seine Schritte, und ich musste zusehen, ihm auf dem Fuß zu bleiben.

verlohnen: lohnen

1 Notiert eure ersten Eindrücke von der Geschichte.

2 Findet Zwischenüberschriften und notiert die einzelnen Handlungsschritte der Geschichte.

3 Setzt euch mit den Figuren der Geschichte auseinander:
- Vergleicht, wie sich die beiden Figuren in dieser Situation verhalten.
- Versetzt euch in die Lage des Ich-Erzählers. Sucht Textstellen, die zeigen, wie er sich in dieser Situation fühlt.
- Schreibt eine Rollenbiografie zu Jorgos.

2. Lesen und Vorlesen
Sonderbares …

Lesehilfen: Zeichen und Markierungen

Franz Hohler: Die feindlichen Schrauben

Es waren einmal zwei Schrauben, die waren am Rad eines Güterwagens befestigt. Obwohl beide dieselbe Aufgabe hatten, konnten sie sich nicht leiden und stritten dauernd miteinander. „Du Sauschraube“, sagte die eine zur anderen,

du blöde dumme Sauschraube was du sagst das bist du selbst gab die andere zurück und so ging das den ganzen Tag wenn sie auf einem Bahnhof oder einem Abstellgleis standen einzig wenn der Zug fuhr drehten sich die Schrauben mit dem Rad so schnell dass es ihnen die Sprache verschlug eines Morgens kurz vor der Abfahrt nach Italien stritten sie wieder besonders heftig

„Wenn ich nur deinen einfältigen Kopf nicht mehr sehen müsste!“, / sagte die eine Schraube zur anderen, / und zwar in einem sehr giftigen Ton. // „Gut!“, / sagte die andere stolz, / „dann gehe ich. / Es gibt schließlich noch andere Räder.“ //

Und als der Zug zu rollen begann, schraubte sie sich mit aller Kraft aus dem Gewinde, fiel auf der Gotthardstrecke in einen Wildbach und ertrank. Da eine Schraube allein nicht genügte, um das Rad an der Achse zu halten, entgleiste der Güterzug, riss den ganzen Zug mit in den Abgrund, und mit den Waggons wurde auch die Schraube dermaßen zertrümmert, dass man sie später mit den Resten des Zuges einschmolz. Jetzt war endgültig Schluss mit dem Streiten.

1 „Die Schrauben verhalten sich wie Menschen.“ Sprecht über diese Meinung.

2 Entwerft eine Parallelgeschichte, in der sich Menschen wie die Schrauben in der Erzählung Franz Hohlers verhalten, zum Beispiel zwei Tischnachbarn, die sich nicht leiden können.

3 Lest den Text laut vor. Sprecht darüber, in welchem Abschnitt ihr die größten Leseschwierigkeiten hattet. Erklärt diese Schwierigkeiten.

Arbeitstechnik
Texte für den
Vortrag markieren
Seite 125

4 Ihr findet im dritten Abschnitt des Textes Pausenzeichen und Textmarkierungen für die wörtliche Rede. Kurze Pausen sind mit einem Schrägstrich, längere Pausen mit einem doppelten Schrägstrich markiert. Die wörtliche Rede ist mit einer durchbrochenen Linie unterstrichen.
Schreibt den zweiten (ab Z. 4) und vierten Abschnitt (ab Z. 13) in euer Heft. Tragt die fehlenden Satzzeichen und die Pausenzeichen ein. Lest den Text laut vor.

5 Beim Lesen seid ihr mit den Augen schneller als mit dem Mund. Die Satzzeichen sind dabei die Haltepunkte für die Augen.
Übt an einem unbekannten Text „vom Blatt zu lesen“. Achtet dabei besonders auf die Satzzeichen. Ihr könnt z. B. den Text von Franz Hohler auf der folgenden Seite auswählen.

Stimme und Stimmung

Hey con cara
A con con cara
A de su de
Famosa
con con cara

1 Lest diesen Text, bis ihr ihn auswendig könnt. Tragt dann den Text in einer sehr deutlichen Aussprache vor.

2 Wählt aus, in welcher Rolle ihr den Text vortragen möchtet: als Nachrichtensprecherin/Nachrichtensprecher; als Sprecherin/Sprecher im Werbefernsehen, als Pfarrerin/Pfarrer, als Roboter, als schimpfender Lehrer/Lehrerin, als Vorgesetzter beim Militär, als Kind, das etwas von den Eltern haben möchte… Sprecht euren Text. Die Mitschüler und Mitschülerinnen finden heraus, welche Rolle ihr jeweils gewählt habt, und begründen ihre Antwort.

Franz Hohler: Der Pressluftbohrer und das Ei

Ein Pressluftbohrer und ein Ei stritten einmal, wer von ihnen der Stärkere sei. „Natürlich ich!", renommierte der Pressluftbohrer. „Ha!", krächzte das Ei, „ich bin viel stärker." Der Pressluftbohrer zuckte überlegen die Achseln: „Wie du meinst. Ich bohre dich in tausend Stücke." „Und ich schlage dir den Schädel ein!", quietschte das Ei. „Ei du dummes Ding", sagte der Pressluftbohrer, „wie soll das zugehen?" „Wirst schon sehen", prahlte das Ei und warf sich in die Brust. „Ich brauche nur den kleinen Finger zu rühren", lachte der Pressluftbohrer. „Ich mache dich mit meinem Dotter zu Brei!", krähte das Ei und trat kampflustig von einem Bein aufs andere. Da ward es dem Pressluftbohrer zu dumm und er bohrte, wie er schon zu Beginn betont hatte, das Ei in tausend Stücke.

renommieren: angeben, prahlen

3 Komisch, albern, belehrend, witzig, ungewöhnlich, märchenhaft…? Wie beurteilt ihr diese Geschichte? Begründet eure Meinung.

4 Stellt fest, wie viele Sprecher ihr braucht, um diese kleine Geschichte vorzutragen. Wenn ihr den Text als Kopie habt, unterstreicht ihr die wörtlichen Reden am besten mit verschiedenen Farben.

5 Bildet Gruppen und probiert eure Stimmen für die verschiedenen Sprecherrollen aus. Entscheidet, wer welche Rolle am besten spricht, und tragt den Text als Gruppe vor.

6 Lest den Text einmal alleine vor. Die unterschiedlichen Stimmen sollten gut herauszuhören sein.

A ... und flankt auf Max, unseren Rechtsaußen aus der 5b. Der nimmt das Leder auf, die vorletzte Minute, umdribbelt den Gegner, ist vorbei, vorbei am nächsten, stürmt auf das Tor, wird abgedrängt ... Foul! Das war doch ein Foul! Ja, warum pfeift denn der Sportlehrer nicht!?

B Der Feuersalamander lebt vorwiegend in den Laubwäldern unserer Mittelgebirge. Besonders in der Nähe von Bächen und Schluchten trifft man ihn an. Tagsüber hält er sich unter Steinen und Moos versteckt, nachts und bei Regenwetter verlässt er sein Versteck und geht langsam kriechend auf Nahrungssuche.

C Der Mond stand bleich am Himmel, in der Ferne schrie ein einsames Käuzchen. Im Schloss schlief alles tief und fest. Da verkündete mit dunklen, gleichmäßigen Schlägen die alte Schlossuhr die zwölfte Stunde. Mitternacht. Die schwere Eichentür knirschte in den Angeln. Langsam, wie von Geisterhand bewegt, schwangen die Flügel nach innen auf.

1 Lest diese drei Texte zunächst still durch. Überlegt euch, wie ihr die Texte lesen möchtet, und tragt sie dann nacheinander vor.

2 Vergleicht, wie die Texte vorgelesen werden. Achtet dabei auf folgende Punkte:
- ✔ Tempo: schnell – langsam
- ✔ Lautstärke: laut – leise
- ✔ Stimmführung und Stimmgestaltung: ruhig, aufgeregt, ängstlich, geheimnisvoll, verärgert, heiter, niedergeschlagen ...

3 Lest den Fußball-Live-Bericht **A** so vor, wie ihr die Gruselgeschichte **C** gelesen habt, den Abschnitt aus dem Biologiebuch **B** wie den Fußballbericht usw. Sprecht darüber, wie diese Texte jetzt wirken.

4 Formuliert Tipps, woran man erkennt, wie man einen Text lesen muss. Überlegt dabei:
- Wovon handelt der Text?
- Was will der Leser bei seinem Zuhörer erreichen? (informieren, unterhalten, belehren, zum Lachen bringen, mitreißen, nachdenklich machen, ...)

Betonen, aber wie und wo?

„Von mir willst du den Weg wissen?“, fragte der Fuchs die Gans.

1 Lest die Frage mit der vorgeschlagenen Betonung:

Von **mir** willst du den Weg wissen?

2 Überlegt, welche anderen Wörter in dieser Frage betont werden können. Schreibt die verschiedenen Möglichkeiten in euer Heft, indem ihr das betonte Wort jeweils unterstreicht.

3 „Von **mir** willst du den Weg wissen?"

Warum fragst du nicht jemand anders. Ich kenne mich hier nicht aus.

Ordnet die folgenden Gedanken den verschiedenen Betonungen zu.

A Willst du wirklich diesen Weg gehen?

B Ach so, nach dem Weg hast du gefragt.

C Ausgerechnet du fragst mich das.

4 Welche Betonung passt am besten für den Fuchs?

5 In diesen Sätzen können einzelne Wörter oder Wortgruppen besonders betont werden:

1. In dieser Klasse fühlte ich mich von Anfang an wohl.
2. Heute bist du dran!
3. Zum ersten Mal hat Lea bei Herrn Kahl einen guten Aufsatz geschrieben.

- Schreibt die Sätze in euer Heft und markiert die verschiedenen Betonungsmöglichkeiten.
- Sprecht darüber, was durch die Betonung jeweils hervorgehoben wird.

Einen Lesevortrag vorbereiten

In dem berühmten Jugendbuch „Das Dschungelbuch" von Rudyard Kipling geht es um Mowgli, ein Menschenkind, das von einer Wolfsfamilie aufgezogen wird. Im Dschungel findet Mowgli schnell Freunde wie Baloo, den Bären, oder Bagheera, den Panther. Aber Mowgli hat auch von Anfang an Feinde, z.B. Shir Khan, den Tiger.

1 Informiert euch über Wölfe und das Leben im Wolfsrudel (z.B. in Jugendsachbüchern oder im Internet). ITG

2 Ein Menschenkind wächst bei Wölfen auf. – Diskutiert darüber, ob das denkbar ist.

Rudyard Kipling: Das Dschungelbuch

„Ist das ein Menschenjunges?", fragte Mutter Wolf erstaunt. „Ich hab noch nie eines gesehen. Bring es her!" Ein Wolf kann mühelos ein Junges im Maul herumtragen, ohne ihm auch nur ein Haar zu krümmen. Wenn es sein muss, hält er sogar ein rohes Ei zwischen den Zähnen, ohne es zu zerbrechen. Und obwohl Vater Wolf das Kind am Rücken fasste und in den Rachen nahm, ritzte er ihm nicht einmal die Haut. Behutsam setzte er den Kleinen zwischen den eigenen Jungen ab.

„Wie niedlich er ist!", sagte Mutter Wolf zärtlich. „Wie nackt und – wie unerschrocken!" Der Winzling zwängte sich zwischen die Wolfsjungen ans warme Fell. „Ahai", rief Mutter Wolf, „er will mit den anderen trinken. Das also ist ein Menschenjunges! Sag selbst, bin ich nicht die erste Wölfin, die mit ihren eigenen Kindern auch ein Menschenjunges säugt?"

„Nicht die erste", sagte Vater Wolf. „Dergleichen kam gelegentlich vor; aber soweit ich mich erinnern kann, nicht in unserem Rudel." – „So ein haarloses Ding! Ein Stups mit der Pranke, und ich könnte es töten. Aber schau! Es guckt mich an und hat überhaupt keine Angst."

Ein mächtiger Schatten schob sich vor die Höhle und verdunkelte den Mond. Shir Khans eckiger Schädel und seine breiten Schultern versperrten den Eingang. […]

„Shir Khan erweist uns eine große Ehre", sagte Vater Wolf, aber seine Augen funkelten vor Zorn. „Was begehrt Shir Khan von uns?"

„Meine Beute!", sagte der Tiger. „Ein Menschenjunges hat sich hier verkrochen. Seine Eltern sind davongelaufen. Gib es heraus!"

Wie Vater Wolf gezeigt hatte, war Shir Khan in die Feuerstelle eines Holzfällers gesprungen, und der brennende Schmerz in den Pfoten machte ihn wütend und unberechenbar. Aber andererseits, das wusste Vater Wolf, war der Höhleneingang zu eng, als dass sich Shir Khan hätte durchzwängen können. Schon wie er jetzt dastand, musste er aus Platznot die Schultern ganz schmal machen und die Vorderpfoten anlegen – auch ein Mensch kann nicht kämpfen, wenn er in einem Fass steckt.

„Die Wölfe sind ein freies Volk", sagte Vater Wolf. „Sie erhalten ihre Befehle vom Anführer des Rudels, nicht von jedem beliebigen Ochsenfresser mit Streifen im Fell. Das Menschenjunge gehört uns, und wir allein entscheiden, ob wir es umbringen wollen."

1 Kopiert den Text – am besten vergrößert – und bereitet ihn durch Markieren für einen Lesevortrag vor.

2 Lest den Text in der Klasse vor. Eure Mitschüler und Mitschülerinnen bilden dann in Gruppen von 4 bis 5 Schülern kleine „Lesekonferenzen“. Ihr könnt besprechen,
- ✔ ob der Vortrag klar verständlich war oder ob man sich beim Hören anstrengen musste,
- ✔ ob der Vortrag fehlerfrei war oder ob es viele Lesefehler gab,
- ✔ ob der Lesevortrag lebendig oder eher langweilig war.

3 Erarbeitet in den Gruppen Verbesserungsvorschläge und versucht diese beim Lesen umzusetzen. Lest den Text wieder in der Klasse vor.

Wissen

Lesen und Vorlesen

Beim Vorlesen helfen euch die Satzzeichen: Sie zeigen in der Regel an, wo ihr sinnvolle Pausen macht. Die Anführungszeichen der wörtlichen Rede zeigen euch an, wo ihr eure Stimme einer bestimmten Person anpassen solltet.

Um einen Lesevortrag vorzubereiten, markiert ihr den Text mit Lesezeichen:
- Pausen: / oder //
- Betonungen: unterstreichen
- wörtliche Rede: unterbrochen unterstreichen
  Bei mehreren Sprechern könnt ihr mit unterschiedlichen Farben unterstreichen.

Eure Stimme macht die Stimmung! Probiert aus:
- Tempo,
- Lautstärke,
- Stimmführung und Stimmgestaltung.

Achtet auf eine klare Aussprache.
Wörter, die schwierig auszusprechen sind, übt ihr.

Beim Vorlesen stellt ihr euch vor die Klasse oder in die Mitte eines Zuhörerhalbkreises. Den Text haltet ihr so, dass ihr über den Rand hinweg eure Zuhörer ab und zu ansehen könnt.
Wartet, bis es ganz ruhig im Publikum ist.
Dann: Konzentration – Durchatmen – Anfangen.

Übungen

1 Übt das Vorlesen auch an anderen Texten, die ihr in diesem Buch findet, z. B. *Tschipo* von Franz Hohler (S. 65) oder *Wie Schlemihl Geschäfte machte* von Isaac B. Singer (S. 68).
Am besten arbeitet ihr immer mit Kopien, in die ihr eure Markierungen eintragt.

2 Vielleicht habt ihr eine Lieblingsgeschichte, die ihr der Klasse vorstellen wollt. Bringt sie mit und tragt sie vor.

3. Märchen und Sagen
Unglaubliches …

Märchen untersuchen

1 Kenner unter euch werden in der Abbildung einige Märchen entdecken. Tragt zusammen, um welche Märchen es sich handeln könnte.

2 Sprecht über die einzelnen Teile der Collage und klärt, welche Elemente typisch für ein Märchen sind. Eure Ergebnisse könnt ihr im Heft in einer Tabelle zusammenstellen.

Collage: aus verschiedenen Materialien zusammengesetztes Bild

Personen	Orte	märchenhafte Dinge
…	*Schloss*	…
…	…	…

3 Bringt selbst Gegenstände, Fotografien aus Illustrierten, Textteile und von euch selbst gemalte Bilder mit, in denen wie in der Collage wichtige Dinge aus Märchen enthalten sind. Eure Mitschüler und Mitschülerinnen versuchen die Märchen zu erraten.

Seit Jahrhunderten werden „Märchen" erzählt, von Mund zu Mund, von Alten zu Jungen. Weil sie im Volk erzählt werden, nennt man sie „Volksmärchen". Erst zu Beginn des 19. Jahrhunderts begannen in Deutschland die Brüder Jakob und Wilhelm Grimm Märchen, die sie von den Leuten gehört hatten, zu sammeln und aufzuschreiben. Diese Sammlung von Volksmärchen gaben sie unter dem Titel „Kinder- und Hausmärchen" (1812/1815) als Buch heraus.

Jakob und Wilhelm Grimm: Rumpelstilzchen

Es war einmal ein Müller, der war arm, aber er hatte eine schöne Tochter. Nun traf es sich, dass er mit dem König zu sprechen kam, und um sich ein Ansehen zu geben, sagte er zu ihm: „Ich habe eine Tochter, die kann Stroh zu Gold spinnen." Der König sprach zum Müller: „Das ist eine Kunst, die mir wohl gefällt, wenn deine Tochter so geschickt ist, wie du sagst, so bring sie morgen in mein Schloss, da will ich sie auf die Probe stellen." Als nun das Mädchen zu ihm gebracht ward, führte er es in eine Kammer, die ganz voll Stroh lag, gab ihr Rad und Haspel und sprach: „Jetzt mache dich an die Arbeit, und wenn du diese Nacht durch bis morgen früh dieses Stroh nicht zu Gold versponnen hast, so musst du sterben." Darauf schloss er die Kammer selbst zu, und sie blieb allein darin. Da saß nun die arme Müllerstochter und wusste um ihr Leben keinen Rat; sie verstand gar nichts davon, wie man Stroh zu Gold spinnen konnte und ihre Angst ward immer größer, dass sie endlich zu weinen anfing. Da ging auf einmal die Türe auf und trat ein kleines Männchen herein und sprach: „Guten Abend, Jungfer Müllerin, wa-

rum weint Sie so sehr?" „Ach", antwortete das Mädchen, „ich soll Stroh zu Gold spinnen, und verstehe das nicht." Sprach das Männchen: „Was gibst du mir, wenn ich dir's spinne?" „Mein Halsband", sagte das Mädchen. Das Männchen nahm das Halsband, setzte sich vor das Rädchen, und schnurr, schnurr, schnurr, dreimal gezogen, war die Spule voll. Dann steckte es eine andere auf, und schnurr, schnurr, schnurr, dreimal gezogen, war auch die zweite voll: Und so ging's fort bis zum Morgen, da war alles Stroh versponnen, und alle Spulen waren voll Gold. Bei Sonnenaufgang kam schon der König und als er das Gold erblickte, erstaunte er und freute sich, aber sein Herz ward nur noch goldgieriger. Er ließ die Müllerstochter in eine andere Kammer voll Stroh bringen, die noch viel größer war, und befahl ihr, das auch in einer Nacht zu spinnen, wenn ihr das Leben lieb wäre. Das Mädchen wusste sich nicht zu helfen und weinte, da ging abermals die Türe auf und das kleine Männchen erschien und sprach: „Was gibst du mir, wenn ich dir das Stroh zu Gold spinne?" „Meinen Ring von dem Finger", antwortete das Mädchen. Das Männchen nahm den Ring, fing wieder an zu schnurren mit dem Rade und hatte bis zum Morgen alles Stroh zu glänzendem Gold gesponnen. Der König freute sich über die Maßen bei dem Anblick, war aber noch immer nicht Goldes satt, sondern ließ die Müllerstochter in eine noch größere Kammer voll Stroh bringen und sprach: „Die musst du noch in dieser Nacht verspinnen: Gelingt dir's aber, so sollst du meine Gemahlin werden." „Wenn's auch eine Müllerstochter ist," dachte er, „eine reichere Frau finde ich in der ganzen Welt nicht." Als das Mädchen allein war, kam das Männlein zum dritten Mal und sprach: „Was gibst du mir, wenn ich dir noch diesmal das Stroh spinne?" „Ich habe nichts mehr, das ich geben könnte", antwortete das Mädchen. „So versprich mir, wenn du Königin wirst, dein erstes Kind." „Wer weiß, wie das noch geht", dachte die Müllerstochter und wusste sich auch in der Not nicht anders zu helfen, sie versprach also dem Männchen, was es verlangte, und das Männchen spann dafür noch einmal das Stroh zu Gold. Und als am Morgen der König kam und alles fand, wie er gewünscht hatte, so hielt er Hochzeit mit ihr, und die schöne Müllerstochter ward eine Königin. Über ein Jahr brachte sie ein schönes Kind zur Welt und dachte gar nicht mehr an das Männchen: Da trat es plötzlich in ihre Kammer und sprach: „Nun gib mir, was du versprochen hast." Die Königin erschrak und bot dem Männchen alle Reichtümer des Königreichs an, wenn es ihr das Kind lassen wollte; aber das Männchen sprach: „Nein, etwas

Lebendes ist mir lieber als alle Schätze der Welt." Da fing die Königin so an zu jammern und zu weinen, dass das Männchen Mitleiden mit ihr hatte. „Drei Tage will ich dir Zeit lassen", sprach er, „wenn du bis dahin meinen Namen weißt, so sollst du dein Kind behalten." Nun besann sich die Königin die ganze Nacht über auf alle Namen, die sie jemals gehört hatte, und schickte einen Boten über Land, der sollte sich erkundigen weit und breit, was es sonst noch für Namen gäbe. Als am andern Tag das Männchen kam, fing sie an mit Kaspar, Melchior, Balzer, und sagte alle Namen, die sie wusste, nach der Reihe her, aber bei jedem sprach das Männlein: „So heiß ich nicht." Den zweiten Tag ließ sie in der Nachbarschaft herumfragen, wie die Leute da genannt würden, und sagte dem Männlein die ungewöhnlichsten und seltsamsten Namen vor: „Heißt du vielleicht Rippenbiest oder Hammelswade oder Schnürbein?", aber es antwortete immer: „So heiß ich nicht." Den dritten Tag kam der Bote zurück und erzählte: „Neue Namen habe ich keinen einzigen finden können, aber wie ich an einen hohen Berg um die Waldecke kam, wo Fuchs und Has sich gute Nacht sagen, so sah ich ein kleines Haus, und vor dem Haus brannte ein Feuer, und um das Feuer sprang ein gar zu lächerliches Männchen, hüpfte auf einem Bein und schrie:

„Heute back ich, morgen brau ich
Übermorgen hol ich der Königin ihr Kind;
Ach, wie gut ist, dass niemand weiß
Dass ich Rumpelstilzchen heiß!"

Da könnt ihr denken, wie die Königin froh war, als sie den Namen hörte, und als bald hernach das Männlein hereintrat und fragte: „Nun, Frau Königin, wie heiß ich?", fragte sie erst: „Heißest du Kunz?" „Nein." „Heißest du Heinz?" „Nein." „Heißt du etwa Rumpelstilzchen?" „Das hat dir der Teufel gesagt, das hat dir der Teufel gesagt", schrie das Männlein und stieß mit dem rechten Fuß vor Zorn so tief in die Erde, dass es bis an den Leib hineinfuhr, dann packte es in seiner Wut den linken Fuß mit beiden Händen und riss sich selbst mitten entzwei.

1 Die besten Zuhörer für Märchen sind kleine Kinder. Lest dieses Märchen laut vor. Stellt euch dabei vor, dass kleine Kinder euer Publikum sind.

2 Sprecht über die Wirkung des Märchens: Findet ihr es unheimlich, Angst erregend, tröstlich …? Begründet eure Meinung.

3 Überlegt, wie die Märchen auf euch gewirkt haben, als ihr noch jünger ward, oder wie sie auf sehr kleine Kinder wirken. Vergleicht mit ihrer jetzigen Wirkung und überlegt, wie es zu den unterschiedlichen Eindrücken kommt.

4 Die *Kinder-und Hausmärchen* sind oft illustriert worden. Die hier abgebildete Zeichnung wurde von Otto Ubbelohde für eine Ausgabe der Märchen vor etwa 100 Jahren angefertigt. Entwerft in Gruppen Zeichnungen zu verschiedenen Szenen aus dem *Rumpelstilzchen*. Stellt eure Bilder zu einer Bildergeschichte zusammen und erzählt sie vor der Klasse.

5 Volksmärchen sind meist einfach gebaute Erzählungen. In der Regel bestehen sie aus diesen Erzählbausteinen:

Ausgangsproblem: z. B. böse Stiefmutter, geldgieriger Vater, drückende Armut, …

Es war einmal …
(Erzählanfang)

→ … vor eine schwierige Aufgabe gestellt werden …

→ …

→ …

… und wenn sie nicht gestorben sind, …
(Erzählschluss)

Zwei Erzählbausteine fehlen. Ergänzt sie.

6 Zeigt in *Rumpelstilzchen* diese Erzählbausteine. Gebt die Zeilen an.

7 Sucht weitere Märchen, die ähnlich gebaut sind.

Märchen nachbauen und umbauen

1 Erstellt in Gruppen ähnliche Karten zu dem Vater der Müllerstochter, zum König, zur Müllerstochter/Königin und zum Rumpelstilzchen.

2 Vergleicht, ob ihr bei den Eigenschaften der Figuren zu den gleichen Ergebnissen gekommen seid.

3 Stellt typische Märchenfiguren zusammen, z. B. Wolf, Hexe, ...
Fertigt für diese Figuren solche Spielkarten an, in denen ihr über Aussehen und wichtige Eigenschaften informiert.
Mischt und verteilt die Karten so, dass jede Gruppe mindestens drei Spielkarten hat.
Aus diesen drei Märchenfiguren entwerft ihr ein eigenes Märchen. Beachtet dabei, was ihr über die Handlung und Bauweise von Märchen erfahren habt.

Du bist ein Zauberer. Du trägst einen purpurroten Umhang und wohnst in einem Turm. Du kennst viele Zaubersprüche und Zaubertränke und du kannst Menschen in Tiere verwandeln und umgekehrt. Du bist manchmal gut und manchmal böse. Man sollte dich nicht zum Feind haben.

Es war einmal ein kleines Männchen, das war von Herzen gut und half, wo es nur helfen konnte. Nun traf es sich, dass dieses Männchen, man nannte es seiner dünnen Beine und seiner klappernden Holzschuhe wegen Rumpelstilzchen, eines Abends ein klägliches Wimmern vernahm. Und weil es ein mitleidiges Herz hatte, eilte es hinzu und fand ein junges Ding, dem hatte der geldgierige König befohlen, Stroh zu Gold zu spinnen. Wenn ihr das nicht gelinge, so müsse sie eines schlimmen Todes sterben …

4 Märchen haben einen eigenen „Märchen-Ton“. Schreibt aus diesem Märchenanfang die Formulierungen heraus, die für euch nach einem Märchen klingen.

5 Erzählt dieses Märchen so weiter, dass das Rumpelstilzchen der Held ist: Welche Änderungen könnten sich daraus ergeben? Legt für eure Erzählung zuerst auf einem Stichwortzettel die Handlungsschritte fest und schreibt dann das Märchen.

6 Überarbeitet eure Texte. Am besten gelingt das in einer „Schreibkonferenz“: Bildet Gruppen von 3 bis 4 Schülerinnen und Schülern, einigt euch auf den Text, den ihr für den gelungensten haltet, und bearbeitet ihn. Überprüft dabei:
- ✔ Ist das Märchen richtig aufgebaut?
- ✔ Werden die typischen Eigenschaften der Figuren deutlich?
- ✔ Werden typische Märchenelemente verwendet (märchenhafte Ereignisse, Sprüche, Zahlen, Gegenstände, …)?
- ✔ Habt ihr den „Märchen-Ton“ getroffen?
- ✔ Habt ihr Wiederholungen (gleiche Wörter, gleiche Satzanfänge) vermieden?

Arbeitstechnik
Schreibkonferenz
Seite 53

7 Schreibt die überarbeiteten Märchen in Schönschrift ab, sammelt sie und stellt sie zu einem „Klassenmärchenbuch“ zusammen. Ihr könnt euer Märchenbuch auch bebildern. Wendet euch bei der Ausgestaltung an eure Kunstlehrer und lasst euch beraten.

Projekt

Moderne Zeiten – Moderne Märchen!?

1 Erkennt ihr das Mädchen im Auto? Dann erkennt ihr auch das Märchen, das hier modernisiert wurde. Was vermutet ihr noch im Korb auf dem Rücksitz?

2 Zeichnet ähnliche Bilder zu anderen Figuren und Handlungsorten dieses Märchens, so dass diese in unsere Gegenwart passen.

3 Setzt das Märchen in eurem Heft fort:

Es war einmal ein Mädchen, das hatte jedermann lieb, der es nur ansah, am allerliebsten aber seine Großmutter. Die wusste gar nicht, was sie alles dem jungen Ding geben sollte: Handy, Parfüm, einen Snowboardkurs, ein Flugticket nach Mykonos und so weiter. Einmal schenkte sie ihrem Enkelkind ein ausgefallenes rotes Käppchen von Armani, und weil ihm das so wohl stand und es nichts anderes mehr tragen wollte, hieß es nur noch …

Annette Laun: Der Zauberspiegel

Es war einmal eine Hexe, die war noch jung, aber schon sehr hässlich. Sie lebte in einer kleinen Hütte mitten im tiefen Wald, wie sich das für eine Hexe gehört. Ihr kostbarster Besitz war ein Zauberspiegel, der jedem Menschen sein wahres Gesicht zeigte. Aber niemand mochte sich auf den Weg zu ihr machen, und so blieb die Hexe lange Zeit allein.
Eines Tages kam ein Prinz zu ihr in den Wald. Er kam eigentlich aus Versehen; er hielt nämlich die Hütte für ein verzaubertes Schloss und die kleine Hexe für eine verwunschene Prinzessin, die er erlösen wollte.

„Heute kämpf ich,
morgen sieg ich,
übermorgen wird die Prinzessin mir gehörn!“,

schrie er, als er auf seinem stolzen Ross herangesprengt kam. Die kleine Hexe trat aus ihrer Hütte und fragte, sehr verwundert ob des ungewohnten Lärms: „Was schreist du denn so, du verjagst mir ja alle Tiere im Wald!“
„Wo ist das Ungeheuer, mit dem ich um dich kämpfen muss?“, rief der tapfere Prinz und fuchtelte mit seinem Schwert.
„Hier“, sagte die kleine Hexe und hielt ihm den Spiegel vor die Nase.
Als der Prinz einen Blick in den Spiegel warf, brach er zusammen und fiel vom Pferd. Und wenn er nicht vor Schreck gestorben ist, so sind ihm vielleicht doch noch die Augen aufgegangen. Doch das ist eine andere Geschichte, und die soll er selbst erzählen.
Etwas später verirrte sich auch eine Prinzessin in den Wald zu der kleinen Hexe. Es heißt, die Prinzessin habe den Schrecken beim Blick in den Zauberspiegel überstanden und habe sich anschließend selbst in eine Hexe verwandelt. Auf jeden Fall ist sie im Wald geblieben. Und gestorben ist sie noch lange nicht. Die Leute im Dorf erzählen schaudernd, in Vollmondnächten könne man die beiden aus der Ferne lauthals lachen hören.

4 Vergleicht die Eigenschaften der Märchenfiguren in dieser Geschichte mit denen, die ihr kennt.
Prinzen: edel, tapfer, klug, schön *hier: …*
Hexen: … *hier: …*
…

5 Stellt euch vor: Der Bote des Königs sucht und findet dessen Tochter, die verhexte Prinzessin. Diese teilt ihm mit, warum sie viel lieber im Wald bei der Hexe als auf dem Schloss lebt. Verfasst den Bericht des Boten, den dieser seinem König vorträgt.

6 Gestaltet ein Lernplakat zum Thema *Märchen*. Auf diesem Plakat könnt ihr zum Beispiel informieren über:
- typische Märchenfiguren und Märchenorte (am besten anhand von Bildern)
- Merkmale von Märchen (Skizzen, Schaubilder, kleine Texte)
- die Herkunft der Märchen.

Natürlich könnt ihr für euer Plakat noch Zusatzinformationen heranziehen. Schaut z.B. einmal in einem Lexikon unter *Volksmärchen* nach.

Sagen erforschen

Der herumziehende Rattenfänger

In Meßkirch soll es früher so viele Ratten gegeben haben, dass die Leute um Frucht und Speise in ständiger Sorge waren. Was immer der Rat auch unternahm sie zu vertreiben, alles war vergebens. Nun kam im Jahre 1538 kurz vor Weihnachten ein Abenteurer nach Meßkirch, der dem Rat versprach, auf ewige Zeiten dieser Plage abzuhelfen. Er lief durch alle Straßen und Gassen, ließ um Mitternacht alle Glocken läuten, ging dann auf das Marktbrücklein außerhalb der Oberstadt und verbannte alle Ratten. Seitdem ist keine mehr gesehen worden. Welche Kunst und Worte aber er gebraucht hat, weiß niemand, dieweil er niemand hat zusehen oder zuhören lassen.

Frucht,
hier: Getreide

1 Sagen, die an einen bestimmten Ort gebunden sind, nennt man **Ortssagen**. Sucht in einem Atlas oder in einer Karte Meßkirch.

2 Stellt Vermutungen an: „Welche Kunst und Worte“ (Z. 8) könnte der „Abenteurer“ gebraucht haben, um die Rattenplage zu beenden?

3 Das Wort *bannen/verbannen* (Z. 7) wird im Herkunftswörterbuch erklärt. Dort werden als Synonyme genannt: *ausschließen, verstoßen, durch Zauberkraft vertreiben oder festhalten, verfluchen, des Landes verweisen.*
Welche Bedeutung passt eurer Meinung nach am besten zur Beendigung der Rattenplage?

Synonym:
sinnverwandtes
Wort

Der Rattenfänger zu Hameln

Im Jahre 1284 ließ sich zu Hameln ein sonderbarer Mann sehen. Er trug einen Rock von vielfarbigem, buntem Tuch, weswegen er Buntding geheißen haben soll, und gab sich für einen Rattenfänger aus. Er versprach für einen bestimmten Lohn die Stadt von allen Ratten und Mäusen zu befreien. Die Bürger wurden mit ihm einig und sicherten ihm den verlangten Betrag zu. Der Rattenfänger zog demnach ein Pfeifchen aus der Tasche und begann eine eigenartige Weise zu pfeifen. Da kamen sogleich die Ratten und Mäuse aus allen Häusern hervorgekrochen und sammelten sich um ihn herum. Sobald der Fänger glaubte, es sei keine mehr zurückgeblieben, schritt er langsam zum Stadttor hinaus, und der ganze Haufe folgte ihm bis an die Weser. Dort schürzte der Mann seine Kleider, stieg in den Fluss, und alle Tiere sprangen hinter ihm drein und ertranken.

Nachdem die Bürger aber von ihrer Plage befreit waren, reute sie der versprochene Lohn, und sie verweigerten dem Mann die Auszahlung unter allerlei Ausflüchten, so dass er sich schließlich zornig und erbittert entfernte. Am 24. Juni, am Tage Johannis des Täufers, morgens früh um sieben Uhr erschien er wieder, diesmal in Gestalt eines Jägers, mit finsterem Blick, einen roten, wunderlichen Hut auf dem Kopf. Wortlos zog er seine Pfeife hervor und ließ sie in den Gassen hören. Und in aller Eile kamen diesmal nicht Ratten und Mäuse, sondern Kinder, Knaben und Mädchen, vom vierten Lebensjahr angefangen, in großer Zahl dahergelaufen. Darunter war auch die schon erwachsene Tochter des Bürgermeisters.

Der ganze Schwarm zog hinter dem Mann her, und er führte sie vor die Stadt zu einem Berg hinaus, wo er mit der ganzen Schar verschwand. Dies hatte ein Kindermädchen gesehen, das mit einem Kind auf dem Arm weit rückwärts nachgezogen war, dann aber umkehrte und die Kunde in die Stadt brachte. Die Eltern liefen sogleich haufenweise vor alle Tore und suchten jammernd ihre Kinder. Besonders die Mütter klagten und weinten herzzerreißend. Ungesäumt wurden Boten zu Wasser und zu Land an alle Orte umhergeschickt, die nachforschen soll-

ten, ob man die Kinder oder auch nur einige von ihnen irgendwo gesehen habe; aber alles Suchen war leider vergeblich.

Hundertunddreißig Kinder gingen damals verloren. Zwei sollen sich, wie man erzählt, verspätet haben und zurückgekommen sein, wovon aber das eine blind, das andere taubstumm war. Das blinde konnte den Ort nicht zeigen, wo es sich aufgehalten hatte, wohl aber erzählen, wie sie dem Spielmann gefolgt waren, das taubstumme nur den Ort weisen, da es nichts gehört hatte und auch nicht sprechen konnte.

Ein kleiner Knabe war im Hemd mitgelaufen und nach einiger Zeit umgekehrt, um seinen Rock zu holen, wodurch er dem Unglück entgangen war; denn als er zurückkam, waren die andern schon in der Senkung eines Hügels verschwunden.

Die Straße, auf der die Kinder zum Tor hinausgezogen waren, hieß später die bunge-lose (trommeltonlose, stille), weil kein Tanz darin abgehalten und kein Saitenspiel gerührt werden durfte. Ja, wenn eine Braut mit Musik zur Kirche geführt wurde, mussten die Spielleute in dieser Gasse ihr Spiel unterbrechen. Der Berg bei Hameln, wo die Kinder verschwanden, heißt der Poppenberg. Dort sind links und rechts zwei Steine in Kreuzform zur Erinnerung an dies traurige und seltsame Ereignis errichtet.

Die Bürger von Hameln haben diese Begebenheit in ihrem Stadtbuch verzeichnen lassen. Im Jahre 1572 ließ der Bürgermeister die Geschichte auf den Kirchenfenstern abbilden.

1 In vielen Dörfern und Städten werden solche Rattenfänger-Sagen erzählt, die bekannteste ist die Geschichte vom *Rattenfänger von Hameln*. Vergleicht die beiden Sagen. Arbeitet heraus, was gemeinsam und was unterschiedlich ist, und tragt eure Ergebnisse in eine Tabelle ein.

Gemeinsamkeiten	Unterschiede
...	...
...	...

2 Erforscht das „Körnchen Wahrheit", das in diesen Sagen liegen könnte. Informiert euch in Gruppen unter dem Stichwort *Rattenfänger von Hameln* in Lexika und im Internet.

ITG

3 Sucht eine Erklärung dafür, dass die Sage vom *Rattenfänger von Hameln* viel bekannter geworden ist als die Meßkircher Sage. Achtet dabei besonders auf die Wirkung der beiden Texte.

4 Vergleicht die Wirkung des *Rattenfängers von Hameln* mit der Wirkung von *Rumpelstilzchen:* Welche Geschichte findet ihr unheimlicher? Begründet eure Meinung.

Märchen oder Sage?

1 Märchen oder Sage? Ordnet die Bilder und Textteile den Märchen oder den Sagen zu und begründet eure Entscheidung. Achtet dabei besonders auf
- ✔ Orts- und Zeitangaben,
- ✔ Personen,
- ✔ Anfang und Schluss der Geschichten.

2 Wie könnte die folgende Sage weitergehen? Schreibt euren Sagenentwurf ins Heft.

Das steinerne Weib bei Wiesensteig

Einer der Felsen am Hang des Filstals bei Wiesensteig gleicht einem riesigen Weib, das über die Baumwipfel hinweg ins liebliche Wiesental hinabblickt. Einst – so erzählt die Sage – hat hier eine Frau gelebt, die wegen ihres Geizes einen üblen Ruf besaß …

„Sagen" von heute

Angeschnallte Wildsau

Bad Reichenhall (dpa) „Vorschriftsmäßig angeschnallt" saß eine Wildsau auf dem Beifahrersitz eines 32-jährigen Bundesbürgers.
Den Beamten am deutsch-österreichischen Grenzübergang Bad-Reichenhall-Autobahn erklärte der Mann, er wolle mit dem Tier namens „Sarah" in die Ferien nach Kärnten fahren. So weit kam er mit dem eineinhalb Jahre alten Vierbeiner jedoch nicht: Zwar ließen ihn die deutschen Grenzpolizisten passieren. Die österreichischen Behörden schickten den Mann samt Schwein postwendend zurück – trotz gültigen Impfausweises für die „Reisebegleiterin".

1 Wahr oder nicht wahr? Diskutiert darüber, was für eine wahre Begebenheit und was für eine sagenhafte Geschichte spricht.

2 Vergleicht die Geschichte von der Wildsau mit den Sagen, die ihr kennen gelernt habt. Diskutiert, ob man hier von einer *Sage* sprechen kann.

3 Die Sagen von heute entstehen wie die alten Sagen oft vom „Hörensagen". Sammelt solche Gegenwartssagen; klärt dabei, von wem ihr die Sage jeweils gehört habt.

Sagenprojekt

Projekt

1 Wenn ihr euch mehr für das Thema *Sagen* interessiert, könnt ihr auch ein Projekt durchführen, in dem ihr weitere Sagen sammelt, erkundet, untersucht, gestaltet, … Überlegt gemeinsam in eurer Klasse, was euch an einem solchen Projekt interessiert und womit ihr euch beschäftigen wollt.

2 Sammelt Ideen und haltet sie fest. Ihr könnt euch dabei auch an der „Sagen-Mindmap“ orientieren.

3 Überlegt, wo und wie ihr eure Ergebnisse festhalten oder präsentieren wollt (z. B. Wandzeitung im Klassenzimmer, Schaukasten, Elternabend, …).

4 Legt Themen fest, verteilt Aufgaben in Arbeitsgruppen und erstellt einen Zeitplan.

Arbeitstechnik
Projektplaner
Seite 13

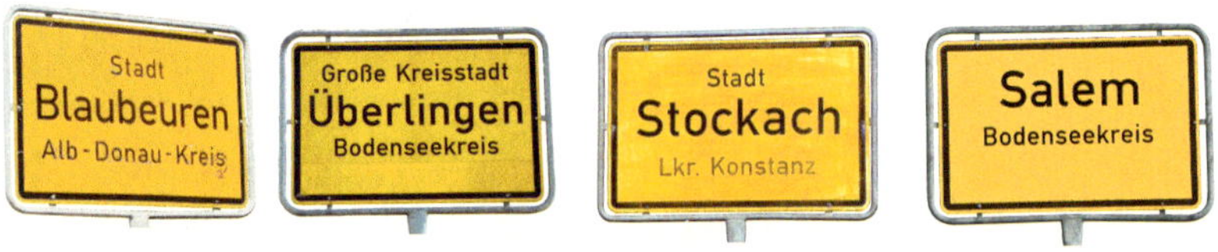

Sagen erkunden: Burgen, Ruinen, Brunnen …

Wandertag zu sagenhaften Orten

Museum

Sagenpfade

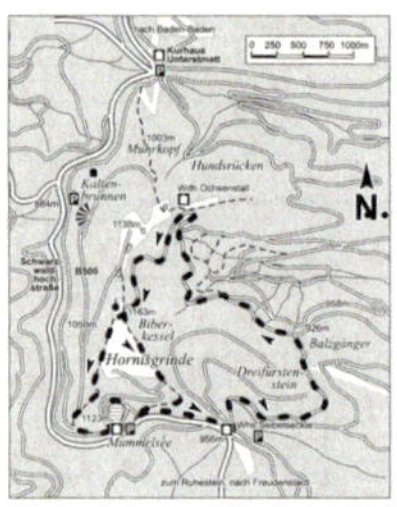

Sagen sammeln

Eltern / Großeltern

Lesebuch

Bücherei

Internet

Moderne Sagen – vom Hörensagen

…

Sagen

Sagenkarte

- Karte der Umgebung kopieren
- Herkunft der Sage kennzeichnen
- Verwandte Sagenstoffe verbinden
- …

Sagen illustrieren

- Bilder zu Sagen malen
- …
- Sagen-Comics entwerfen

Sagen

untersuchen

- Den Kern einer Sage erforschen: Personen, Ereignisse, Orte
- …
- …

gestalten

- Eine Szene spielen
- Videoclip zu einer Ortssage
- …

präsentieren

- …
- Lesenacht mit Geistersagen
- …

Wissen

Märchen und Sagen

Märchen lassen sich in Volksmärchen und Kunstmärchen unterteilen. Kunstmärchen werden von Schriftstellern verfasst. Die bekanntesten stammen von Wilhelm Hauff und Hans Christian Andersen.
Volksmärchen waren dagegen seit Jahrhunderten im Volk erzählt worden, bevor sie von den Brüdern Grimm gesammelt und aufgeschrieben wurden.
Sie sind gekennzeichnet durch:

- typische Figuren (z. B. Hexe, Prinz, …) mit typischen Eigenschaften (böse und hässliche Hexe; guter und schöner Prinz, …)
- typische Dinge und Ereignisse (Zauber, schwierige Aufgaben, …)
- typische Erzählbausteine (Ausgangsproblem – Probe/Aufgabe – Lösung der Aufgabe – glückliches Ende)
- typische Formulierungen, besonders am Anfang und am Ende („Es war einmal …", …)
- das Fehlen von genauen Orts- und Zeitangaben

Sagen sind kurze Geschichten, die zunächst mündlich von Generation zu Generation weitererzählt wurden. Sie handeln von bestimmten Orten (Ortssagen), Personen, Ereignissen oder auch Naturerscheinungen, die es wirklich gab, haben also einen historischen Kern. Dieser ist mit fantastischen Figuren und Handlungen verknüpft, die teilweise auch in den Märchen vorkommen (Riesen, Hexen, Zwerge) oder zu einer übernatürlichen Welt gehören (Geister, Teufel u. a.).
Sagen entstanden in Zeiten, in denen sich die Menschen vieles noch nicht auf natürliche Weise erklären konnten und an die Macht von Naturgeistern, Dämonen oder auch des Teufels glaubten.

Umgang mit literarischen Texten: Gedichte

In dieser Einheit könnt ihr lernen,

wie ihr Gedichte anschauen könnt

wie ihr Gedichte hören könnt

- dass Laute sprechen können
- dass ihr Gedichte verstehen könnt, indem ihr sie hört
- wie ihr einen wirkungsvollen Gedichtvortrag gestaltet

aus welchen Bausteinen Gedichte bestehen

- welche Bedeutung Verse und Strophen haben
- was ihr an Reimen und ihrer Ordnung alles entdecken könnt
- dass Gedichte in Bildern sprechen

welche Tipps euch beim Auswendiglernen von Gedichten helfen können

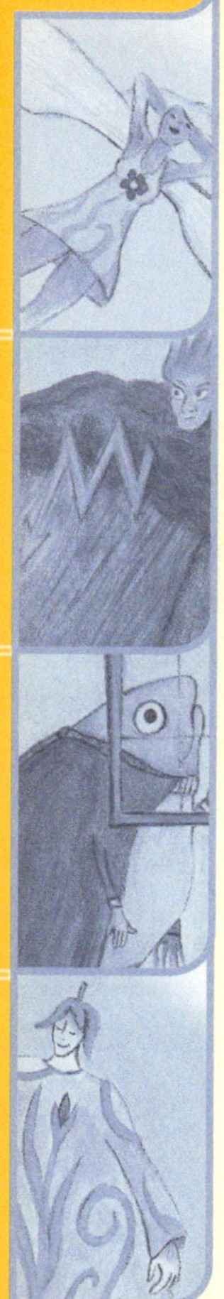

Umgang mit literarischen Texten: Gedichte

Rund um die Natur

1. Gedichte zum Anschauen

ffffff

fliegen

fliegen

fliegen

fliegen

fliegen

fliegen

Christian Morgenstern: Die Trichter

Zwei Trichter wandeln durch die Nacht,
Durch ihres Rumpfs verengten Schacht
Fließt weißes Mondlicht
Still und heiter
Auf ihren
Waldweg
u. s.
w.

Reinhard Döhl: Apfel

pfelApfelApfelAptel
pfelApfelApfelApfelApfelA
felApfelApfelApfelApfelApfe
ApfelApfelApfelApfelApfelApf
pfelApfelApfelApfelApfelApfel
lApfelApfelApfelApfelApfelApfe
pfelApfelApfelApfelApfelApfelA
ApfelApfelApfelApfelApfelApfe
pfelApfelApfelApfelApfelApfel
ApfelApfelApfelApfelApfelApf
lApfelApfelApfelWurmAp
felApfelApfelApfelApfel
pfelApfelApfelApfel
pfelApfelApfelA
pfelApfelA

Josef Guggenmos: Der Wind

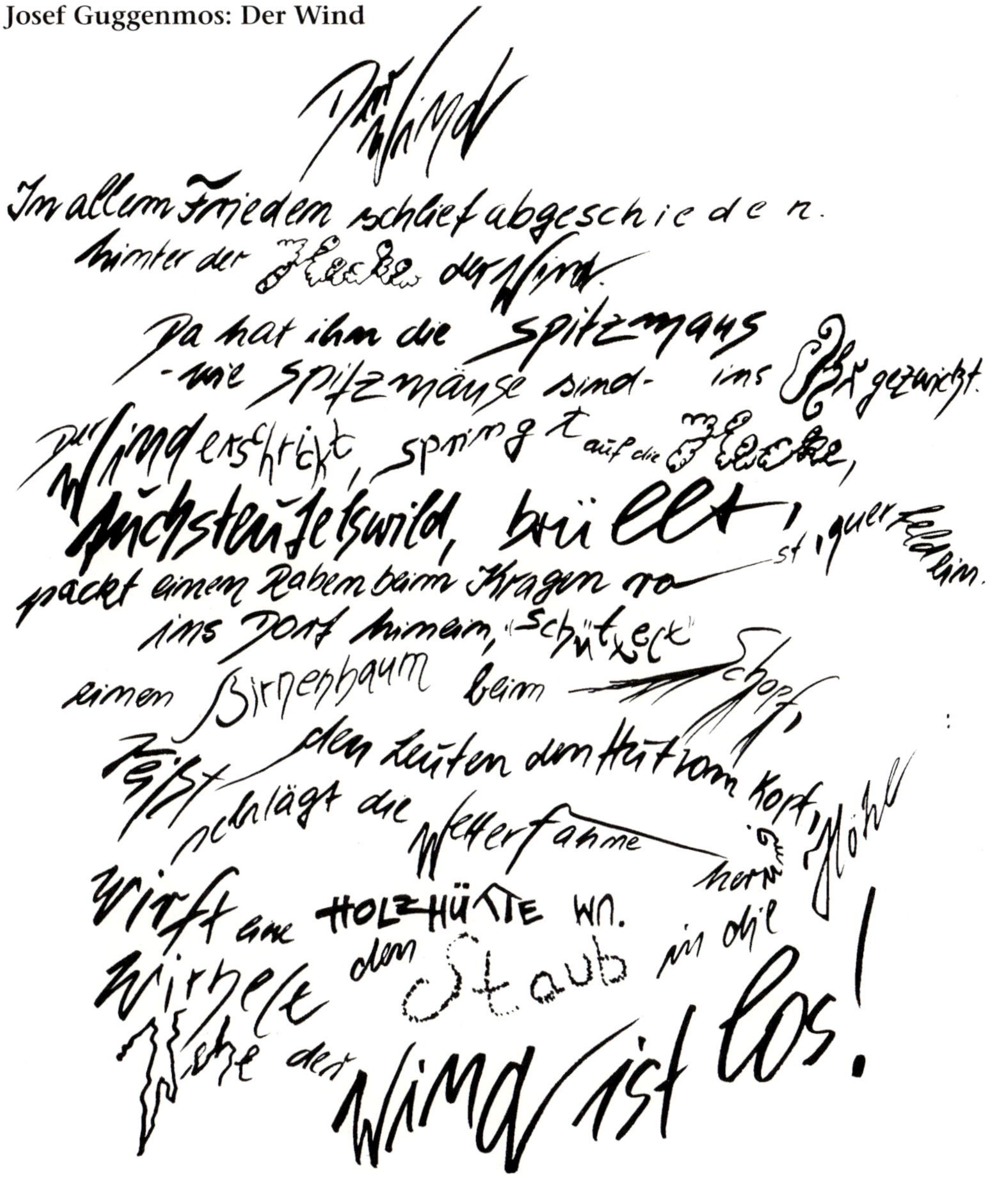

1 Worin unterscheiden sich diese Texte von anderen Gedichten, die ihr kennt? Warum sind es „Gedichte zum Anschauen"?

2 Erklärt, welcher Zusammenhang zwischen dem Inhalt und der äußeren Form der Gedichte besteht.

3 Gedichte, die einen Gegenstand, einen Begriff oder eine Aussage in ihrer äußeren Form bildlich darstellen, nennt man **Wort- oder Textbilder**. Schreibt eigene Wortbilder, z.B. zu Pusteblume, Zahnlücke, Autoschlange, Sturm, Tannenbaum, Bücherwurm …
Ihr könnt eure Wortbilder auch mit dem Computer erstellen.

ITG

2. Gedichte zum Hören

Sprechende Laute

Hugo Ball: ______________________

elomen elomen lefitalominal
wolminuscaio
baumbala bunga
acycam glastula feirofim flinsi
elominuscula pluplubasch
rallalalaio

endremin saxassa flumen flobollala
feilobasch falljada follidi
flumbasch

cerobadadrada
gragluda gligloda glodasch
gluglamen gloglada gleroda glandridi
elomen elomen lefitalominai
wolminuscaio
baumbala bunga
acycam glastala feirofim blisti
elominuscula pluplusch
rallabataio

1 Überlegt euch zu dem Gedicht eine passende Überschrift. Begründet eure Wahl.

2 Versucht, das Gedicht zu sprechen. Ihr könnt dabei ganz unterschiedliche Möglichkeiten ausprobieren:
- mit verstellter Stimme sprechen
- mit unterschiedlichen Rollen sprechen
- im Chor sprechen
- abwechselnd allein und im Chor sprechen
- flüstern oder rufen
- ...

3 Auf S. 292 findet ihr die Überschrift, die Hugo Ball dem Gedicht gegeben hat. Überlegt, wie ihr den Text so sprechen könnt, dass er zu der Überschrift passt.

4 Hugo Ball hat in seinem Gedicht neue Wörter erfunden, um bestimmte Klänge oder Laute hervorzubringen. Man nennt ein solches Gedicht ein **Lautgedicht**. Ihr selbst könnt für bestimmte Situationen ebenfalls sprechende Laute erfinden, z.B.:

- *Wasser tropft auf einen Stein: plitsch, plitsch, ...*
- *Münzen fallen auf eine Glasschale:*
- ...

5 Erfindet ein Lautgedicht, das eine Geschichte erzählt, und verwendet dafür eigene Wörter, z.B.:
- Ein Ball wird an eine Wand geworfen, rollt die Straße hinunter, hüpft in eine Pfütze, knallt gegen ein Auto ...
- Viele Schülerinnen und Schüler schreiben im Klassenzimmer, das Klingelzeichen für die Pause ertönt, die Schüler stehen auf, rennen hinaus, laufen die Steintreppe zum Pausenhof hinunter ...

6 Tragt euer Lautgedicht vor.

1 Stellt euch vor, ihr steht vor einem solchen Feuer. Was könnt ihr sehen, hören, riechen?

2 Sammelt Adjektive und Verben, mit denen ihr eure Wahrnehmungen ausdrücken könnt.

James Krüss: Das Feuer

Hörst du, wie die Flammen flüstern,
Knicken, knacken, krachen, knistern,
Wie das Feuer rauscht und saust,
Brodelt, brutzelt, brennt und braust?

Siehst du, wie die Flammen lecken,
Züngeln und die Zunge blecken,
Wie das Feuer tanzt und zuckt,
Trockne Hölzer schlingt und schluckt?

Riechst du, wie die Flammen rauchen,
Brenzlig, brutzlig, brandig schmauchen,
Wie das Feuer, rot und schwarz,
Duftet, schmeckt nach Pech und Harz?

Fühlst du, wie die Flammen schwärmen,
Glut aushauchen, wohlig wärmen,
Wie das Feuer, flackrig-wild,
Dich in warme Wellen hüllt?

Hörst du, wie es leiser knackt?
Siehst du, wie es matter flackt?
Riechst du, wie der Rauch verzieht?
Fühlst du, wie die Wärme flieht?

Kleiner wird der Feuersbraus:
Ein letztes Knistern,
Ein feines Flüstern,
Ein schwaches Züngeln,
Ein dünnes Ringeln –
Aus.

1 Sucht Wörter in dem Gedicht, mit denen Krüss Geräusche des Feuers ausdrückt. Vergleicht sie mit den Ausdrücken, die ihr selbst gefunden habt.

2 Sucht Stellen aus dem Gedicht heraus, die eurer Meinung nach die Geräusche des Feuers besonders deutlich wiedergeben, und lest sie laut vor.

3 Versucht, nach dem Vorbild der ersten Strophe des Gedichts selbst ein kurzes Gedicht zu schreiben, in dem ihr Erscheinungen der Natur darstellt. Ihr könnt zum Beispiel so beginnen:
- *Hörst du, wie die Tropfen trommeln, …*
- *Hörst du, wie der Nordwind heult, …*

Betonung und Tempo

Martin Auer: „Noch“

Noch eine Autobahn,
noch eine Forststraße,
noch ein Flughafen,
noch ein Bergwerk,
noch ein Kraftwerk,
noch ein Baum.

1 Lest dieses Gedicht genau und überlegt, wie ihr den Inhalt durch euren Vortrag zum Ausdruck bringen könnt.

2 Schreibt das Gedicht ab und markiert es für den Vortrag. Geht dabei so vor:

Arbeitstechnik
Texte für den Vortrag markieren

Damit jemand euch gerne zuhört, solltet ihr ausdrucksstark vortragen. Das gelingt leichter, wenn ihr den Text vorher mit Spezialzeichen für den Vortrag markiert:

- Wichtiges wird besonders betont. Unterstreicht es.
- Bevor etwas Neues kommt, macht man eine Pause. Markiert sie mit einem Strich: /. Längere Pausen markiert ihr mit einem doppelten Strich: //
- Wenn lauter oder leiser, langsamer oder schneller gesprochen werden sollte, unterschlängelt ihr die Stelle und notiert euch die entsprechende Vortragsweise am Rand.

3 Tragt das Gedicht in der Klasse vor und besprecht, wie der Sinn im Vortrag zum Ausdruck kommt.

Erwin Moser: Gewitter

Der Himmel ist blau
Der Himmel wird grau
Wind fegt herbei
Vogelgeschrei
Wolken fast schwarz
Lauf, weiße Katz!
Blitz durch die Stille
Donnergebrülle
Zwei Tropfen im Staub
Dann Prasseln auf Laub
Regenwand
Verschwommenes Land
Blitze tollen
Donner rollen
Es plitschert und platscht
Es trommelt und klatscht
Es rauscht und klopft
Es braust und tropft
Eine Stunde lang
Herrlich bang
Dann Donner schon fern
Kaum noch zu hörn
Regen ganz fein
Luft frisch und rein
Himmel noch grau
Himmel bald blau!

4 Lest das Gedicht still und überlegt, wo ihr beim Vortrag längere Pausen machen würdet. Begründet eure Meinung.

5 Lest euch gegenseitig das Gedicht vor und überlegt gemeinsam, wie ihr das Gewitter durch Betonung und Tempo hörbar machen könnt. Welche Stellen eignen sich hierzu besonders gut? Probiert verschiedene Möglichkeiten aus.

6 Schreibt das Gedicht ab und bearbeitet es für den Vortrag.

Gedichte vortragen

1 Sammelt Ideen für einen wirkungsvollen Gedichtvortrag und erstellt hieraus ein Lernplakat für euer Klassenzimmer. Ihr könnt so vorgehen:

Arbeitstechnik
Lernplakat

Auf manche Dinge, die ihr euch erarbeitet, könnt ihr im Laufe eines Schuljahres immer wieder zurückgreifen, wenn ihr euch ein Lernplakat erstellt.

- Jeder bekommt drei Karten und schreibt auf jede Karte eine Idee.
- Diskutiert mit einem Partner eure Ideen. Habt ihr zwei Karten mit der gleichen Idee, entscheidet ihr euch für eine Karte.

Nun gestaltet ihr in einer Gruppe mit mehreren Schülern ein Plakat:

- Sortiert auch hier Karten mit gleichen Ideen aus.
- Überlegt, ob ihr noch ergänzen könnt, und legt neue Karten an.
- Ordnet nun eure Karten nach wichtigen Gesichtspunkten: z.B. Aussprache, vor der Klasse stehen, …
- Klebt nun eure Karten – nach Gesichtspunkten geordnet – auf ein Plakat.
- Gebt jeder Kartengruppe eine Überschrift.
- Durch Schriftgestaltung und Bilder könnt ihr wichtige Merksätze hervorheben.
- Hängt das Plakat in eurem Klassenzimmer auf.

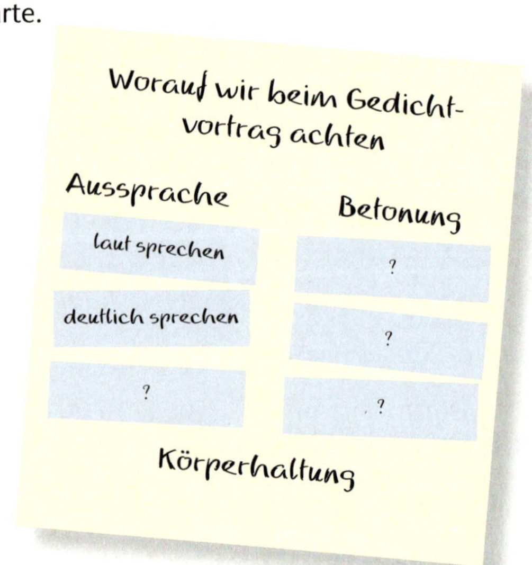

2 Tragt das Gedicht von Erwin Moser der Klasse vor und beachtet dabei eure Vortragsregeln.

3 Diskutiert, was euch an den Vorträgen gefallen hat oder was man verbessern könnte.
Beachtet: Kritik muss man so formulieren, dass niemand verletzt wird. Ihr könntet sagen:

- Mir gefällt, …
- Ich finde es gut, dass du …
- Es ist schön, …

oder:

- Diese Stelle könnte man auch so sprechen: …
- Dieses Wort konnte ich nicht verstehen: …
- Ich würde diesen Vers anders sprechen: …

Gespräche führen
Seite 39f.

3. Die Bausteine eines Gedichts

Vers und Strophe

Erich Fried: Humorlos

Die Jungen werfen zum Spaß mit Steinen nach Fröschen. Die Frösche sterben im Ernst.

1 Dieser Text ist eigentlich ein Gedicht. Schreibt ihn ab und gebt ihm solch eine Form, dass dies deutlich wird. Begründet eure Fassung.

2 Die Zeilen eines Gedichts nennt man **Verse**. Mehrere Verse bilden oft eine **Strophe**.
- Vergleicht, ob und wie in eurer Klasse der Text in Strophen gegliedert wurde.
- Überlegt, welche Gliederung in Strophen den Sinn des Textes am besten zum Ausdruck bringt.

3 Lest eure Fassung des Gedichts so vor, dass der Sinn deutlich wird.

4 Sprecht darüber, wie ihr den Titel des Gedichtes versteht.

Hans-Jürgen Heise: Vorboten

Gestern haben wir
die letzten Wölfe geschossen
Jetzt
ist die Wildnis für immer besiegt:
Apfelbäume Rasen
die Welt wird zum Garten
Denken wir
Unterm Haus
nisten sich Feldmäuse ein
Vorboten
Einer neuen Steppe

1 Gliedert das Gedicht in Strophen. Begründet eure Einteilung.

2 Wenn am Ende einer Zeile der Satz weitergeht, spricht man von einem **Zeilensprung**. Schreibt das Gedicht in euer Heft und markiert (z.B. mit einem Pfeil ↩) die Zeilensprünge.

3 Ihr könnt euch den Satzbau noch besser klar machen, wenn ihr Satzzeichen einfügt. Sprecht über Stellen im Gedicht, an denen ihr zu unterschiedlichen Lösungen gekommen seid. Woran liegt das?

4 Eine Verszeile bildet den Wendepunkt des Gedichts. Der Dichter hat sie deshalb als einzelne Zeile zwischen zwei Strophen gesetzt. Überlegt, um welche Zeile es sich handelt, und erklärt, wie dadurch die Aussage verstärkt wird.

5 Tragt das Gedicht so vor, dass man diesen Wendepunkt hören kann.

Reim und Klang

1 Was schätzt ihr: Wie lange gibt es diese Werbesprüche schon?

2 Sucht Gründe dafür, dass Werbung oft mit Reimen arbeitet.

3 Ein **Reim** ist der Gleichklang zweier Wörter vom letzten betonten Vokal ab. Verfasst eigene gereimte Werbesprüche.

4 Erklärt, worin der Witz dieses Gedichts besteht.

5 Versucht selbst ein solches kurzes Gedicht zu schreiben.

6 Wenn ihr euch im Reimen noch ein bisschen üben wollt, könnt ihr ein Faltgedicht schreiben: Nehmt ein Blatt Papier und schreibt einen kurzen Satz. Nun faltet ihr das Blatt, so dass dieser Satz verdeckt ist. Das letzte Wort notiert ihr auf dem Blatt und gebt es einem Partner oder einer Partnerin. Jetzt muss auf dieses Wort eine Zeile gereimt werden. Das Blatt wird wieder gefaltet, das letzte Wort aufgeschrieben, das Faltgedicht weitergereicht. Am besten teilt ihr eure Klasse dafür in zwei oder drei Gruppen mit jeweils einem eigenen Faltgedicht ein.

Christian Morgenstern: Wenn es Winter wird

Der See hat eine Haut bekommen,
so dass man fast drauf gehen kann,
und kommt ein großer Fisch geschwommen,
so stößt er mit der Nase an.

Und nimmst du einen Kieselstein
und wirfst ihn drauf, so macht es klirr
und titscher – titscher – titscher – dirr …
Heißa, du lustiger Kieselstein!

Er zwitschert wie ein Vögelein
und tut als wie ein Schwälblein fliegen –
doch endlich bleibt mein Kieselstein
ganz weit, ganz weit auf dem See draußen liegen.

Da kommen die Fische haufenweis
und schaun durch das klare Fenster von …
und denken, der Stein wär etwas zum Essen;
doch so sehr sie die Nase ans Eis auch …,
das Eis ist zu dick, das Eis ist zu alt,
sie machen sich nur die Nasen ….

Aber bald, aber bald
werden wir selbst auf eignen Sohlen
hinausgehn können und den Stein wieder holen.

1 Ergänzt die Lücken in der vierten Strophe durch passende Reimwörter.

2 Wenn man die Reime eines Gedichts mit Buchstaben bezeichnet, kann man leicht die Reimordnung erkennen. Man setzt dabei den gleichen Buchstaben für den gleichen Reim:

Der See hat eine Haut bekommen, a
so dass man fast drauf gehen kann, b
und kommt ein großer Fisch geschwommen, a
so stößt er mit der Nase an. b

3 Schreibt die restlichen Strophen des Gedichts ab und setzt die Buchstaben für die Reime. Bilden zwei gleiche Wörter den Reim (**identischer Reim**), setzt man jeweils den gleichen Buchstaben.

4 Könnt ihr erklären, warum die Reimordnung in der zweiten Strophe anders ist als in der ersten und dritten Strophe? Vielleicht hilft es euch, wenn ihr die Verse einmal probeweise umstellt.

5 Die Reimordnung der vierten Strophe kennt ihr bereits, zum Beispiel aus dem Gedicht von Erwin Moser (S. 125). Man nennt sie **Paarreim**. Fallen euch für die Reimordnungen der ersten beiden Strophen auch mögliche Namen ein?

6 Ein Vers in dem Gedicht fällt im Hinblick auf die Reimordnung heraus. Sucht ihn und überlegt, warum Morgenstern ihm eine solche Sonderstellung verliehen haben könnte.

Sprachliche Bilder

Henri Rousseau: Urwaldlandschaft mit untergehender Sonne

1 Schaut euch dieses Bild genau an. Notiert dann, wie es auf euch wirkt.

2 Versucht Wörter zusammenzutragen, welche die Dinge auf dem Bild so benennen, dass sie sich jemand vorstellen kann, der das Bild nicht kennt:
- *Blätter: Lanzen, Spieße, ...*
- *Blumen: Fransenbälle, ...*
- *Sonne: ...*

3 Überlegt, warum man solche bildhaften Wörter verwendet.

4 Teilt euch in Gruppen: Die eine Gruppe malt eine Sache, zum Beispiel einen Gegenstand aus der Natur, mit Farben, die andere mit Sprache. Tauscht nun eure Blätter aus und arbeitet umgekehrt: Die eine Gruppe schreibt die gemalten Dinge als Sprachbilder, die andere Gruppe stellt die Sprachbilder als gemalte Dinge dar. Achtet dabei genau auf die Angaben, die das Bild oder der sprachliche Ausdruck enthält. Diskutiert eure Ergebnisse.

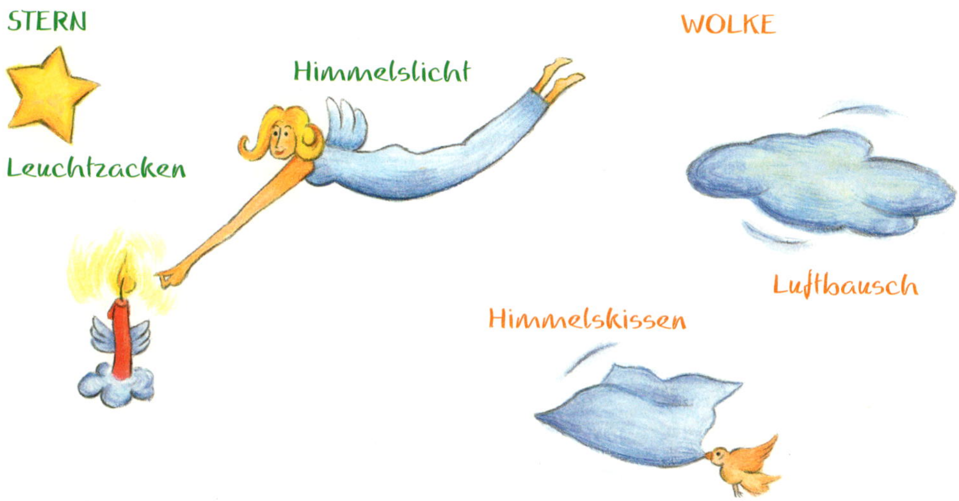

Wolfgang Bächler: Ins Weiße blickend

Schnee hat	heimlich, auf Katzenpfoten, über Nacht
den Garten zurückerobert,	
die Dächer und Bäume	bedeckt, überzuckert, besetzt.
Erfroren	starren, sprechen, flehen
die Knospen dich an,	
....	graue Gebilde, schwarze Pupillen, dunkle Punkte
im Weiß der Zweige.	

5 In diesem Gedicht wurden Lücken gelassen. Füllt sie mit Ausdrücken aus dem Textspeicher rechts. Macht auch eine Sprechprobe.

6 Vergleicht eure Lösung mit der eines Partners und versucht sie zu begründen.

Georg Britting: Fröhlicher Regen

Wie der Regen tropft, Regen tropft,
An die Scheiben klopft!
Jeder Strauch ist nass bezopft.

Wie der Regen springt!
In den Blättern singt
Eine Silberuhr.
Durch das Gras hin läuft,
Wie eine Schneckenspur,
Ein Streifen weiß beträuft.

Das stürmische Wasser schießt
In die Regentonne,
Dass sie überfließt,
Und in breitem Schwall
Auf den Weg bekiest
Stürzt Fall um Fall.

Und der Regenriese,
Der Blauhimmelhasser,
Silbertropfenprasser,
Niesend fasst er in der Bäume Mähnen,
Lustvoll schnaubend in dem herrlich vielen Wasser.

Und er lacht mit fröhlich weißen Zähnen
Und mit kugelrunden nassen Freudentränen.

1 Schreibt eine Art Steckbrief zu dem Regenriesen, in dem ihr aufzählt, was ihr in dem Gedicht über ihn erfahrt:
Regenriese klopft an Scheiben, …

2 Gestaltet diesen Steckbrief als Plakat, das ihr mit Bildern illustriert. Lest dafür das Gedicht genau.

3 Das Gedicht kann man spielen: Ihr braucht einen Sprecher, der das Gedicht vorliest, und Personen, die dazu das Geschehen mit Geräuschen darstellen. Überlegt, was ihr hörbar machen wollt, und probiert es aus.

4 Versucht euch einige Bilder als Vorgänge in der Wirklichkeit vorzustellen. Beschreibt diese mit sachlichen Ausdrücken:
- „nass bezopft“ *an den Blättern hängen Wassertropfen*
- …

5 Überlegt euch eigene Sprachbilder:
- *Der Herbst färbt die Blätter: Baumbemaler*
- *Der Wind zerstört Frisuren: …*
- *Der Blitz erhellt die Nacht: …*
- …

Wolfgang Bächler: Der Nebel

Der Nebel ist unersättlich.
Er frisst alle Bäume, die Häuser,
die parkenden Autos,
die Sterne, den Mond.
Der Nebel rückt näher,
unförmig gemästet,
wird dicker und dicker,
drückt gegen die Mauer,
leckt an den Fenstern
mit feuchter Zunge,
mit grau belegter,
frisst alles,
frisst dich.

1 Wie empfindet ihr den Nebel in diesem Gedicht? Begründet eure Vorstellung.

2 Probiert aus, wie ihr den letzten Vers sprechen wollt.

3 Ihr könnt den Nebel nun spielen wie den Regen in dem Gedicht von Georg Britting. Überlegt, warum das bei diesen Gedichten so gut geht, nicht aber in gleicher Weise bei dem Gedicht „Gewitter“ von Erwin Moser.

4 Wenn Dinge oder Erscheinungen wie Lebewesen dargestellt werden, spricht man von einer **Personifikation**. Nennt alle Tätigkeiten und Eigenschaften des Nebels, die ihn wie ein Lebewesen erscheinen lassen.

ITG

5 Schreibt nun ein Gedicht, zum Beispiel über die Kälte. Stellt sie als Person dar. Schreibt euer Gedicht auf ein Plakat und macht die Eigenschaften durch Bilder und die Gestaltung der Schrift deutlich, zum Beispiel so:

Der Nebel ist unersättlich ...

Ihr könnt eure Gedichte auch mit dem Computer gestalten.

Projekt

6 Sammelt eure Gedichte, illustriert sie und stellt ein Gedichtbuch eurer Klasse zusammen.

Wissen

Die Bausteine eines Gedichts

Verse und Strophen sind Bausteine in vielen Gedichten. Verse nennt man die Zeilen eines Gedichts. Mehrere Zeilen bilden oft eine Strophe. Endet ein Satz nicht am Versende, sondern wird im folgenden Vers fortgeführt, spricht man von einem Zeilensprung. In diesem Fall wird beim Gedichtvortrag am Versende keine Pause gemacht. Oft haben Zeilensprünge eine besondere Bedeutung für das Verständnis des Gedichts.

Manche Gedichte sind gereimt. Ein Reim ist der Gleichklang zweier Wörter vom letzten betonten Vokal an: *singen – klingen, sehen – gehen*
Wichtig ist der Klang, nicht die Schreibung: *Igel – Siegel*

Oft folgen die Reime im Gedicht einer bestimmten Reimordnung:

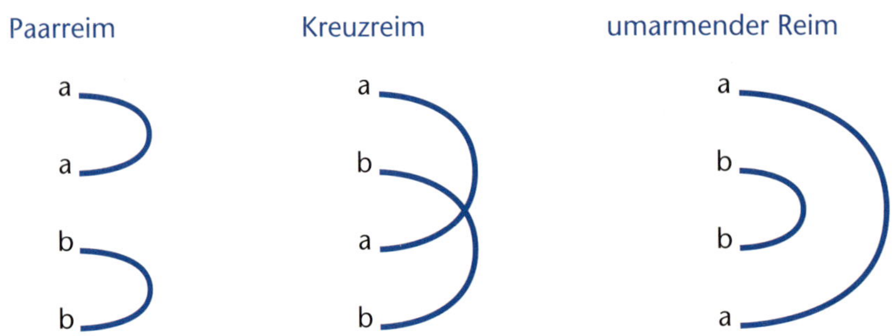

Fällt ein Vers aus der Reimordnung heraus, kommt ihm in der Regel eine besondere Bedeutung zu.

Sprachliche Bilder sind oft ein wesentliches Gestaltungsmittel in Gedichten. Zum Beispiel können Gegenstände, Naturerscheinungen, Pflanzen oder Tiere als Personen dargestellt werden. Sie haben dann die Eigenschaften und Fähigkeiten von Menschen. Man nennt diese sprachliche Ausdrucksform Personifikation.

Übungen

Erich Kästner: Besagter Lenz ist da

Es ist schon so. Der Frühling kommt in Gang.
Und alles andre ist nicht von …
Die Bäume räkeln sich. Die Fenster staunen.
Die Luft ist weich, als wäre sie aus …

[…]

Man sollte wieder mal spazieren gehn.
Die Menschen lächeln, bis sie sich …
Das Blau und Grün und Rot war ganz verblichen.
Der Lenz ist da! Die Welt wird frisch …

[…]

1 Ergänzt in den Gedichtstrophen die fehlenden Reimwörter und bestimmt das Reimschema.

2 In dieser Version des Gedichts stehen die Verse innerhalb der Strophen nicht in der richtigen Reihenfolge. Probiert für die beiden Strophen andere Reimschemata aus, benennt sie und begründet eure Lösung.

3 Schreibt alle sprachlichen Bilder und Personifikationen aus dem Gedicht heraus und erklärt sie:
- Was wird wodurch personifiziert?
- Welche realen Erscheinungen sind gemeint?

4. Gedichte auswendig lernen

erst zwei Verse lernen, dann vier, dann sechs Verse lernen

sich den Inhalt als eine Abfolge von Bildern – wie einen Weg – vorstellen

eine Strophe abschreiben, dabei den Text sprechen

Stellen, die nicht sicher sind, mehrmals hintereinander langsam und laut sprechen

erst die bekannten Strophen wiederholen, dann eine neue lernen

Pausen einfügen

das Gedicht zur Kontrolle aufnehmen

auf den Inhalt achten und die richtigen Stellen betonen

langsam sprechen

vor dem Spiegel laut aufsagen – sich dabei ansehen und nicht lachen

das Gedicht mehrmals halblaut lesen

mehrmals wiederholen: erst eine Strophe, dann zwei, dann drei zusammen

die Strophen auf mehrere Tage verteilen

die Augen schließen und die Strophen laut aufsagen

den Sinn des Gedichts verstehen

sich auf den Inhalt konzentrieren

am letzten Tag nur noch wiederholen

1 Jeder Mensch lernt anders. Lest die Tipps und findet euren eigenen Weg um Gedichte auswendig zu lernen:

- Sucht euch die Ratschläge heraus, die euch sinnvoll erscheinen, und schreibt sie auf Karten.
- Ordnet sie in der Reihenfolge, wie ihr vorgehen würdet.
- Klebt die Karten auf einen Bogen Papier. Die wichtigsten Ratschläge könnt ihr mit Bildern illustrieren oder durch die Schriftgestaltung besonders hervorheben.
- Probiert eure Ratschläge aus, z.B. an dem Gedicht von Britting (S. 132).

Projekt

2 Gestaltet einen Elternabend, an dem ihr Gedichte vortragt und aufführt: Ihr könnt sie ausdrucksstark vorlesen, auswendig vortragen, als Pantomime darstellen, maskiert spielen, mit Geräuschen unterlegen und dabei auch Lichteffekte einsetzen.

Medien

In dieser Einheit könnt ihr lernen,

welche Rolle Medien – nicht nur – in unserer Freizeit spielen

- warum uns Bücher, Filme, Computerspiele, … so faszinieren können
- wie ihr euren Umgang mit Medien und euer Freizeitverhalten bewusster wahrnehmt
- was ihr über Medien wissen solltet
- was Texte von Bildern und Bilder von Filmen unterscheidet

was die Welt der Bücher alles zu bieten hat

- dass auch Bücher sich Leser auswählen und nicht nur umgekehrt
- wie ihr erkennt, ob ein Buch euch interessieren könnte
- wie ihr euch mehr Informationen zu Büchern verschaffen könnt
- wo ihr überall Büchern begegnen könnt

Medien
Bilder und Bücher lesen

Quint Buchholz: Ausblick

Quint Buchholz: Der Mann auf der Leiter

Quint Buchholz: Ein Morgen im November

1 Tauscht euren ersten Eindruck von den Bildern aus.

2 Betrachtet die drei Bilder genau und klärt gemeinsam, was an ihnen jeweils seltsam ist. Dabei können euch die folgenden Fragen helfen:

Bild: Der Mann auf der Leiter
- Wo kommt der Mann im Bild her und wo blickt er hin?
- Worin unterscheiden sich die Welt in dem Buch und die Welt außerhalb des Buches?
- Wird der Mann eurer Meinung nach in das Buch zurückkehren oder wird er aus dem Buch hinaus in die Welt steigen?

Bild: Ausblick
- Worin besteht die Gemeinsamkeit von Fenster und Fernseher?
- Wo würdet ihr lieber hinblicken, wenn ihr in diesem Raum wäret: aus dem Fenster hinaus oder in den Fernseher hinein?

Bild: Ein Morgen im November
- Was haben ein Buch und ein Vogel gemeinsam?
- Wo kommt der fliegende Mann wohl her und wo fliegt er hin?

1. Freizeit und Medien

Wie Medien wirken

Friedrich Kabermann: Moira

Stefan Winter ist an seinem 12. Geburtstag, einem besonders kalten Winterabend, alleine zu Hause, seine Freunde sind zur Feier seines Geburtstags in das Eiscafé „Happy End" von Herrn Ziffernelli gegangen.

Er schaltete den Fernseher ein und warf sich aufs Bett. Wie in einer Schiffskoje kam er sich vor, der Sturm heulte in den Wanten, die Brecher stürzten über Bord – es musste hoher Seegang sein: Tisch und Stühle tanzten auf und nieder, die Wände drehten sich im Kreis.

Über die Mattscheibe flimmerte ein Film, der von Lappland handelte; endlose Rentierherden zogen über das weiße Land.

„Das ewige Weiß ist es, das mich krank macht", flüsterte er und versuchte sich abzulenken, indem er an die Freunde dachte, die im „Happy End" bei Ziffernelli saßen. Alles sah er genau vor sich, bis in die Einzelheiten hinein – ja, er war selber mit von der Partie: Da hockte Alfredo wie immer an der Theke, trug wie immer Jeans und ein rotes T-Shirt und kaute Gummibärchen.

Viel war nicht los, nur im hinteren Raum, dort, wo die Spieltische mit den eingebauten Bildschirmen standen, hörte man laute Musik; dazwischen die elektro-

Moira:
in der griechischen Mythologie das Schicksal, dem die Götter und Menschen unterworfen sind

Want:
starkes Stütztau

nischen Signale, mit denen die Automaten die Volltreffer registrierten. Man sah bunte Explosionen auf der Mattscheibe, wenn ein Raumkreuzer oder eine galaktische Station getroffen worden war. Es hörte sich an, wie wenn Seifenblasen zerplatzten; ein kaum hörbares, doch unangenehmes Geräusch. [...]

Er langweilte sich, aber es war noch etwas anderes als Langeweile. Er fror, fühlte sich allein und fragte sich, warum das alles so sein müsse.

Ihm war, als kenne er das, was um ihn geschah, schon seit tausend Jahren, und als würde in tausend Jahren noch immer alles beim Alten sein.

„Wenn das wahr wäre, müsste ich selber schon tausend Jahre alt sein", brummte er missmutig und schlenderte durch den Hinterraum zum Flur, wo die Toiletten lagen.

Hier war es fast dunkel. Nur am Ende des kleinen Gangs fiel ein Lichtstreifen durch eine angelehnte Tür. Als Stefan einen Blick in den Raum warf, glaubte er, seinen Augen nicht zu trauen: Eine der Wände war über und über mit Monitoren bestückt, auf denen man die Theke und die Spielräume des Eiscafés von den verschiedensten Seiten beobachten konnte. Die Bilder wechselten ständig, ohne dass ein Ton zu hören war. Offenbar befand sich niemand im Zimmer.

Als er die Tür vorsichtig aufdrückte, konnte er ein Bett und daneben einen Schreibtisch sowie mehrere Sessel erkennen. In einem Spiegel sah er, dass auch in der gegenüberliegenden Wand ein Dutzend Sichtschirme eingebaut war, auf denen der Marktplatz, das Gymnasium und die Michaeliskirche zu erkennen waren. Vom Baugelände der neuen Universität wurden auf verschiedenen Geräten mehrere Bilder gleichzeitig übertragen. Stefan konnte die Verwaltungstürme und das Gerippe des Sportzentrums trotz des dichten Schneetreibens genau ausmachen.

Plötzlich schnappte hinter ihm eine Tür, das Licht ging auf dem Flur an, und Ziffernelli kam in einem weißen Kittel auf Stefan zu, dick und rund, mit schlaffen Hängebacken. Er hatte blassgraue Fischaugen, die nass und kalt glänzten.

„Ah, unser Spion", lachte er. „Willst du ein Eis?"

Ehe Stefan die Sprache wiederfand, hatte ihn Ziffernelli ins Zimmer geschoben und aus einer Gefriertruhe zwei Eiswaffeln hervorgeholt. Dann drückte er ihn in einen Sessel und schloss die Tür.

„Ein teures Hobby", seufzte er, ließ sich aufs Bett fallen und deutete mit weit ausholender Armbewegung auf die Bildschirme, die von einem großen Mischpult aus mit Knöpfen, Schaltern und Schiebereglern bedient werden konnten.

„Andere sind Funker oder segeln mit einer Yacht übers Meer – ich bin Observator, falls du dir darunter etwas vorstellen kannst, Beobachter, ich beobachte alles, was es gibt: Menschen, Tiere, Pflanzen, Jahreszeiten, politische Entwicklungen – die neue Eiszeit, hochinteressant, bald fressen sich die Leute gegenseitig auf." Er lachte breit auf und schob sich die zweite Hälfte der Eiswaffel mit einem Ruck in den Mund. „Sinn hat das Ganze nicht, man kann nichts damit anfangen." [...]

Er hatte an einem der Knöpfe gedreht und die Schieberegler bewegt – entsetzt sah Stefan, wie sich die vielen kleinen Monitore zu einem einzigen Riesenschirm vereinten, der nun die gesamte Wand einnahm. Das Bild zeigte sein Zimmer genau in der Größe, wie es in Wirklichkeit war. Jetzt sah er auch sich selbst: Er saß auf seinem Bett und sah fern.

„Ich bin also in Wirklichkeit zu Hause und träume nur“, sagte er laut, um sich Mut zu machen. „Gleich wache ich auf und alles ist gut.“ Er wollte aufspringen, den Fernseher ausschalten, der noch immer auf dem Geschenketisch lief und in „Kampf um Rom“ weiterlesen, doch er konnte sich nicht bewegen. Nicht einmal den Kopf vermochte er zu drehen, um nach Fips, dem weißen Affen, zu schauen.
„Gleich ist der Traum vorbei, und ich wache auf!“, rief er sich selber zu. „Dann stehe ich auf und sehe nach, ob die Eltern zurückgekommen sind [...]!“

„Ein Kampf um Rom“: Historischer Roman von Felix Dahn

1 Stefan hat das Gefühl, dass mit der Welt um ihn herum etwas nicht in Ordnung ist.
- Klärt möglichst genau, was ihn stört.
- Diskutiert, ob Stefan mit diesem Gefühl Recht hat.

2 Beschreibt, was Stefan erlebt und was an diesem Erlebnis unheimlich und beklemmend ist.

3 Stefan langweilt sich zu Beginn des Romanausschnitts.
- Welche verschiedenen Möglichkeiten werden in dem Text genannt, mit denen er sich die Zeit vertreiben könnte?
- Welche der Möglichkeiten würdet ihr wählen? Begründet eure Wahl.

4 Überlegt, ob es euch schon einmal so ähnlich wie Stefan am Ende des Textausschnittes ergangen ist, als ihr etwa einen Film im Fernsehen oder im Kino angeschaut, ein Buch gelesen oder ein Computerspiel gespielt habt. Wie habt ihr euch dabei gefühlt?

Wie wir mit Medien unsere Freizeit gestalten

1 Überlegt einmal, wie ihr eure Freizeit gestaltet, und fertigt dazu euren persönlichen „Freizeitplan" an. Dazu sollt ihr die folgende Tabelle in euer Heft übertragen und dann für die vergangene Woche möglichst genau ausfüllen.

Mein Freizeitplan

Freizeit-beschäftigung	Genauere Beschreibung	Wie oft pro Woche?	Dauer der Beschäftigung
Eislauf	Training	zweimal	2 Stunden
Fernsehen	zur Erholung, Entspannung nach den Hausaufgaben	täglich	1 Stunde
...	...	...	...

Arbeitstechnik
Mindmap
Seite 8

2 Bildet Gruppen, in denen ihr eure Freizeitbeschäftigungen zusammentragt.
- Versucht, die unterschiedlichen Freizeitbeschäftigungen sinnvoll in verschiedene Gruppen einzuteilen.
- Fasst sie in einer Mindmap zusammen.

Ihr könnt euch an dieser Mindmap orientieren:

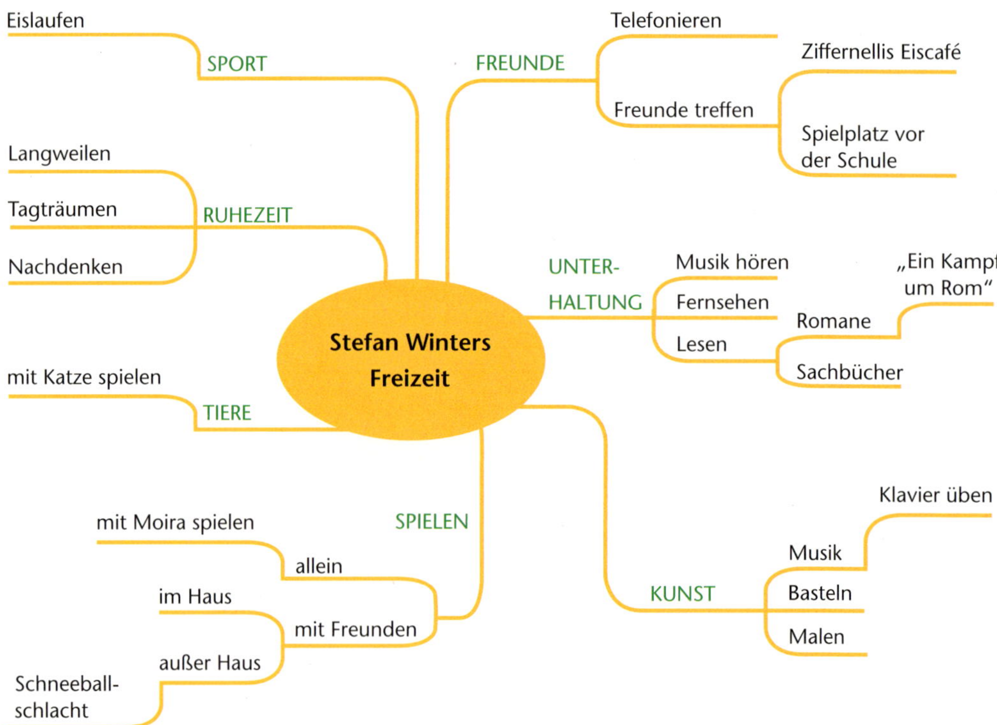

3 Wertet eure Mindmap in der Gruppe aus:
- Markiert mit einer ersten Farbe die Freizeitbeschäftigungen, die nur auf einen oder zwei von euch zutreffen.
- Markiert mit einer anderen Farbe diejenigen, die auf alle zutreffen.
- Überlegt, ob es Freizeitbeschäftigungen gibt, die zu verschiedenen Ästen passen.
- Überlegt, für welche Freizeitbeschäftigungen ganz besondere Fähigkeiten erforderlich sind und für welche nicht.
- Überlegt, ob es Freizeitbeschäftigungen gibt, die „typisch für Mädchen" oder „typisch für Jungen" sind.

4 Erstellt in der Gruppe eine „Hitliste" eurer liebsten Freizeitbeschäftigungen. Einigt euch auf höchstens acht Arten der Beschäftigung und bringt sie in eine Rangfolge. Denkt dabei darüber nach,
- welche euch besonders viel Freude machen,
- welche euch besonders sinnvoll erscheinen.

5 Stellt eure Mindmaps und die Ergebnisse eurer Auswertung in der Klasse vor.

6 Führt in eurer Klasse eine Umfrage darüber durch, wie häufig einzelne Freizeitbeschäftigungen ausgeübt werden. Geht so vor:
- Wählt 10 Freizeitbeschäftigungen aus und notiert sie an der Tafel.
- Notiert dahinter, wie viele von euch diese Beschäftigung jeden Tag oder fast jeden Tag ausüben.
- Sortiert die Freizeitbeschäftigungen nach der Häufigkeit.

7 Vergleicht eure Ergebnisse mit der folgenden Grafik.
- Klärt zunächst, wie die Grafik zu lesen ist.
- Vergleicht die Reihenfolge der Freizeitbeschäftigungen.
- Untersucht, ob einzelne Tätigkeiten in eurer Klasse deutlich häufiger oder weniger häufig ausgeübt werden.

Freizeitverhalten Jugendlicher zwischen 11 und 13 Jahren (1999/2000)

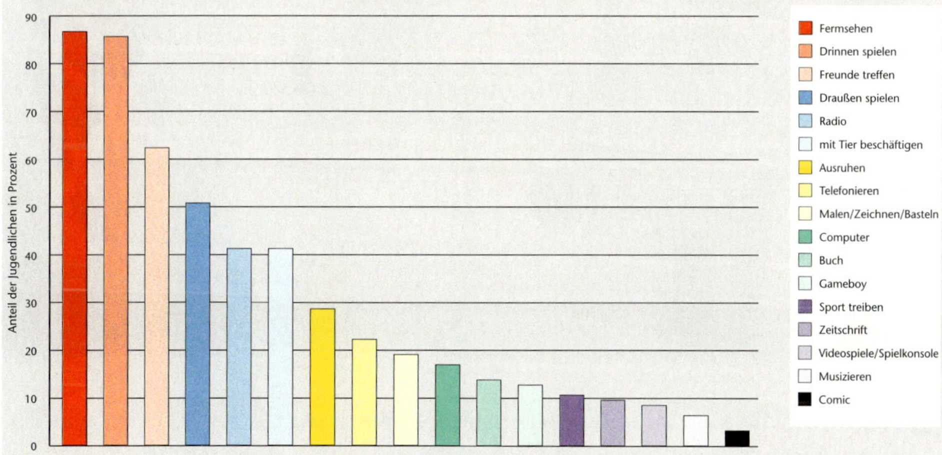

Was man über Medien wissen kann

1 Betrachtet diesen Ast einer Mindmap.
- Habt ihr die hier genannten Beschäftigungen in euren Mindmaps ein und demselben Ast oder verschiedenen Ästen zugeordnet?
- Überlegt, ob eine solche Zusammenfassung der Beschäftigungen sinnvoll ist.

2 Überlegt, wie man den Ast beschriften könnte.

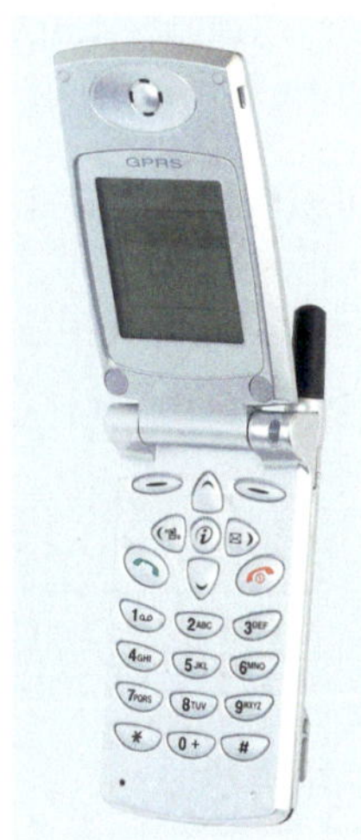

3 Kennt ihr die abgebildeten Gegenstände? Benennt sie und erklärt, was ihr darüber wisst.

4 Man nennt die unterschiedlichen Mittel, mit denen Menschen in Verbindung zueinander treten oder Informationen vermittelt werden, **Medien**. Informiert euch in Gruppen über einzelne Medien genauer. Natürlich könnt ihr auch andere als die hier abgebildeten wählen. Versucht zum Beispiel herauszufinden,
- wie lange es ein bestimmtes Medium schon gibt,
- wie es technisch funktioniert,
- von wem es wie benutzt wird,
- …

5 Fasst eure Ergebnisse in den Gruppen auf Plakaten zusammen und stellt sie euch in der Klasse gegenseitig vor.

Coole Helden.

In diesen Spielen ist alles drin, was gegen Langeweile hilft: Abenteuer, Action, Rätsel und viel Comic-Spaß

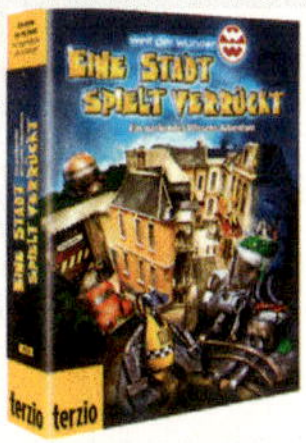

Eine Stadt spielt verrückt
Wissensadventure für PC und Mac
In der Stadt herrscht der Ausnahmezustand. Irgendein Miesling hat das Trinkwasser verunreinigt und viele Bewohner sind krank. Um den Übeltäter zu entlarven schlüpft der Spieler in die Rolle des Top-Agenten Benji. Der muss im Polizeipräsidium, bei der Feuerwache, dem Wasserwerk oder beim Arzt mit Geduld und strategischem Denken wichtige Hinweise entdecken und sammelt unterwegs wertvolle Hinweise für die Rettung der Stadt ein. **Terzio, ca. 29 Euro**

Spiderman
– The Movie Classics
ActionXbox
Der Superheld Spiderman ist im ewigen Kampf gegen das Böse. Wichtig sind dabei vor allem seine Netzdüsen, mit denen er in diesem Spiel seine Feinde blitzschnell verschnüren kann. Bei den insgesamt 23 Missionen über den Dächern New Yorks ist die ganze Geschicklichkeit und Wendigkeit des Spinnenmannes gefragt. Ganz anders sieht es bei seinen Aktionen im Inneren von Gebäuden aus. Hier muss die Spinne all ihre Schleichfähigkeiten zeigen. **Activision, ca. 30 Euro**

Rayman 3
Jump'n'Run für GameCube, GameBoy Advance, Xbox, PlayStation 2 und PC
Eine neue Mission für den kleinen Kulthelden Rayman. Er sucht nach Globox, der den fiesen Anführer der dunklen Lums verschluckt hat und nun verschwunden ist. Bis Rayman seinen Freund findet, muss er die dunklen Sümpfe der Hexe Begonia überwinden, die Hoodlums besiegen und sich mit dem Piraten Jano herumärgern. Dazu stehen Rayman allerdings starke Spezialkräfte zur Verfügung.
Ubi Soft, Game Cube, ca. 60 Euro; GBA, ca. 50 Euro; PS 2 und Xbox, ca. 45 Euro; PC, ca. 30 Euro

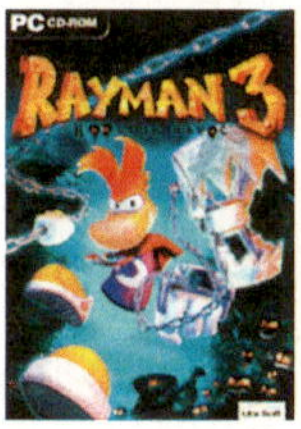

Jinx
Abenteuer für PlayStation 1
Von seinem berühmten Vater, dem Zauberer Malmoglio, hat Jinx leider nur wenig gelernt. Deshalb landet der gescheiterte Zauberlehrling als Hofnarr am Palast des Königs. Und hier muss er das Abenteuer seines Lebens bestehen. Denn ein Fluch verwandelt den Planeten Ploog in ein Labyrinth aus Fallen und kniffligen Rätseln. Jinx will nun in 19 Leveln das Chaos beseitigen. **Sony, ca. 30 Euro**

1 Erzählt von euren Erfahrungen mit Computerspielen. Besprecht,
- ob ihr verschiedene Arten von Computerspielen unterscheiden könnt,
- welche Art von Computerspielen ihr bevorzugt.

2 Tauscht eure Meinung über die auf S. 145 abgebildete Seite einer Zeitschrift aus:
- Interessiert sie euch?
- Handelt es sich in euren Augen um Information oder Werbung?

3 Entscheidet, welches der beschriebenen Spiele euch am besten gefällt. Begründet eure Meinung.

4 Untersucht, welche Fähigkeiten (Denkvermögen, Geschicklichkeit, Reaktionszeiten, ...) für die verschiedenen Computerspiele notwendig sind. Überlegt, wie man sie trainieren kann.

5 Besprecht, wie ihr mit Gewalt in solchen Spielen umgeht:
- Untersucht, ob bei den hier beschriebenen Spielen Gewalt vorkommt.
- Berichtet von anderen Spielen, die ihr kennt und bei denen Gewalt eine größere Rolle spielt.
- Tauscht euch darüber aus, wo für euch bei solchen Spielen die Grenze zur Brutalität überschritten ist.

6 Ihr könnt euch auf ähnliche Weise auch über eure Erfahrungen mit anderen Medien austauschen, zum Beispiel mit Kino, mit Musikmedien, mit Zeitschriften ... Bildet Gruppen:
- Entscheidet, über welches Medium ihr sprechen möchtet.
- Notiert Fragen zur Benutzung des Mediums, die ihr den anderen stellen wollt.
- Notiert Fragen, über die ihr mit den anderen diskutieren wollt.

Kino
- Welche Filme habt ihr zuletzt gesehen?
- Habt ihr einen Lieblingsfilm?
- ...

- Findet ihr es richtig, dass man manche Filme erst ab einem bestimmten Alter sehen darf?
- Wie findet ihr es, wenn Bücher verfilmt werden?
- ...

Radio und CDs
- Welche Musik mögt ihr am liebsten?
- Wann hört ihr Musik?
- ...

- ...

Zeitungen und Zeitschriften
- Welche Zeitschriften lest ihr?
- Lest ihr auch in Zeitungen?
- ...

- Soll die Werbung in Zeitschriften wegfallen?
- ...

Gespräche führen
Seite 39f.

7 Führt eure Gespräche in der Klasse.

Eine Geschichte in unterschiedlichen Medien

David Kirschner: Der Herr der Worte

Richie, ein zehnjähriger Junge, verbringt seine Tage in ständiger Angst vor den Gefahren des Lebens, vor Unfällen, Erdbeben oder Krankheiten. Weil er immer auf der Hut ist, hat er keine richtigen Freunde und wenig Freude am Leben. Eines Tages, als er gerade mit seinem Fahrrad eine Besorgung macht, bricht ein Unwetter los und er muss Zuflucht suchen in der großen, alten Bibliothek seiner Heimatstadt.

Da zuckte schon der nächste Blitz am Himmel. Richie schaute zu der großen Bronzestatue empor, die den Gründungsvater der Stadt darstellte. Die riesige Metallfigur deutete auf ein großes steinernes Gebäude am Ende des Parks. Richie beschloss diesem Fingerzeig nachzugehen. Er rappelte sich hoch, ließ Fahrrad und Helm zurück und rannte, so schnell ihn seine Beine trugen, zu dem Haus.
Es war ein imposantes Gebäude, dessen Marmorsäulen an der Vorderfront an immense Sandholzbäume erinnerten. Marmorstufen führten zu einer mächtigen Tür aus Eichenholz empor, und der Eingang wurde von zwei grimmig dreinschauenden Löwenstatuen bewacht.
Richie stürmte die Treppe hinauf und versuchte den wilden Löwen nicht in die Augen zu schauen. Er zog die schwere Eichentür auf und trat ein. Die Tür fiel wieder zu und schob Richie noch ein Stück weiter voran. Obwohl er nun von völliger Dunkelheit umgeben war, spürte Richie, dass er sich in einem riesengroßen, höhlenartigen Raum befand. Kaum auszudenken, was hier alles an Gefahren auf ihn lauern konnte. Blut saugende Fledermäuse? Menschen fressende Monster? Giftige Schlangen? Oder vielleicht eine Krypta, in der Mumien bestattet waren?
Er geriet in Panik und wollte nur noch raus, doch als er sich dem Ausgang zuwendete, spiegelte sich plötzlich auf dem dunklen Boden ein langes lichterfülltes Rechteck wider. Es rührte von einer geöffneten Tür her, in der eine abscheuliche schwarze Gestalt stand. Ganz unvermittelt machte die Kreatur einen Satz auf Richie zu. Dabei grunzte sie und atmete schwer.
Richie versuchte wegzulaufen, rutschte aber mit seinen nassen Turnschuhen auf dem glatten Boden aus. Er prallte rückwärts gegen die Wand. Es gab kein Entrinnen mehr. Richie schloss die Augen und wartete auf das Ende.
Dann hörte er die Stimme eines Mannes durch die Dunkelheit hallen. „Ganz schönes Gewitter da draußen." Richie öffnete zuerst ein Auge, dann auch das andere. Die gruselige Gestalt im Lichterschein entpuppte sich als harmloser alter Mann mit einem Stapel Bücher unter dem Arm. [...] „Willkommen in der Bibliothek, junger Freund."

imposant: eindrucksvoll, großartig

immens: unermesslich groß, riesig

Krypta: Gruft, unterirdischer Kirchenraum

1 Tauscht euch darüber aus, wie Richie sich vor und in der Bibliothek fühlt.

2 Malt zwei Bilder:
- Richie vor der Bibliothek
- Richie in der Bibliothek

In dem Buch „Der Herr der Worte“ finden sich auch Bilder, so genannte Illustrationen, die den Text veranschaulichen. Das Buch wurde außerdem unter dem Namen „The Pagemaster“ verfilmt. Hier seht ihr die Bilder zu der oben abgedruckten Textstelle.

1

2

3

4

5

6

7

8

9

1 Bestimmt, welche Bilder Illustrationen und welche aus dem Film sind.

2 Gebt genau an, welche Stellen aus dem Text jeweils dargestellt werden.

3 Schaut euch die Bilder genau an:
- Wie ist die Stimmung der einzelnen Bilder und wodurch wird diese Stimmung hervorgerufen?
- Was fühlt Richie wohl in den Bildern, die sein Gesicht zeigen? Begründet.

4 Beschreibt, worin sich die verschiedenen Gestaltungen desselben Stoffes – Roman, Illustration oder Film – unterscheiden.

5 Welche Gestaltung findet ihr am eindrucksvollsten? Begründet eure Meinung.

6 Diskutiert, ob es Textstellen gibt, die sich nicht einfach in Bilder umsetzen lassen. Lest hierzu den Text noch einmal genau.

7 Richie trifft in der Bibliothek auf Mr. Dewey, den Bibliothekar, der sich über den Besucher freut und ihm Abenteuerromane, Spukgeschichten und fantastische Erzählungen aufdrängen will. Als Richie jedoch nur nach einem öffentlichen Telefon fragt, um seine Eltern verständigen zu können, scheint er enttäuscht und erklärt ihm den Weg durch die riesige, dunkle Bibliothek. Auf diesem Weg erlebt Richie viele fantastische Abenteuer, bei denen er immer wieder seine Angst vor der Welt überwinden und seinen Mut und seine Geschicklichkeit unter Beweis stellen muss. Denn er trifft auf die berühmtesten Helden, Schurken und Monster aus der Welt der Bücher. Die Bücher, die seinen Weg kreuzen, sind z. B. *Doktor Jekyll und Mister Hyde*, *Frankenstein*, *Alice im Wunderland*, *Moby Dick* oder *Die Schatzinsel*.

- Bildet Gruppen, in denen ihr euch über jeweils eines der Bücher informiert.
- Überlegt, was für Abenteuer Richie mit den Figuren aus den Büchern erleben könnte.
- Stellt die Bücher in der Klasse vor.

8 Projekt „Computerspiel“:
Stellt euch vor, eure Klasse wäre ein Produktionsteam für Computerspiele. Ihr sollt gemeinsam in Arbeitsgruppen ein Computerspiel *Richie in der Welt der Bücher* produzieren.

Projekt

- Jede Gruppe wählt ein spannendes Buch aus, das alle Gruppenmitglieder kennen, und entwirft dazu ein „adventure“, bei dem Richie den Figuren aus dem Buch begegnet und durch Mut, Grips und Geschicklichkeit ein Abenteuer bestehen muss. Gelingt ihm das, erwirbt Richie sich eine bestimmte Anzahl an Punkten (z. B. durch die richtige Beantwortung von Fragen).
- Haltet euer „adventure“ auf einem Plakat fest, das alle Informationen zu dem Abenteuer enthält und auch ansprechend gestaltet ist.
- Stellt euch eure Plakate in der Klasse gegenseitig vor.
- Bringt die Plakate in eine sinnvolle Reihenfolge, die eine Geschichte ergibt: Das ist dann der Weg durch die Bibliothek, den Richie zurücklegen muss. Hat Richie nach Durchlaufen aller Abenteuerwelten eine bestimmte Anzahl an Punkten erreicht, darf er in seine, die echte Welt zurückkehren, ansonsten bleibt er für immer in der Welt der Bücher gefangen.

Der Herr der Worte (Fortsetzung)

Am Ende seiner Reise durch die Welt der Bücher, deren gefahrvolle Abenteuer Richie mit Hilfe seiner drei Bücher-Freunde Abenteuer, Grusel und Fantasie bestehen konnte, trifft er auf den „Herrn aller Bücher", den Pagemaster:

„Heh! Wie kommen Sie denn hierher?" Richie war nicht allzu erfreut, den Herrn der Worte wiederzusehen.
„Na, na. Weißt du denn nicht, wer da vor uns steht?" Fantasie legte ihre Hand auf Richies Schulter, um ihn zum Schweigen zu bringen.
„Na klar, weiß ich, wer das ist. Der Typ hat mir den ganzen Schlamassel eingebrockt! Schaut mich doch nur mal an", ereiferte sich Richie und deutete auf seine zerfetzten schmutzigen Kleider. „Können Sie sich überhaupt vorstellen, was ich alles durchgemacht habe?"
„Erzähl's mir." Der Herr aller Bücher schien sehr interessiert.
Richie sammelte seine Gedanken. „Ja ... beinahe wäre ich von einem verrückten Arzt in Stücke gerissen worden. Ein Haufen dreckiger Piraten hat mich als Sklaven genommen und, ob Sie's glauben oder nicht, ich bin sogar von einem feuerspeienden Drachen verschlungen worden. Ganz zu schweigen davon, dass ich mich fast zu Tode gestürzt, gequetscht und geängstigt habe!"
„Aber du stehst doch ganz lebendig vor mir." Der ruhige Blick des großen Pagemasters ließ Richies Zorn langsam dahinschwinden.
„Nun ... ja."
Grusel kniete vor dem Pagemaster nieder, um für seinen respektlosen Freund Gnade zu erflehen. „Das meint er alles gar nicht so, mein Herr der Worte. Er meint's nicht so."
„Unsinn! Der Junge hat Recht. Ich habe ihn mit Absicht durch die Romanabteilung geschickt."
„Dann geben Sie es also zu?" Richie fühlte sich bestätigt.
„Natürlich! ... Denk doch mal nach, Junge! Was für Abenteuer hättest du erlebt, wenn ich dich mit einmal Umblättern hierher gebracht hätte?" Er ließ seinen Stab über die Kristallkuppel gleiten. Ein geisterhaftes Bild von Mr. Hyde tauchte in dem Lichternebel auf und verwandelte sich plötzlich in Dr. Jekyll. Der zog vor Richard den Hut und sagte: „Du hast das Böse besiegt."
Dann erschienen noch weitere Bilder in dem Lichtermeer – Kapitän Ahab und Long John Silver. Ahab zeigte mit dem Finger auf Richie: „Du hast Moby Dick in die Augen geschaut, Junge!"
Long John Silver blickte Richie an und zwinkerte ihm zu: „Hast das Zeug zu 'nem echten Piraten, Junge." Er legte seine große Hand auf sein Entermesser. „Und lass dir von niemand was anderes erzählen."
Dann richtete der Pagemaster seinen Stab auf Richie. „Wenn ich dich gleich zu Anfang hierher gebracht hätte, hättest du niemals den Mut gefunden, dich deinen Ängsten zu stellen."
Richie schnappte nach Luft, als zwischen den Lichtern plötzlich der Drache auftauchte. Ein nebliger Feuerstrahl schoss aus seinem Maul, und schon verblasste

das Ungetüm wieder wie die anderen Bilder auch. „Und dadurch hast du deine Ängste besiegt und wirst auch immer Sieger bleiben."
Richie fühlte sich gut. Stolz. Nahezu unbesiegbar. Fantasie goss einen Glorienschein aus Feenstaub um seinen Kopf.
[...]
„Ich bin jetzt bereit, zurückzukehren – ich meine, wir sind bereit." Richie zog Abenteuer, Grusel und Fantasie zu sich heran.
„Deine Welt erwartet dich." Der Herr aller Bücher schwenkte seinen Stab. Da fegte plötzlich ein Wirbelwind über die Kuppel und zog Richie und die Bücher in einen Strudel aus spiralförmigem Licht. [...] Vom Mittelpunkt des Daches senkte sich eine Säule aus glänzenden Farben bis zum Boden hinab und nahm Richie und die Bücher mit.

1 Klärt, was mit Richie in der Bibliothek vorgegangen ist:
- Beschreibt, was sich verändert hat.
- Erklärt, warum Richie sich verändert hat.

2 Diskutiert,
- ob man durch Bücher wirklich so wichtige Dinge lernen kann,
- ob Bilder oder Filme die gleiche Wirkung haben können.

Freizeit und Medien

Wissen

Versteht man unter Medium ein „Mittel zur Informationsübertragung" oder einen „Informationsträger", so hat es Medien schon seit Anbeginn der Menschheit gegeben.

Wichtig für uns heute sind vor allem die so genannten Massenmedien, die von sehr vielen Menschen genutzt werden, wie Bücher, Zeitungen, Zeitschriften (auch „Printmedien" genannt, von Englisch „to print" = drucken), und die Medien Rundfunk und Fernsehen.

Erst durch neue Entwicklungen im Bereich der elektronischen Speicherung und Übermittlung von Information ist es möglich geworden, praktisch alle nur denkbaren Informationen zu jeder Zeit abzurufen. Dazu benötigt man ausgefeilte technische Hilfsmittel wie den Computer. Diese Medien nennt man häufig Neue Medien.

Die meisten Menschen nutzen Medien zur Information (z. B. Zeitung, Internet, CD-ROM) und Unterhaltung (z. B. Computerspiele, Fernsehen, Musikhören). Aber auch um sich mit anderen Menschen auszutauschen (E-Mail, Chatrooms, Brief, Telefon), zu lernen (z. B. Lernprogramme), und selbst zum Einkaufen (E-Commerce) werden Medien genutzt.

2. Die Welt der Bücher

Wie man sich Büchern vorstellt

Quint Buchholz: Der Gruß

1 Was könnte der Mann in dem Bild oben sagen? Schreibt die Ansprache in euer Heft, die er seinem seltsamen Gesprächspartner gegenüber gerade halten könnte.

2 Stellt euch vor, ihr wolltet ein Buch unbedingt besitzen, das es nur ein einziges Mal auf der Welt gibt. Ihr müsstet den „Herrn der Worte" davon überzeugen, dass ihr – und nur ihr – ein Recht auf das Buch habt, da ihr genau die richtige Leserin/der richtige Leser für das Buch seid.

- Wählt ein Buch aus, z. B. euer Lieblingsbuch, und überlegt, was ihr für Gründe nennen könntet, dass der „Herr der Worte" es gerade euch geben sollte. Notiert euch diese Gründe.
- Tragt eine kleine Rede an den „Herrn der Worte" vor, mit der ihr diesen überzeugen könnt.

Wie sich Bücher vorstellen

David Kirschner: Der Herr der Worte (Fortsetzung)

Da löste sich die Leiter von der Bücherwand und fiel zur anderen Seite hinüber.
„Whuuuuuuaaaaaah!" Richie krachte in die gegenüberliegende Bücherwand. Vergeblich versuchte er, sich an der Leiter festzuklammern. Er konnte nur noch ein Buch erhaschen, das sofort aus dem Regal herausglitt. Richie stürzte mitsamt dem Buch in die Tiefe, doch bevor sie auf dem Boden aufschlugen, hatte Richie plötzlich das Gefühl, durch die Luft zu schweben. Das Buch, an dem er sich festhielt, hatte Flügel bekommen und ließ ihn ganz sanft abwärts gleiten.
Das Buch sah nicht gerade glücklich aus. Richie presste ihm mit seiner Hand den Mund zu, da konnte es fluchen und drohen, so viel es wollte. Um seinen Protest kundzutun, schüttelte das Buch seine kleinen Fäuste und strampelte mit seinen zierlichen Füßchen, die in Glasschuhen steckten.
Richie ließ los. Das Buch japste ein paar Mal, um Luft zu holen. Dann fing es an zu schimpfen: „Wie kommst du dazu, mich einfach so aus dem Regal zu reißen!"
Richie schaute hoch. Genau über ihm schwebte ein wutentbranntes Märchenbuch, komplett mit Zauberstab, Krone und Feenstaub. Auf dem seidenen Einband war in glitzernden Buchstaben der Name zu lesen: FANTASIE. „I-ich wollte nur …", stammelte Richie.
„Das soll glauben, wer will." Fantasie flatterte zu Boden. Sie zupfte ihre zerknitterte Pumphose zurecht und strich ihre Kleider glatt.
Richie schaute ihr verwundert zu. „Wer sind Sie?"
„Was glaubst du – die Zahnfee vielleicht?"
„Nun …"
„Spar dir deine Antwort", befahl sie. Sie benutzte ihren Zauberstab als Zeichenstift und schrieb ihren Namen mit Feenstaub in die Luft.
„Fan-ta-sie", las Richie laut.
„Oh, du kannst lesen. Wie erfreulich." […] Sie schaute zu Boden und sah Richies Bibliothekskarte dort liegen. „Was haben wir denn da?" Sie hob die Karte auf und betrachtete sie eingehend. „Eine Bibliothekskarte! So was habe ich schon seit … na ja, seit ewig langer Zeit nicht mehr zu Gesicht bekommen."

1 Beschreibt, auf welche Weise das Buch sich Richie vorstellt.

2 Richie fragt in dem Textausschnitt „Fantasie", wer sie sei.
- Woran hätte er auch ohne Vorstellung erkennen können, um was für ein Buch es sich handelt?
- Sammelt alle Eigenschaften von „Fantasie", die für ein Märchenbuch charakteristisch sind.

3 Wenn ihr den Text noch einmal genau lest, könnt ihr sicher erahnen, warum Fantasie trotz ihres anfänglichen Ärgers froh darüber sein könnte, Richie getroffen zu haben.

4 Stellt euch vor, ihr streift in der Bibliothek oder in der Buchhandlung auf der Suche nach einem interessanten Buch an den Regalen entlang: Welche Elemente eines Buches sind es, die eure Wahl beeinflussen?

5 Betrachtet die Bücherreihe.
- Welche der abgebildeten Bücher kennt ihr?
- Welches würde euch interessieren? Begründet eure Meinung.
- Was könnt ihr allein aus den Buchrücken schon über die einzelnen Bücher aussagen?

6 Überlegt, wie ihr die Bücher im Regal ordnen würdet. Begründet eure Meinung.

7 Betrachtet das Cover (Titelbild) des Buchs von Jostein Gaarder:
- Beschreibt das Bild, das dort zu sehen ist, genau. Überlegt, wie die Welt im Buch und die Welt außerhalb des Buchs zusammenhängen.
- Was könnt ihr aus dem Bild und der Gestaltung des Buchs von Gaarder über dessen Inhalt schließen? Achtet auch auf die Schrift.

Ein Brief mit einer mysteriösen Nachricht, eine unheimliche Frau, die plötzlich überall auftaucht, und ein rätselhaftes Buch ohne Autor bringen Nils und Berits Fantasie ganz schön auf Touren. Gibt es da einen Zusammenhang? Oder ist alles nur Zufall? Mutig stellen die beiden Nachforschungen an und tauschen Ideen und Spekulationen per Tagebuch aus. Immer mehr Spuren führen zu einer unterirdischen Bibliothek. Versucht jemand sie dorthin zu locken? Die Recherche wird zusehends gefährlich – doch die geheimnisvolle Bibliothek scheint der Schlüssel zu allen anderen Rätseln zu sein.
Eine fantastische Entdeckungsreise in die Literatur und ein abenteuerlicher Detektivroman, den Gaarder und Hagerup mit viel Witz und Esprit gewürzt haben.

1 Dieser Text findet sich auf der Rückseite des Buchs.
- Sprecht darüber, was ihr aus dieser Kurzvorstellung über das Buch erfahrt und was euch noch nicht verraten wird.
- Was soll ein solcher **Klappentext** wohl in erster Linie erreichen?

2 Besprecht, wie ihr euch noch eine genauere Vorstellung von Gaarders Roman verschaffen könntet, wenn ihr nur etwa fünf Minuten Zeit hättet, einen Blick hineinzuwerfen.
- Worauf würdet ihr achten?
- Was würdet ihr euch ansehen: das Kapitelverzeichnis, den Anfang des Buchs, den letzten Satz, ...?

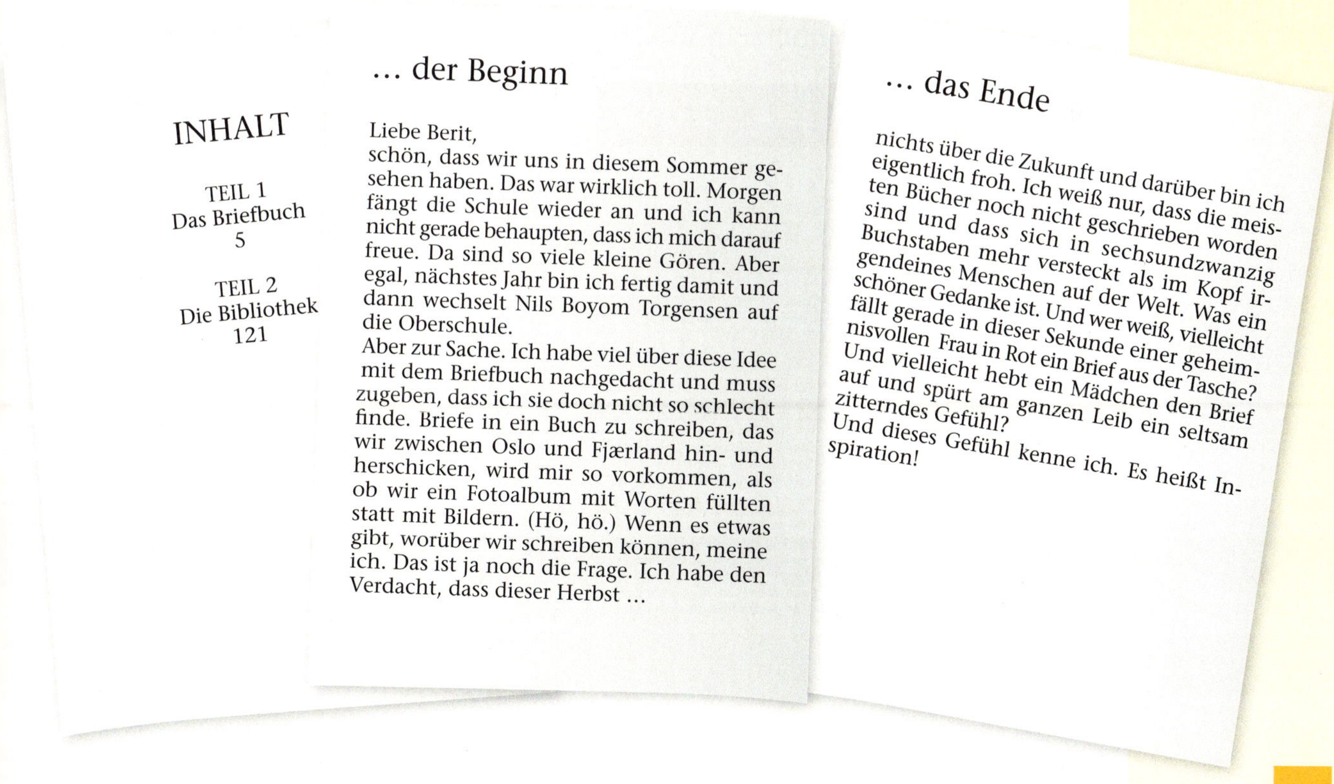

INHALT

... der Beginn

Liebe Berit,
schön, dass wir uns in diesem Sommer gesehen haben. Das war wirklich toll. Morgen fängt die Schule wieder an und ich kann nicht gerade behaupten, dass ich mich darauf freue. Da sind so viele kleine Gören. Aber egal, nächstes Jahr bin ich fertig damit und dann wechselt Nils Boyom Torgensen auf die Oberschule.
Aber zur Sache. Ich habe viel über diese Idee mit dem Briefbuch nachgedacht und muss zugeben, dass ich sie doch nicht so schlecht finde. Briefe in ein Buch zu schreiben, das wir zwischen Oslo und Fjærland hin- und herschicken, wird mir so vorkommen, als ob wir ein Fotoalbum mit Worten füllten statt mit Bildern. (Hö, hö.) Wenn es etwas gibt, worüber wir schreiben können, meine ich. Das ist ja noch die Frage. Ich habe den Verdacht, dass dieser Herbst ...

... das Ende

nichts über die Zukunft und darüber bin ich eigentlich froh. Ich weiß nur, dass die meisten Bücher noch nicht geschrieben worden sind und dass sich in sechsundzwanzig Buchstaben mehr versteckt als im Kopf irgendeines Menschen auf der Welt. Was ein schöner Gedanke ist. Und wer weiß, vielleicht fällt gerade in dieser Sekunde einer geheimnisvollen Frau in Rot ein Brief aus der Tasche? Und vielleicht hebt ein Mädchen den Brief auf und spürt am ganzen Leib ein seltsam zitterndes Gefühl?
Und dieses Gefühl kenne ich. Es heißt Inspiration!

3 Beschreibt, welche Informationen über das Buch ihr aus den abgedruckten Teilen entnehmen könnt.
- Welcher Teil ist für euch besonders aufschlussreich?
- Welcher der Teile motiviert euch am ehesten, das Buch zu lesen?

Projekt

4 Projekt „Buchgestaltung“:
Versucht es nun selbst einmal: Gestaltet in einem Team euer eigenes Buch.
- Denkt euch in Gruppen in groben Zügen eine Geschichte aus und schreibt einen Klappentext.
- Gebt eurer Geschichte einen interessanten Buchtitel.
- Gestaltet die Vorderseite eures Buchs. Dabei müsst ihr die Elemente „Bild“ und „Schrift“ bewusst einsetzen, um eine ganz bestimmte Wirkung zu erzielen, die dem Inhalt des Buchs entspricht.
- Wertet anschließend eure Arbeitsergebnisse in der Klasse aus: Stellt die Titelseite eures Buchs vor und lasst die anderen Vermutungen darüber anstellen, worum es in eurem Buch wohl gehen wird. Stimmen diese Vermutungen der Klasse mit der Geschichte, die ihr euch ausgedacht habt, überein? Versucht zu klären, was an der Titelseite vielleicht zu falschen Vermutungen verleitet hat.

Wie man eine genauere Vorstellung von Büchern gewinnt

Der „Deutsche Jugendliteraturpreis“ – von Jugendlichen für Jugendliche

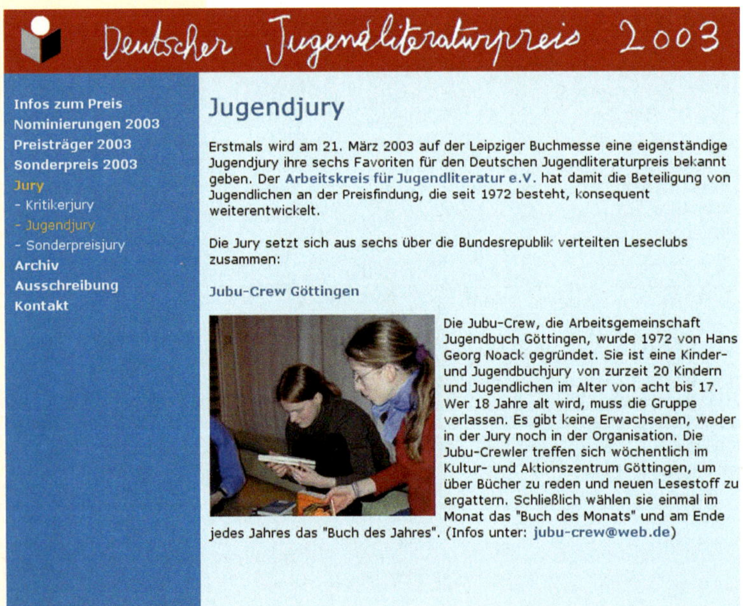
Deutscher Jugendliteraturpreis 2003

Infos zum Preis
Nominierungen 2003
Preisträger 2003
Sonderpreis 2003
Jury
- Kritikerjury
- Jugendjury
- Sonderpreisjury
Archiv
Ausschreibung
Kontakt

Jugendjury

Erstmals wird am 21. März 2003 auf der Leipziger Buchmesse eine eigenständige Jugendjury ihre sechs Favoriten für den Deutschen Jugendliteraturpreis bekannt geben. Der Arbeitskreis für Jugendliteratur e.V. hat damit die Beteiligung von Jugendlichen an der Preisfindung, die seit 1972 besteht, konsequent weiterentwickelt.

Die Jury setzt sich aus sechs über die Bundesrepublik verteilten Leseclubs zusammen:

Jubu-Crew Göttingen

Die Jubu-Crew, die Arbeitsgemeinschaft Jugendbuch Göttingen, wurde 1972 von Hans Georg Noack gegründet. Sie ist eine Kinder- und Jugendbuchjury von zurzeit 20 Kindern und Jugendlichen im Alter von acht bis 17. Wer 18 Jahre alt wird, muss die Gruppe verlassen. Es gibt keine Erwachsenen, weder in der Jury noch in der Organisation. Die Jubu-Crewler treffen sich wöchentlich im Kultur- und Aktionszentrum Göttingen, um über Bücher zu reden und neuen Lesestoff zu ergattern. Schließlich wählen sie einmal im Monat das "Buch des Monats" und am Ende jedes Jahres das "Buch des Jahres". (Infos unter: jubu-crew@web.de)

Der Deutsche Jugendliteraturpreis wird schon seit über 40 Jahren jedes Jahr verliehen, zunächst nur von Erwachsenen, seit 1974 waren jedoch Jugendliche als Jury-Mitglieder bei allen Entscheidungen beteiligt. Im Jahre 2003 wird zum ersten Mal eine ganz unabhängige „Jugendjury“ den „Preis der Jugendlichen“ verleihen, neben der „Kritikerjury“, die jeweils ein Kinder-, Bilder-, Jugend- und ein Sachbuch mit einem Preis auszeichnet.

1 Überlegt, ob Jugendliche bei der Beurteilung von Büchern vielleicht andere Maßstäbe haben als Erwachsene und welchem Urteil ihr eher vertrauen würdet.

2 Verleiht einen Literaturpreis in eurer Klasse.
- Bildet Gruppen, die jeweils ein Buch auswählen, dem sie den Preis verleihen wollen.
- Sammelt Gründe dafür, dass euer Buch den Preis gewinnen soll.
- Stellt die Bücher in der Klasse möglichst überzeugend vor und stimmt zum Schluss darüber ab, welches Buch den Klassenpreis erhalten soll.

Internet – wo eure Meinung gefragt ist!

Im Internet-Buchhandel „Amazon" (www.amazon.de) finden sich zu dem Jugendroman „Bibbi Bokkens magische Bibliothek" folgende Buchbesprechungen – auch Rezensionen genannt – von Jugendlichen:

Kundenrezensionen
Durchschnittliche Kundenbewertung: ★★★★★

★★★★☆ **Ein 'echter' Gaarder - tolle Ideen, aber eine mäßige Sprache**, 1. Juli 2003
Rezensentin/Rezensent: Stefan Winter (Mehr über mich) aus Deutschland
Gaarder hat zusammen mit dem Regisseur Haderup einen tollen Jugendroman über die Faszinationskraft von Büchern und Bibliotheken geschrieben, eine spannende Bücherdetektivgeschichte, bei der ich zudem noch eine Menge gelernt habe - und zwar nicht nur über Bücher, sondern auch über andere Medien. Ich habe mich beim Lesen gefühlt, als ob ich selbst auf einem Buch stünde und zwischen Berit und Nils hin- und herflöge. Ein Kritikpunkt bleibt aber bei allem Lob: Obwohl der Roman zum Großteil aus Briefen und Texten von Berit und Nils besteht, scheint mir die Sprache trotzdem etwas schwach zu sein - etwas besser könnte man Jugendliche schon schreiben lassen! Deshalb nur 4 von 5 Sternen.

War diese Rezension für Sie hilfreich? (JA) (NEIN)

8 von 10 Kunden fanden die folgende Rezension hilfreich:

★★★★★ **Das Buch verlangt was von uns Lesern**, 2. Januar 2003
Rezensentin/Rezensent: **hschmid61** aus Krummhörn Deutschland
Eine Karte von Norwegen haben wir aufgeschlagen, Signaturen unserer Bibliothek mit dem "Dezimalsystem" im Buch verglichen, über Buchdruck haben wir uns unterhalten, über Anne Frank und über Ovid. Das Buch stellt Ansprüche an uns, und leicht zu lesen ist es nicht. Aber wer sagt denn, dass man nach dem Lesen dieselbe Person sein muss wie vorher? Wir - 2 Kinder (9 und 11 Jahre alt) und 1 Mutter - lesen dieses Buch laut - wie die Alten damals. Es macht Spaß, es ist spannend und es fordert unseren Grips. Sehr empfehlenswert!

War diese Rezension für Sie hilfreich? (JA) (NEIN)

9 von 10 Kunden fanden die folgende Rezension hilfreich:

★★★★★ **ein wirklich spannendes Buch!**, 14. August 2002
Rezensentin/Rezensent: **Alexandra edler** aus Waldbrunn Deutschland
Bibbi Bokkens magische Bibliothek ist ein sehr spannendes Buch. Zuerst dachten sich Berit und ihr Vetter Nils nichts dabei, ein Briefbuch zu führen, doch dieser Gedanke änderte sich schnell! Bei Berit wohnt eine komische Frau, die sich von der ganzen Welt Bücher schicken lässt und sie dann irgendwo in ihrem Haus unterbringt. Um Nils schwirrt die ganze Zeit ein komischer Mann, der ihn nicht aus den Augen lässt. Was die beiden wohl vorhaben? Aber das Ende dieses Buches ist genauso überraschend wie der Anfang. Es lohnt sich, dieses Buch zu lesen!

War diese Rezension für Sie hilfreich? (JA) (NEIN)

3 Besprecht, was die Sterne bei den Besprechungen wohl bedeuten.

4 Bewertet eurerseits die Buchbewertungen: Würdet ihr den Button „Ja" oder „Nein"– hilfreich oder nicht – anklicken? Begründet eure Entscheidung.

5 Schreibt selbst eine Buchbesprechung für Amazon:
- Sucht das betreffende Buch, indem ihr den Titel im Suchfenster eingebt und auf „Los" klickt.
- Klickt euch bis zu dem Buch weiter. Dann könnt ihr bei „Buch-Info" den Punkt „Ihre Meinung zu diesem Buch" öffnen und dort euren Text schreiben.

ITG

Wie man Büchern nachstellt – in Bibliotheken und Bücherausstellungen

Jostein Gaarder: Bibbi Bokkens magische Bibliothek

An einer Stelle in dem Buch von Jostein Gaarder befindet sich Berit, die Heldin des Romans, alleine im Fjærlandstunnel, der unter einem riesigen Gletscher in Norwegen hindurchführt, weil sie dort eine geheime Bibliothek vermutet: Bibbi Bokkens magische Bibliothek.

[...] ich war mit dem Rad nach Bøyadalen hochgefahren, denn ich hatte so ein seltsames Gefühl, dass ich mir den Fjærlandstunnel genauer ansehen müsste. Der Weg nach oben kam mir gar nicht so lang und auch nicht so steil vor. Ich fühlte mich ungeheuer unternehmungslustig, ich schaute einmal zum Bøjabreen hoch, legte das Fahrrad am Tunneleingang ab und starrte dann erst mal in die Dunkelheit hinein.
Plötzlich glaubte ich, tief drinnen etwas zu hören. „Beeeriit“, sagte etwas.
Und ich wanderte los. Ich hatte das Gefühl, dass mir keine andere Wahl blieb. Ich wusste ja, dass es lebensgefährlich war, aber ich lief an dem Schild vorbei, auf dem stand, dass für Radfahrer und Fußgänger der Zutritt verboten ist. [...]
Endlich entdeckte ich dann auf der rechten Seite eine riesige Brandschutztür. Sie hatte einen Eisenriegel als Klinke und war natürlich abgeschlossen. Verflixt, dachte ich.
Ich hatte eine Taschenlampe bei mir und es waren gerade keine Autos im Tunnel, deshalb schaltete ich sie ein. Ich entdeckte eine Art Ziffernschloss, eine runde Scheibe mit Zahlen, wie an einem Banksafe oder so.
Und jetzt passierte etwas Unerklärliches. Plötzlich schien ich den Code zu kennen! Ohne zu überlegen drehte ich das Schloss auf die Zahlen 5–8–5–5–8–5 und dann gab die Tür nach, als ich den riesigen Riegel verschob. Zum letzten Mal glaubte ich, die Stimme zu hören, die mich rief: „Beeriit ...“. Und jetzt kam die hohle Stimme von innen.
Ich ging durch die Brandschutztür – und dann fiel sie hinter mir ins Schloss. Es war stockfinster. Aber ich knipste die Taschenlampe an und sah, dass ich in einem engen Gang stand. Ich ließ den Lichtkegel vor mir herwandern und setzte mich in Bewegung. Bald stand ich vor einer neuen Tür. Sie war aus Holz und auch sie war verschlossen.

Bin ich jetzt im Berg unter dem Jsteldalsbreen eingeschlossen?, fragte ich mich. Geht es jetzt weder vor noch zurück? Weder aus noch ein?
Plötzlich entdeckte ich eine kleine Blechdose, die auf einem Sims im Fels stand. ich öffnete sie und fand einen Schlüssel. Den steckte ich in die Tür, drehte ihn um – und jetzt öffnete sich die Tür.
Dann soll ich wohl weitergehen, dachte ich. [...] Ich leuchtete in einen kleinen Raum hinein und dort gab es viele hunderte, vielleicht tausende winzige Holzschubladen, vom Boden bis zur Decke. Ich zog eine auf. Sie war voll gestopft mit Karteikarten. Ich zog eine hoch und las: Hjorth, Vigdis: Tilla liebt Philip, Oslo, 1984.
Ich begriff, dass ich in einem riesigen Karteiraum stand und dass die Bibliothek, auf die die vielen Karten sich bezogen, riesengroß sein musste. Ich hatte jedenfalls noch nie eine so große Kartei gesehen, aber ich war auch noch nie in einer Universitätsbibliothek.
Ich dachte natürlich an Bibbi Bokken und begriff, dass ich ihre geheime Bibliothek gefunden hatte. Denn es gab noch eine Tür und die war nicht verschlossen. Ich trat auf die Tür zu und leuchtete ein kleines Plakat an, das genau darüber hing. Darauf stand:

NICHT FÜR ALLE WELT
Du gehörst zu den wenigen Auserwählten, die Zutritt zu diesen heiligen Hallen haben. Hier findest du alle Bücher, die in der gesamten Geschichte der Menschheit geschrieben worden sind. Derzeit füllen wir die Regale mit Büchern, die erst noch geschrieben werden.
VORSICHT BEWAHREN!

1 Was ist in der magischen Bibliothek genau wie in anderen, euch bekannten Bibliotheken, worin unterscheidet sie sich?

2 Besprecht, ob Berit, als sie die Karteikarte aus dem Katalog herausnimmt, alles vorliest, was normalerweise auf Karteikarten in Bibliotheken steht. (Vielleicht müsst ihr erst einmal in eurer Schulbibliothek oder in einer öffentlichen Bibliothek nachsehen, bevor ihr diese Aufgabe lösen könnt.)

Bibbi Bokken erklärt an einer späteren Stelle des Romans, wie ihre eigene Bibliothek „funktioniert":

Nils zeigte auf einen kleinen Schrank mit vielen winzigen Schubladen.
„Die Kartei?"
„Oder die Karteien", berichtigte Bibbi Bokken. „Jedes Buch in der Bibliothek hat mindestens drei verschiedene Karteikarten. Und das ergibt dann auch drei verschiedenen Karteien. In der einen sind die Karten alphabetisch nach den Autorennamen geordnet. In der zweiten nach dem Buchtitel. Und die dritte Kartei ist ein Stichwortregister. Die Karten sind nach den Themen der Bücher sortiert. Wenn

Belletristik: Bezeichnung der „ausgedachten“ Literatur (Romane, Gedichte usw.) bzw. der Unterhaltungsliteratur, um diese von der Fachliteratur und Sachbüchern abzugrenzen.

ich zum Beispiel mehr über Astronomie wissen will, dann gehe ich zu dieser Kartei und sehe nach, welche Bücher ich über den Weltraum habe. Und dabei finde ich Fachbücher und Belletristik zu diesem Thema.“
„Wie raffiniert“, sagte Nils. „Es ist wahrscheinlich unheimlich wichtig, Ordnung im System zu haben. Hm …“
Bibbi Bokken schnaubte: „Man kann die Bücher doch nicht nach Lust und Laune ins Regal stopfen! Ein Briefmarkensammler würde seine Marken doch auch nicht alle in eine einzige Schublade packen! […]“
„Hast du dir das ganze raffinierte System selber ausgedacht?“, fragte er.
Bibbi Bokken lachte heiser.
„Nein, die findest du in Bibliotheken in aller Welt. Na ja … einige Unterschiede gibt es schon. Und die meisten Bibliotheken sind inzwischen auch auf Computerregistrierung umgestiegen …“

1 Erklärt, warum es für Bibbi so wichtig ist, nicht nur eine Kartei zu haben, sondern gleich drei. Wozu dienen sie? Was nützt ihr das?

Projekt

2 Eine eigene Bibliothek eröffnen – Projekt „Klassenbibliothek“:
Es gibt viele verschiedene Arten von Klassenbibliotheken:
Es könnte jeder Schüler ein Buch von zu Hause mitbringen und an einen anderen Schüler ausleihen.
Oder es werden Bücher aus der Schulbibliothek entliehen und im Klassenzimmer aufgestellt, so dass jeder sie in Frei- und Zwischenstunden zum Schmökern und dann zum Ausleihen benutzen kann.
Vielleicht könnt ihr eure Eltern auch davon überzeugen, der Klassenbibliothek einen bestimmten Geldbetrag zur Anschaffung von Büchern zur Verfügung zu stellen.
Durchdenkt also ganz genau,

- welche Art von Klassenbibliothek sich für euch eignet:
  - Habt ihr die Möglichkeit, Bücher im Klassenzimmer aufzustellen?
  - Wie ist eure Schule mit Büchern ausgestattet?
  - Steht euch Geld zur Verfügung?
  - …
- wie die Ausleihe (Leihfrist, Rückgabe) geregelt sein soll und wer die Verantwortung für die Bücher im Klassenzimmer übernimmt,
- ob ihr weitere Regeln für die Behandlung der Bücher aufstellen wollt und wie diese aussehen sollen,
- ob und wie ihr euren Lektüre-Fortschritt festhalten wollt:
  - Ihr könntet beispielsweise eine Tabelle aushängen, in die sich jeder einträgt, der ein Buch gelesen hat.
  - Ihr könntet auch eine Statistik der gesamten Klasse machen, in welche für jede Woche eingetragen wird, wie viele Bücher die Klasse gelesen hat. So kann eine „Lesefieberkurve“ entstehen.
  - …

1 Die Fotos wurden bei einer Bücherschau für Kinder aufgenommen. Sprecht über die Fotos und überlegt, ob der Besuch einer solchen Bücherschau euch Spaß machen würde. Begründet eure Meinung.

2 Informiert euch darüber, ob es in eurer Nähe ähnliche Veranstaltungen gibt, an denen ihr als Klasse oder mit Freunden teilnehmen könnt. Das könnte z.B. der nächste „Tag der offenen Tür" einer größeren öffentlichen Bibliothek sein oder auch eine Veranstaltung großer Buchhandlungen.

3 Ihr habt im Verlaufe dieses Kapitels drei Jugendbücher kennen gelernt: *Moira, Der Herr der Worte* und *Bibbi Bokkens magische Bibliothek*. Überlegt, was all diesen Büchern gemeinsam ist.

4 Zu Beginn dieses Kapitels (S. 138) habt ihr euch drei Bilder genauer angesehen. Unterhaltet euch darüber, welches Bild zu welchem Buch passt. Begründet eure Wahl.

Wissen

Die Welt der Bücher

Auf der Suche nach guten Büchern habt ihr viele Möglichkeiten, Bücher zu finden und euch über bestimmte Bücher zu informieren:

In Bibliotheken könnt ihr Bücher für einen bestimmten Zeitraum ausleihen. Kataloge informieren euch über

- den Ort, an dem ihr ein bestimmtes Buch findet,
- Autor und Titel des Buches,
- Verlag, Erscheinungsort und Erscheinungsjahr,
- das Thema des Buchs.

In Katalogen könnt ihr unter

- Autorennamen,
- Buchtiteln oder
- thematischen Stichwörtern (z. B. *Astronomie*)

nachschlagen. Ihr findet ein Buch also an mehreren Stellen verzeichnet.

Bücherausstellungen bieten oft Abteilungen eigens für Kinder, in denen ihr nach Belieben stöbern könnt. Auch Büchereien und Buchhandlungen haben oft solche Abteilungen.

Literaturpreise wie z. B. der Deutsche Jugendliteraturpreis machen euch darauf aufmerksam, welche Bücher von anderen für sehr lesenswert gehalten werden. Im Internet, in Zeitschriften, in Buchhandlungen und Bibliotheken könnt ihr euch darüber informieren.

In Zeitschriften und im Internet findet ihr auch Buchbesprechungen. Sie informieren euch darüber, wie andere ein bestimmtes Buch einschätzen, was ihnen gut und was ihnen weniger gut daran gefallen hat.

Auf den ersten Blick können euch das Cover (Titelbild) und die Gestaltung des Umschlags bereits etwas über ein Buch verraten.

Der Klappentext auf der Rückseite eines Buches gibt euch erste Informationen zum Buch, verrät aber nicht alles. Er dient dazu, den Leser neugierig zu machen und ihn zu motivieren, das Buch zu lesen.

Sprache betrachten

In dieser Einheit könnt ihr lernen,

wie Wörter mit anderen Wörtern zusammenhängen

- dass auch Wörter Verwandte haben und Familien bilden
- wie sich Wörter mit anderen Wörtern zusammensetzen
- wie Wörter aus anderen Wörtern entstehen

wie ihr treffende Wörter findet

- wie ihr anschaulicher erzählen könnt
- wie ihr genauer beschreiben könnt

Sprache betrachten
Mit Wörtern spielen, Wörter entdecken

1. Wortbildung und Wortfamilie

Vom Wortstamm zur Wortfamilie

1 Erzählt zu dem Bild eine passende Geschichte. Findet eine Überschrift.

2 Erklärt, wie die verschiedenen Wörter zusammenhängen:

Lesebuch **lesbar** **Leser** **vorlesen**

3 Sucht weitere Wörter, die den Wortbaustein *-les-* enthalten. Ergänzt sie in eurem Heft.

4 Wortbausteine wie *-les-* nennt man auch **Wortstämme**. Wörter mit dem gleichen Wortstamm bilden eine **Wortfamilie** – sie sind miteinander verwandt. Sammelt Wörter zum Wortstamm *-buch-*, die eine Wortfamilie bilden.

5 Vergleicht die Bedeutung des Wortstammes in den Wörtern *Buchhandlung* und *buchen*. Benennt Gemeinsamkeiten und Unterschiede.

1 Was ist hier alles abgebildet? Sucht Wörter, die einen gemeinsamen Wortstamm haben.

2 Sucht weitere Wörter zu diesem Wortstamm und legt in eurem Heft eine Tabelle an, in der ihr eure Wörter jeweils der Wortart Substantiv, Verb und Adjektiv zuordnet.

3 Überlegt gemeinsam: Handelt es sich bei den Wörtern um eine Wortfamilie?

4 Versucht zu anderen Wortstämmen Verwandte zu finden, bei denen sich der Wortstamm ändert, z. B. zu *fahr*, *find*, …

Wörter durch Zusammensetzung bilden

„Polizei? Ich möchte einen Ladendiebstahl melden."

1 Wie versteht der Polizist diese Meldung? Erklärt jemandem, der das Wort *Ladendiebstahl* nicht kennt, was es bedeutet.

2 Wie könnte der Besitzer des Ladens ausdrücken, was er meint?

3 Sprecht darüber, wie das Bild auf euch wirkt.

4 Denkt euch selbst ähnliche Bildwitze aus, z. B. zu den Begriffen *Polizeikontrolle, Regenschutz, Kinderspiel.*

Christian Morgenstern: Neue Bildungen, der Natur vorgeschlagen

Der Ochsenspatz
Die Kamelente
Der Regenlöwe
Die Turtelunke
Die Schoßeule
Der Walfischvogel
Die Quallenwanze
Der Gürtelstier
Der Pfauenochs
Der Werfuchs
Die Tagtigall
Der Sägeschwan
Der Süßwassermops
Der Weinpintscher
Das Sturmspiel
Der Eulenwurm
Der Giraffenigel
Das Rhinozepony
Die Gänseschmalzblume
Der Menschenbrotbaum

1 Setzt das Gedicht in Gruppen fort. Ihr könnt das auch als Wettbewerb organisieren: Welche Gruppe findet in einem bestimmten Zeitraum die meisten Bezeichnungen?

2 Findet so viele richtige Bezeichnungen für Lebewesen wie möglich und schreibt sie mit dem Artikel in euer Heft, z. B.
die Schleiereule, der Schoßhund, …

3 Unterstreicht die Wörter, die ihr zur Bildung benutzt habt, jeweils andersfarbig. Wie würdet ihr den Artikel unterstreichen? Begründet.

4 Sucht Bezeichnungen für Hunde, die wie *Schoßhund* aus zwei Substantiven bestehen:

Jagd
… …
Hund
… …
Stoff

5 Wörter, die auf diese Art gebildet werden, nennt man **Zusammensetzungen**. Sie bestehen aus einem **Grundwort** und einem **Bestimmungswort**. Welcher Wortteil ist bei der Zusammensetzung *Jagdhund* das Grundwort, welcher das Bestimmungswort? Begründet.

6 Formuliert den Zusammenhang zwischen Grundwort und Bestimmungswort bei den Wörtern für Hunde, die ihr gefunden habt. Verwendet dabei folgendes Muster:

Jagdhund *ein Hund für die Jagd*
Stoffhund *ein Hund …*

7 Erklärt nach diesem Muster auch die verschiedenen Bedeutungen von „Ladendiebstahl" in dem Bildwitz.

Kurt Kusenberg: Kombi-Wörter bilden

Giftzahnarzt · Regenbogenschützenfest · Stinktierschutzverein · Wolkenbruchbude · Amtsschimmelpilz

1 Schreibt diejenigen zusammengesetzten Wörter in euer Heft, aus denen hier neue Wörter gebildet wurden.

2 Kusenberg hat noch viele weitere „Kombi-Wörter" gebildet, z. B. *Blitzschlagzeug, Verkehrsstaudamm*. Bildet selbst ähnliche „Kombi-Wörter".

3 Bildet eine Wortschlange nach folgendem Muster:

Ihr könnt die Aufgabe auch als Wettbewerb organisieren. Teilt euch in Gruppen ein. Sieger ist die Gruppe mit der längsten Wortschlange.

Wörter durch Ableitung bilden

Friedrich Karl Waechter

Warum heißt der Apfel Apfel?
Weil er vom Baum apfelt.

1 Welches Wort hat Wächter in dem Ausdruck „apfelt" versteckt? Betrachtet genau das Bild.

2 Ordnet „apfelt" einer Wortart zu und erklärt, welche Möglichkeit, ein neues Wort zu bilden, hier verwendet wird.

Wortarten
Seite 178ff.

3 Sucht ähnliche Wortbildungen, z. B.

Hunger → *hungern*
… …

ab
en
auf
ge
fall
zer
aus
ig

4 Bildet möglichst viele Wörter aus den Wortbausteinen.

5 Schaut euch an, wie die Wörter gebildet wurden und vergleicht die Wortbildung mit den Zusammensetzungen. Welche Unterschiede erkennt ihr?

6 Die Wörter, die ihr hier gebildet habt, nennt man **Ableitungen**. Der Wortstamm wird dabei durch vorangestellte Präpositionen, **Vorsilben (Präfixe)** und **Nachsilben (Suffixe)** erweitert. Stellt Vor- und Nachsilben zusammen, die ihr kennt:

Präfixe	Suffixe
zer	*ig*
ge	*lich*
…	…

Georg Britting: Raubritter

Zwischen Kraut und grünen Stangen
Jungen Schilfes steht der Hecht,
Mit Unholdsaugen im Kopf, dem langen,
Der Herr der Fische und Wasserschlangen,
Mit Kiefern, gewaltig wie Eisenzangen,
Gestachelt die Flossen: Raubtiergeschlecht.

Unbeweglich, uralt, aus Metall,
Grünspanig von tausend Jahren.
Ein Steinwurf! Wasserspritzen und Schwall:
Er ist blitzend davongefahren.

Butterblume, Sumpfdotterblume, feurig, gelblich rot,
Schaukelt auf den Wasserringen wie ein Seeräuberboot.

1 Erklärt, was ein „Raubritter“ ist.

2 Sucht Ausdrücke in dem Gedicht, mit denen der Hecht als „Raubritter“ geschildert wird.

3 Einige dieser Ausdrücke hat der Dichter selbst neu gebildet. Welche sind das? Überprüft, ob ihr die Ausdrücke in einem Wörterbuch findet.

4 Ersetzt den Ausdruck „gestachelt“ durch *stachelig*. Welcher passt besser zum Hecht als „Raubritter“? Begründet eure Meinung.

Wenn ihr mehr über den Hecht wissen möchtet, könnt ihr euch auch in einem Lexikon oder im Internet informieren. Im Online-Lexikon „www.wissen.de“ erfahrt ihr Folgendes:

Hecht

Schnöck – Wasserwolf – Esox lucius

zu den Hechtähnlichen gehörender Raubfisch des Süßwassers, bis 1,40 m lang und 35 kg schwer; in mäßig bis langsam fließenden Gewässern und in Seen, in der Ostsee auch in schwach brackigem Wasser. Größere Hechte verschlingen außer Fischen auch Frösche, Mäuse und Wasservögel und werden schon sehr früh kannibalisch. Die Farbe ist an Untergrund und Umgebung angepasst; junge Hechte sind in Ufernähe daher häufig stark grün gefärbt (Grashechte). Der Hecht ist ein fast unbeweglich lauernder Räuber, der blitzschnell auf die nahende Beute zuschießt und sie packt; er ist sehr gefräßig und schnellwüchsig. Laichzeit März bis Mai. Wichtiger Fisch der Berufs- und Sportfischerei.

5 Klärt im Gespräch Wörter, die ihr nicht kennt.

6 Überlegt, warum der Hecht auch „Wasserwolf“ genannt wird.

7 Schreibt diejenigen abgeleiteten Wörter heraus, die euch Informationen über den Hecht liefern. Ordnet diese den Wortarten *Verben* und *Adjektive* zu. Beachtet: Endungen sind keine Suffixe, also ist z. B. *lauern-d* kein abgeleitetes Wort.

Adjektive, Verben
Seite 190, 204

Verben	Adjektive
*ver**schlingen***	*lang**sam***
…	…

8 Unterstreicht jeweils die Wortbausteine *Wortstamm*, *Präfix* und *Suffix* mit verschiedenen Farben.

9 Präfixe und Suffixe haben bestimmte Bedeutungen, z. B. das Präfix *un-* in *unbeweglich*. Sammelt weitere Wörter mit dem Präfix *un-* und formuliert, was dieses Präfix zum Ausdruck bringt.

10 Sucht andere Präfixe oder Suffixe und erklärt ihre Bedeutung. Betrachtet z. B. einmal die Wörter *missfallen* oder *Blümchen*.

1 Betrachtet das Aussehen des Hechts genau. Welche Informationen fehlen in dem Lexikontext?

2 Überlegt in Gruppen, mit welchen zusammengesetzten und abgeleiteten Wörtern ihr das Aussehen des Hechts beschreiben könnt.

3 Bildet möglichst viele abgeleitete Substantive, die Eigenschaften und Verhaltensweisen des Raubfischs bezeichnen. Ihr könnt dabei folgende Suffixe verwenden:

-heit -keit -tum -nis -ung -schaft -ling

Wissen

Wortstamm, Wortfamilie, Wortbildung

Wörter, die einen gemeinsamen Wortstamm besitzen, bilden eine Wortfamilie, denn sie sind miteinander verwandt. Zu einer Wortfamilie können Wörter unterschiedlicher Wortarten gehören.
Der Wortstamm kann sich bei den Mitgliedern einer Wortfamilie in seiner Lautgestalt und Schreibweise ändern, z. B. *Schr**ei**bmaschine, (der) Schr**ie**b* oder *Ab**fluss**, **fließ**en, **flüss**ig.*

Von einem Wortstamm kann man Wörter ableiten. An den Stamm werden dabei Präfixe oder Suffixe angehängt:

Ver (Präfix) + *rat* (Stamm) = *Verrat* (Substantiv)
rat (Stamm) + *sam* (Suffix) = *ratsam* (Adjektiv)
ver (Präfix) + *rat* (Stamm) + *en* (Endung) = *verraten* (Verb)

Präfixe und Suffixe können nicht alleine stehen. Sie beeinflussen die Bedeutung der Wörter (vergleicht z. B. ***be**reden* und ***zer**reden*).

Viele Substantive sind im Unterschied dazu nicht abgeleitet, sondern aus Wörtern mit unterschiedlichen Wortstämmen zusammengesetzt.

Bild (Stamm) + *Band* (Stamm) = *Bildband*

Bei Zusammensetzungen können die entsprechenden Wortbausteine auch alleine stehen.

Übungen

1 Woran erkennt ihr, dass folgende Wörter miteinander verwandt sind: *stehen, Handstand, Standhaftigkeit, anständig*? Erweitert die Wortfamilie.

2 Hier sind viele Präfixe und Suffixe, mit denen ihr Wörter bilden könnt. Bildet damit so viele Wörter wie möglich und schreibt sie in euer Heft.

3 Unterstreicht die Präfixe und Suffixe jeweils mit einer anderen Farbe und ordnet die Wörter nach den Wortarten Substantiv, Verb, Adjektiv.

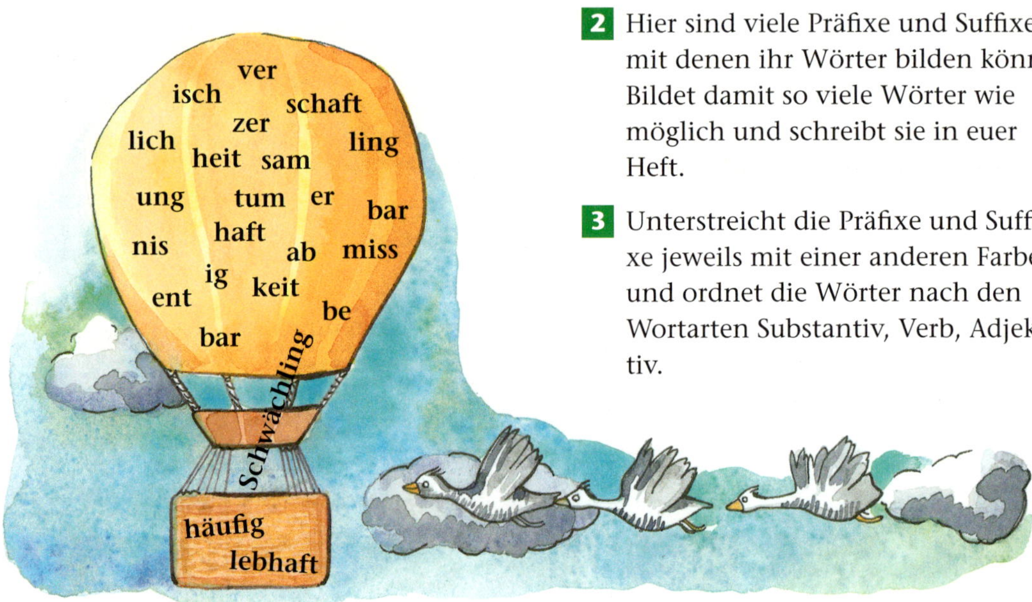

2. Wortfeld

Wortfelder entdecken

Wolfdietrich Schnurre: Lieben heißt loslassen können

[...] das aufregendste Wesen, das wir jemals gehalten haben, ist doch wohl Lilith gewesen.
Lilith war eine Kreuzotter. Wir kamen im Spandauer Stadtforst gerade dazu, wie Pilzsucher sie totschlagen wollten. Vater bugsierte sie in eine Papiertüte, und zu Hause richteten wir ihr unser altes Terrarium ein [...].
Tagsüber ...... sie meistens im wärmenden Schein ihrer künstlichen Sonne und züngelte träg; nachts fing sie an, lebendig zu werden. Pausenlos ...... sie in ihren Schlingpflanzen herum, und wenn man den Atem anhielt, konnte man hören, wie ihr Leib an den Blättern entlang ....
Wir hatten nur ein Zimmer und einen Balkon, denn wir wohnten möbliert; und als wir eines Morgens erwachten, da war der Deckel von Liliths Terrarium verrutscht, und Lilith war weg.
Sechs Stunden so etwa lagen wir steif wie die Mumien. Vater wusste mit Schlangen ein bisschen Bescheid. „Das Erste“, flüsterte er, ohne die Lippen zu bewegen, „was sie in so einem Fall wie unserem hier tun: Sie suchen die Bettwärme auf.“
Endlich, gegen Mittag, sahen wir sie. Sie ...... vom Balkon, wo sie sich ein wenig gesonnt haben mochte. Zynisch züngelnd ...... sie sich zwischen unseren Betten hindurch, ... an dem Tischchen hoch, auf dem das Terrarium stand, ... mit tänzelndem Kopf über die Kante und ...... dann lächelnd hinein.
Ich war damals erst acht; aber an diesem Tag stiftete mir Vater ein Bier.

1 Wisst ihr auch über Schlangen ein bisschen Bescheid? Tauscht eure Meinungen dazu aus, ob sich Vater und Sohn richtig verhalten haben. Ihr könnt auch eure Lehrkraft in Biologie fragen.

2 Setzt Wörter ein, durch welche sich der Leser die Bewegungen der Kreuzotter in der jeweiligen Situation besonders gut vorstellen kann. Vergleicht und besprecht eure Lösungen.

3 Sicher findet ihr noch andere Verben, die genauer anzeigen, wie sich jemand fortbewegt. Ergänzt die richtigen Bezeichnungen in eurem Heft.

„Er ... wie eine Ente.“
„Er ... wie ein Pferd.“
„Sie ... wie eine Katze.“
„Sie ... wie ein Tiger.“
„Sie ... wie ein Känguru.“
„Er ... wie ein Hahn.“

Pantomime
Seite 82

4 Denkt euch gemeinsam mit eurem Nachbarn aus, wie man bestimmte Bewegungen pantomimisch darstellen kann. Sucht euch drei aus und stellt sie vor.

5 Wörter, die eine ähnliche Bedeutung haben, bilden ein **Wortfeld**. Ein Wortfeld kann euch helfen, etwas treffender oder anschaulicher auszudrücken. Findet möglichst viele Wörter des Wortfelds *sehen*.

6 „Endlich, gegen Mittag, sahen wir sie."
Probiert aus, durch welche dieser Wörter ihr „sahen" ersetzen könntet. Lest dazu den Satz in seinem Textzusammenhang laut vor.

ITG

7 Kennt ihr die Thesaurusfunktion im Computer-Schreibprogramm? Schaut einmal nach, welche bedeutungsähnlichen Wörter zu *sehen* dort angegeben werden und vergleicht mit eurem eigenen Wortfeld.

8 Überlegt
- welche Arbeit der Thesaurus euch nicht abnimmt.
- wann ihr besser den Thesaurus und wann ihr besser ein Wörterbuch verwenden solltet.

Wortfelder lassen sich ordnen

Nina Rauprich: Lasst den Uhu leben!

Tom und Jette sind in den Ferien bei ihrem Großvater in der Eifel zu Besuch. Dort lernen sie den Studenten Benno kennen, der für die Wiederansiedlung der schon fast ausgestorbenen Uhus arbeitet. Dieser erklärt ihnen, warum die Menschen die Uhus für gefährlich und schädlich gehalten haben:

„Wir Menschen haben die Angewohnheit, alles in Gut und Schlecht einzuteilen. Was uns gefällt oder nützt, ist gut. Was uns stört, tun wir als schlecht ab.

Uhus sind Vögel, mit denen die Menschen wenig anfangen können, außer mir. Sie geben keinen Braten ab, sie erfreuen uns nicht durch Gezwitscher, man kann sie nicht als Haustiere nutzen, nicht mal Kunststückchen für Zirkusnummern lassen sie sich beibringen. […]

Die Vogelkundler haben den Jägern bewiesen, dass Uhus weder böse noch gefräßig oder gar gefährlich sind.

Uhus haben genau wie jedes andere Geschöpf eine sinnvolle Aufgabe. Sie essen Aas, also tote Tiere, und verhindern dadurch Seuchen.
Sie fangen kranke Tiere und sorgen dadurch für einen lebensfähigen Bestand. Sie jagen Mäuse und Ratten, die sich sehr schnell vermehren und zu einer schlimmen Plage werden können. Jedes Tier ist nützlich, auf seine Weise.“

1 Für Benno „essen“ Uhus Aas. Welchen Ausdruck würdet ihr verwenden? Was möchte Benno mit seiner Wortwahl ausdrücken?

2 Überlegt euch Wörter, die das Wortfeld *essen* bilden. Mit welchen wird eher die menschliche, mit welchen mehr die tierische Nahrungsaufnahme bezeichnet?

3 Mit Wörtern kann man auch ausdrücken, wie man etwas bewertet:

schlecht/negativ	ohne Wertung/neutral	gut/positiv
fressen	*essen*	*speisen*

Ordnet euer Wortfeld *essen* nach dieser Einteilung.

4 Formuliert die Informationen über Uhus so, wie sie in einem Lexikon stehen könnten. Schlagt in einem Lexikon nach und vergleicht.

5 Zu welchem Wortfeld gehören folgende Wörter?

Ergänzt das Wortfeld. Ordnet die Wörter nach den Merkmalen: langsame Bewegung – schnelle Bewegung. Ihr könnt natürlich auch Zwischenstufen verwenden.

6 Bildet Sätze, in denen Wörter dieses Wortfelds eine negative Bedeutung haben.
Mutter zum Kind, das spät von der Schule kommt: „Hast du wieder …“

Synonym: bedeutungsähnliches oder -gleiches Wort

dünn 1. mager, schlank, hager, knochig, schmächtig, zierlich, knabenhaft, dürr, abgezehrt, ausgemergelt

1 In diesem Eintrag eines Synonym-Wörterbuchs findet ihr einen Ausschnitt aus dem Wortfeld *dünn*. Bildet Sätze und überlegt, welche Wörter eher positive und welche eher negative Bezeichnungen für *dünn* sind. Begründet.

2 Schaut selbst in einem Synonymwörterbuch nach. Findet ihr noch andere Bezeichnungen für *dünn*?

Wissen

Wortfeld

Wörter, die eine ähnliche Bedeutung haben, bilden ein Wortfeld. Zu einem Wortfeld gehören Wörter einer Wortart.
Die Wörter eines Wortfeldes kann man oft nach bestimmten Gesichtspunkten ordnen, z. B. nach Gegensätzen (*brüllen, murmeln*) oder nach Abstufungen (*schlurfen, gehen, hasten*).

Wenn ihr viele Wörter eines Wortfeldes kennt, könnt ihr genauer beschreiben und anschaulicher erzählen. Bedeutungsähnliche Wörter könnt ihr auch in einem Synonymwörterbuch oder in der Thesaurusfunktion eures Computer-Textverarbeitungsprogramms finden. Überlegt jedoch immer, ob das Wort auch wirklich passt.

Übungen

1 Macht die Augen zu und stellt euch vor, ihr seid auf einem Spielplatz. Welche Geräusche hört ihr?
Kinder schreien, …
Ihr könnt euch auch andere Situationen vorstellen: auf dem Fußballplatz, auf der Kirmes, bei einem Pop-Konzert, …

2 Im folgenden Wortspeicher findet ihr einige Wörter aus dem Wortfeld *intelligent*. Welche Wörter passen eher für Kinder, welche eher für Erwachsene?

gescheit	hell	scharfsinnig	weise
besonnen	aufgeweckt	begabt	klug
weitsichtig	gedankenvoll	clever	gewitzt

3 Schlagt in einem Synonymwörterbuch unter *groß* nach und bringt die genannten Wörter in eine Ordnung.

Wortarten

In dieser Einheit könnt ihr lernen,

was euch Substantive alles mitteilen

- was ihr mit ihnen bezeichnen könnt
- welche Begleiter sie haben können
- dass nicht alles weiblich oder männlich ist, was so aussieht
- wie man erkennt, ob man einem oder mehreren Ungeheuern gegenübersteht
- dass Substantive in allen Fällen vorkommen

worüber Adjektive informieren und wie sie Substantive ergänzen

wie ihr Substantive durch Pronomen ersetzen könnt

- wie ihr dadurch über euch und andere sprechen könnt
- wie ihr dadurch kennzeichnet, wem was gehört

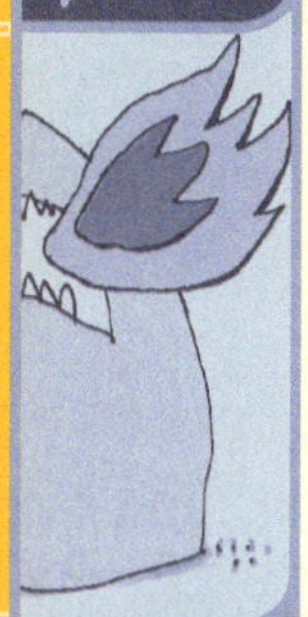

was man mit Verben alles machen kann

- dass es darauf ankommt, wer etwas tut
- wie ihr Vergangenes erzählt
- wie ihr Gegenwärtiges darstellt
- wie ihr aus der Gegenwart in die Vergangenheit blickt
- wie ihr in die Zukunft blickt

wie Präpositionen Verhältnisse festlegen

welche Wörter euch helfen, Fragen zu stellen

Wortarten
Von Drachen und anderen Fabelwesen

Christian Morgenstern: ________

Der flügelflagel gaustert
durchs wiruwaruwolz,
die rote fingur plaustert,
und grausig gutzt der golz.

1 Tauscht euch darüber aus, welche Vorstellungen und Eindrücke der Text bei euch auslöst.

2 Besprecht in Gruppen, wie ihr das Gedicht vortragen wollt und tragt es in der Klasse vor.

3 Findet einen Titel, der zu eurer Vortragsweise passt.

4 Bringt eure Vorstellungen in Bildern oder Zeichnungen zum Ausdruck.

5 Betrachtet die Wörter genauer, die euch unbekannt sind.
- Bei welchen könnt ihr erkennen, dass Morgenstern sie „erfunden" hat?
- Ordnet sie den Wortarten zu, die ihr bereits kennt, und begründet eure Zuordnung.

flügelflagel	*Substantiv*	*der = Begleiter*
...	...	...
...	...	...
...	...	...
...	...	...

6 Ersetzt in Gruppen die Wörter, die ihr nicht kennt, durch solche, die eure Vorstellungen ausdrücken.
- Vergleicht eure Worteinfälle.
- Setzt die Wörter in den Text ein und besprecht das Ergebnis.
- Stellt eure Texte in der Klasse vor.

7 Schreibt die „Übersetzung", die euch am besten gefällt, neben das Gedicht von Morgenstern auf ein größeres Blatt. Schreibt dabei in beiden Texten die Substantive groß.

8 Besprecht, wie euch euer Wissen über Wortarten bei der „Übersetzung" geholfen hat.

1. Den Dingen Namen geben – Substantive

Namen und Bezeichnungen

Lewis Carroll: Alice hinter den Spiegeln

Im Gespräch mit ihrem schwarzen Kätzchen stellt sich das Mädchen Alice vor, wie es wohl hinter dem großen Spiegel ihres Wohnzimmers aussehen könnte. Plötzlich löst sich der Spiegel auf, und Alice springt in das Zimmer hinunter. Dort führt sie ein Gespräch mit einer sprechenden Schnake.

„Welcher Insekten erfreut man sich denn dort, wo du her bist?“ erkundigte sich die Schnake.

„Ich erfreue mich ihrer überhaupt nicht“, sagte Alice, „weil ich ziemliche Angst davor habe – wenigstens vor den größeren Arten. Aber einige Namen kann ich dir schon sagen.“

„Sie hören natürlich auf ihre Namen“, sagte die Schnake leichthin. „Nicht dass ich wüsste.“

„Wozu brauchen sie denn die Namen“, sagte die Schnake, „wenn sie nicht darauf hören?“

„Sie selbst brauchen sie auch nicht“, sagte Alice, „sondern wahrscheinlich nur die Leute, die sie bezeichnen wollen. Wozu sollte denn sonst überhaupt etwas einen Namen haben?“

„Da bin ich überfragt“, sagte die Schnake. „In dem Wald dort drüben hat nichts einen Namen – aber lass dich nur nicht aufhalten mit deiner Aufzählung.“

„Also erstens die Pferdefliege“, sagte Alice und zählte dabei die Namen an ihren Fingern ab.

„Gut“, sagte die Schnake, „dort im Gebüsch kannst du auf halber Höhe eine Schaukelpferdfliege erkennen, wenn du genau hinsiehst. Sie besteht ausschließlich aus Holz und besteht dadurch fort, dass sie sich von Ast zu Ast schaukelt.“

1 Versetzt euch in die Lage von Alice. Welche Fragen und Aussagen der Schnake sind für sie wohl besonders überraschend und verwirrend?

2 Klärt, was eine „Pferdefliege“ ist. Überlegt, ob es sich dabei um einen Namen handelt.

3 Schreibt aus den folgenden Wörtern
- geografische Namen und
- Personennamen

getrennt heraus.

4 Geografische Namen und Personennamen werden auch **Eigennamen** genannt. Erklärt den Unterschied zu den Bezeichnungen *Biene* oder *Schaukelpferd*.

5 Tauscht euch darüber aus, warum die Menschen überhaupt Namen und Bezeichnungen „brauchen“, wie Alice meint.

Lewis Carroll: Alice hinter den Spiegeln (Fortsetzung)

„Vermutlich möchtest du deinen Namen nicht verlieren?“
„Nein, allerdings nicht“, sagte Alice etwas besorgt.
„Und doch, wenn du bedenkst“, sagte die Schnake leichthin, „wie praktisch das wäre, wenn du es fertig brächtest, ohne Namen heimzukommen: Wenn dich zum Beispiel deine Gouvernante hereinriefe zum Unterricht, müsste sie sagen: ‚Komm jetzt –‘, und dann könnte sie nicht weitersprechen, weil sie keinen Namen zum Rufen hätte, und dann bräuchtest du natürlich auch nicht zu kommen, nicht wahr?“

Gouvernante: Erzieherin oder Hauslehrerin

1 Helft der Gouvernante. Macht Vorschläge, wie sie Alice auch ohne deren Namen rufen könnte.

Joanne K. Rowling: Harry Potter und die Kammer des Schreckens

In Hogwarts, der Schule für Zauberer, ereignen sich rästelhafte und Grauen erregende Vorfälle. Jemand scheint die Kammer des Schreckens geöffnet zu haben, in der ein Unwesen haust, das seine Opfer versteinert. Harry Potter und seine Freunde Ron und Hermine versuchen das Rätsel zu lösen. In einem alten Buch der Bibliothek findet Hermine folgende Information:

Von den vielen Furcht erregenden Biestern und Monstern, die unser Land durchstreifen, ist keines seltsamer und tödlicher als der Basilisk, auch bekannt als der König der Schlangen. Diese Schlange, die eine gigantische Größe erreichen und viele hundert Jahre alt werden kann, wird aus einem Hühnerei geboren, das von einer Kröte ausgebrütet wird. Der Basilisk tötet auf höchst wunderliche Weise, denn außer seinen tödlichen und giftigen Zähnen hat der Basilisk einen mörderischen Blick, und alle, die in den Bann seiner Augen geraten, erleiden den sofortigen Tod. Spinnen fliehen vor dem Basilisken, denn er ist ihr tödlicher Erbfeind, und der Basilisk entflieht nur dem Krähen des Hahns, das tödlich für ihn ist.

1 Versetzt euch in die Lage der Freunde.
- Wie wirkt wohl diese Information über den Basilisken auf sie?
- Worin besteht die besondere Gefährlichkeit dieses Ungeheuers?

2 Klärt, ob „Basilisk“ ein Eigenname oder die Bezeichnung für eine sagenhafte Tierart ist.

3 Welches Wort gehört nicht in die folgende Reihe? Begründet.

Schlange | Kröte | Monster | Hahn | Spinne

4 Sucht ein Wort, das alle anderen der Reihe einschließt.

5 Substantive, die Lebewesen, Gegenstände oder Stoffe bezeichnen, nennt man **Konkreta**.
- Schreibt alle Konkreta aus dem Text heraus. Bei welchen Wörtern wart ihr unsicher?
- Sammelt die anderen Substantive und ordnet ihnen folgende Erklärungen zu:

Zeitraum
Art, etwas zu tun
großes geografisches Gebiet
Herrscher
seit langem ein Gegner
Ausdruck der Augen
Ende des Lebens
Ausdehnung
Verzaubergung
Gegenteil von Mut

Wortbildung
Seite 164ff.

6 Substantive, die Gefühle, Vorstellungen und Gedanken bezeichnen, nennt man **Abstrakta**.
- Bildet Substantive zu folgenden Wörtern.

alt – gebären – fliehen – weit – dunkel – gehen

- Klärt, auf welche Weise ihr die Substantive gebildet habt, z.B.
alt *das Alt-er* *Anhängen von -er*

Die Hydra – mit und ohne Artikel

Herakles und die Hydra

Herakles im Kampf mit der Hydra (1824)

Herakles, der Sohn des Gottes Zeus und der Königin Alkmene, wurde berühmt durch seine zwölf Taten, die er als Aufträge für den König Eurystheus erledigte. Eine davon war die Tötung der Hydra.

Die Hydra war ein neunköpfiges, furchtbares Meeresungeheuer, eine Riesenschlange, die im Schilf des Sumpfsees von Lerna ihr Unwesen trieb. Sie hatte auf jeder Seite vier Arme, an deren Enden ihre acht sterblichen Köpfe wuchsen. Nur der mittlere, der neunte Kopf war unsterblich. Es war schon vorgekommen, dass das scheußliche Ungeheuer auf der Jagd nach Beute den einen oder anderen Kopf verloren hatte, doch das kümmerte es nicht, denn an seiner Stelle wuchsen sogleich zwei neue, wiederum sterbliche Köpfe nach. Nur den mittleren, den neunten Kopf konnte es nicht verlieren, denn er war unsterblich.

1 Besprecht, was das besondere Merkmal dieses Ungeheuers war.

2 „Die Hydra war ein Ungeheuer."
- Untersucht, welche Artikel (Begleiter) vor den beiden Substantiven stehen.
- Erklärt, warum hier verschiedene Artikel verwendet werden.

3 Schreibt alle Substantive aus dem Text heraus. Ordnet sie in drei Gruppen ein:

bestimmter Artikel	unbestimmter Artikel	kein Artikel
die Hydra	*ein Meeresungeheuer*	*Lerna*
…	…	…

4 Fügt in die folgenden Sätze entweder den bestimmten, den unbestimmten oder gar keinen Artikel ein.

1. Eurystheus wollte ___ Ungeheuer töten lassen, weil es ___ großen Schaden anrichtete.
2. ___ Schlange kroch jeden Tag aus ___ Schilf und tötete ___ Menschen und ___ Tiere.
3. Herakles fuhr mit ___ Kampfwagen in die Nähe ___ Sumpfes.
Er war mit ___ Bogen und ___ Keule bewaffnet.

5 Klärt, wann ihr den bestimmten, den unbestimmten oder gar keinen Artikel verwenden könnt.

Ist die Hydra weiblich? – natürliches und grammatikalisches Geschlecht

Fabelwesen (Buchmalerei, Frankreich um 1310/20)

1 Überlegt, welche der abgebildeten Ungeheuer männliche, welche weibliche Lebewesen und welche keines von beiden sind.

2 Überlegt, warum wir in Erzählungen über Ungeheuer wie die Hydra oder den Basilisken nicht erfahren, ob ihr natürliches Geschlecht weiblich oder männlich ist.

3 Auch Artikel haben ein „grammatikalisches“ Geschlecht (**Genus**):

der	**die**	**das**
↓	↓	↓
Maskulinum	**Femininum**	**Neutrum**
männlich	weiblich	sächlich

- Ergänzt dieses Schaubild durch den unbestimmten Artikel.
- Vergleicht mit den Fremdsprachen, die ihr lernt.

4 Klärt, bei welchen Substantiven der Artikel dem natürlichen Geschlecht entspricht, bei welchen nicht.

der Mensch — die Frau — der Junge — der Mann — das Kind — das Mädchen

Gebrauch des Wörterbuchs **Seite 269**

5 Artikel informieren meist nur über das grammatikalische Geschlecht. Bestimmt das Genus aller Substantive in der Beschreibung der Hydra. Wenn ihr euch nicht sicher seid, schaut in einem Wörterbuch nach.

Maskulinum (männlich)	Femininum (weiblich)	Neutrum (sächlich)
der Sumpfsee	*die Riesenschlange*	…
…	…	…

6 Sucht Bezeichnungen für Tiere, die über das natürliche bzw. biologische Geschlecht informieren, z. B.
der Stier, die Kuh, …

7 In vielen Fällen hängt das Genus des Substantivs mit der Endung zusammen.
- Sucht weitere Wörter mit der Endung *-e* und überprüft das grammatikalische Geschlecht.
- Bestimmt das Genus der folgenden Wörter. Sucht weitere Wörter mit diesen Endungen.

Tapferkeit **Bosheit** **Verfolgung** **Retter**

Königin **Geheimnis** **Heldentum** **Botschaft**

- Ordnet die Endungen nach dem grammatikalischen Geschlecht.
  Maskulinum: *-er, …*
  Femininum: …
  Neutrum: …

Eine Alice und viele Fabelwesen – Einzahl und Mehrzahl

Lewis Carroll: Alice hinter den Spiegeln

In der Welt hinter dem Spiegel begegnet Alice neben lebendigen Schachfiguren wie einem König und dem Läufer Hasa auch einem Einhorn und einem Löwen, die miteinander kämpfen. Während einer Kampfpause wendet sich das Einhorn an den König:

„Ich war Sieger diesmal!" […]
„Ein wenig schon – ein wenig", erwiderte der König etwas ängstlich. „Aber dein Horn hättest du ihm doch nicht in den Leib rennen sollen, weißt du."
„Das hat der doch kaum gespürt", sagte das Einhorn leichthin und wollte weitergehen, als sein Blick auf Alice fiel: Da drehte es sich sogleich um und sah Alice mit tiefstem Abscheu an.
„Was ist – denn – das?"
„Ein Kind!", erwiderte Hasa eifrig und trat dabei vor Alice hin, um sie vorzuführen […].
„Erst heute gefunden! In natürlicher Größe, und zweimal so echt!"
„Lebt es noch?"
„Es kann noch sprechen", sagte Hasa ernst.
Das Einhorn sah Alice träumerisch an und sagte: „Sprich, Kind!"
Da musste Alice nun doch unwillkürlich lächeln, und sie sagte: „Also weißt du, ich dachte immer, Einhörner seien Fabelwesen! Ich habe noch nie eins lebendig gesehen."
„Na, jedenfalls haben wir uns jetzt gesehen", sagte das Einhorn, „und wenn du an mich glaubst, glaub ich auch an dich. Einverstanden?"
„Ja, wenn du meinst", sagte Alice.

Abbildung eines Einhorns (ca. 1514)

1 Vergleicht diese Begegnung mit anderen Geschichten, in denen Fabelwesen vorkommen.
- Was ist hier anders?
- Was ist in dieser Situation für Alice besonders verwirrend?

2 Informiert euch über die Vorstellungen, welche die Menschen früher mit dem Einhorn verbanden.

3 Schreibt aus dem Text alle Substantive heraus und bildet dazu jeweils die Einzahl (**Singular**) oder Mehrzahl (**Plural**)

Singular	Plural
der Sieger	*die Sieger*
…	…

Untersucht,
- durch welche Endungen und Veränderungen des Stammvokals die Pluralformen gebildet werden,
- bei welchen Wörtern Singular und Plural gleich sind,
- bei welchen Wörtern es keinen Plural gibt.

4 Setzt in dem folgenden Text jeweils entweder die Singular- oder die Pluralform ein. Überlegt dabei, wo ihr den bestimmten, unbestimmten oder gar keinen Artikel verwendet.

(Einhorn) gehört wie (Basilisk) und (Lindwurm) zu (Fabeltier). Diese sind oft (Mischwesen), d. h. ihr Äußeres ist oft (Verbindung) verschiedener (Körperteil) von (Tier), die es wirklich gibt. Sie treten vor allem in (Märchen) und (Sage) auf.
(Held) müssen sich oft im Kampf mit (Fabeltier) bewähren. Sie befreien dabei (Mensch) von (Bedrohung) durch diese schrecklichen (Geschöpf).

„Beuge mich" – Substantive haben einen Kasus

Christian Morgenstern: Der Werwolf

Der Werwolf eines Nachts entwich
von Weib und Kind und sich begab
an eines Dorfschullehrers Grab
und bat ihn: „Bitte beuge mich!"

Der Dorfschullehrer stieg hinauf
auf seines Blechschilds Messingknauf
und sprach zum Wolf, der seine Pfoten
geduldig kreuzte vor dem Toten:

„Der Werwolf", sprach der gute Mann
„des Weswolfs, Genitiv sodann,
dem Wemwolf, Dativ, wie mans nennt,
den Wenwolf, – damit hats ein End."

Dem Werwolf schmeichelten die Fälle,
er rollte seine Augenbälle.
„Indessen", bat er, „füge doch
zur Einzahl auch die Mehrzahl noch!"

Der Dorfschulmeister aber musste
gestehn, dass er von ihr nichts wusste.
Zwar Wölfe gäbs in großer Schar,
doch „wer" gäbs nur im Singular.

Der Wolf erhob sich tränenblind –
er hatte ja noch Weib und Kind!
Doch da er kein Gelehrter eben,
so schied er dankend und ergeben.

Knauf: kugel- oder knopfförmiger Griff

1 Schlagt in einem Lexikon nach, was ein Werwolf ist. Vergleicht die Vorstellungen, welche die Menschen früher von einem solchen Wesen hatten, mit seinem Verhalten im Gedicht.

Arbeitstechnik
Unbekannte Begriffe klären
Seite 16

2 Erklärt dem Dorfschullehrer, welchen Fehler er gemacht hat.

3 Schreibt die verschiedenen Fälle (**Kasus**) des Fragewortes *Wer* heraus. Überlegt, warum es *wer* nicht im Plural geben kann.

4 Beugt (dekliniert) das Substantiv im Singular und Plural grammatikalisch korrekt. Unterstreicht die deklinierten Formen des Artikels und die Endungen des Substantivs.

Kasus	Singular	Plural
Nominativ	*der Werwolf*	…
Genitiv	…	…
Dativ	…	…
Akkusativ	…	…

5 Dekliniert die folgenden zusammengesetzten Wörter im Singular und Plural.

Riesenschlange Einhorn Glücksdrache

Wortbildung
Seite 164ff.

6 Erklärt die Regel für die Deklination zusammengesetzter Wörter.

7 Ergänzt die Formen des bestimmten und unbestimmten Artikels Femininum und Neutrum im Singular und Plural. Was fällt euch auf?

	Singular				Plural			
Kasus	Femininum		Neutrum		Femininum		Neutrum	
Nominativ	*die*	*eine*	*das*	*ein*	…	…	…	…
Genitiv	*der*	*einer*	*des*	*eines*	…	…	…	…
Dativ	…	…	…	…	…	…	…	…
Akkusativ	…	…	…	…	…	…	…	…

8 Untersucht, in welchen Fällen das Substantiv *Werwolf* bzw. *Wolf* in dem Gedicht vorkommt.
- Bestimmt dazu die Satzglieder mit Hilfe der W-Fragen: Wer? Wessen? Wem? Wen?
- Ordnet in einer Tabelle die Satzglieder den Fällen zu.

Wer entwich?	*der Werwolf*	*Nominativ*	*Subjekt*
…	…	…	…

Satzglieder
Seite 220–222

Wissen

Substantive

Etwa zwei Drittel der Wörter der deutschen Sprache sind Substantive (Hauptwörter, Dingwörter).
Substantive, die Personen, Lebewesen, Sachen, Gegenstände benennen, also Dinge, die fassbar und wahrnehmbar sind, werden Konkreta genannt. Man kann sie einteilen in

- Eigennamen (Vornamen, Nachnamen, geografische Namen, ...),
- Gattungsbezeichnungen *(Mensch, Tier, Pflanze, ...)*,
- Stoffbezeichnungen *(Wasser, Erde, ...)*.

Substantive, die Eigenschaften *(Gefährlichkeit)*, Vorgänge *(Kampf)*, Gefühle und Zustände *(Angst)* oder gedankliche Vorstellungen *(Magie)* benennen, werden Abstrakta genannt.

Substantive haben ein grammatikalisches Geschlecht (Genus), das man am bestimmten Artikel (im Singular) erkennen kann. Es stimmt nur in wenigen Fällen (z. B. *der Mann, die Frau, der Hengst*) mit dem natürlichen Geschlecht überein.

Bei der Verwendung in Sätzen werden Substantive

- meist von einem bestimmten oder unbestimmten Artikel begleitet,
- in die Einzahl oder Mehrzahl (Numerus) gesetzt,
- in einen bestimmten Fall (Kasus) gesetzt.

Die Veränderung der Wortform durch Numerus und Kasus nennt man Deklination.

Im Satz stimmen die Artikel im Kasus, Numerus und Genus mit den Substantiven überein, die sie begleiten.

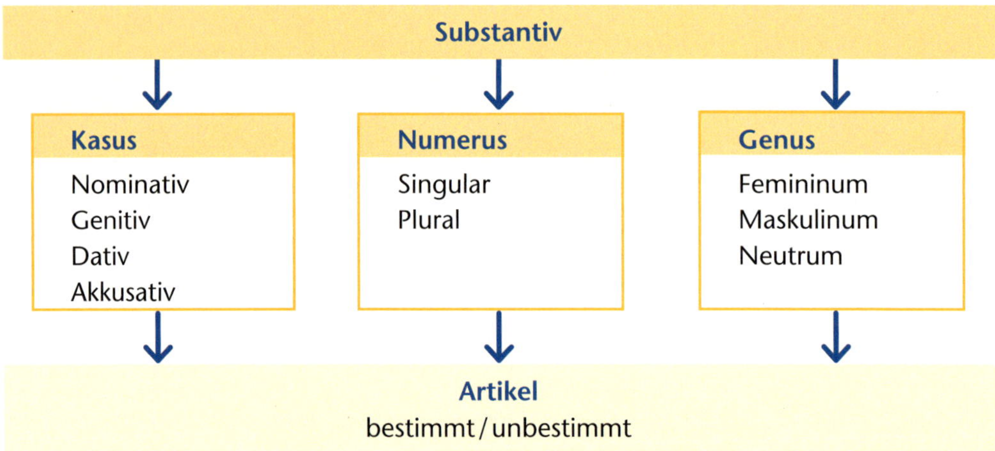

2. Wie etwas ist – Adjektive

Michael Ende: Die unendliche Geschichte

Phantásien ist in großer Gefahr. Es droht sich im Nichts aufzulösen, wenn nicht ein Menschenkind für die Herrscherin, die Kindliche Kaiserin, einen neuen Namen findet. Für die Suche nach diesem Menschenkind wählt die Kaiserin den 10-jährigen Atréju aus. Dieser rettet den Glücksdrachen Fuchur aus einer tödlichen Gefahr und gewinnt damit einen wichtigen Helfer.

Glücksdrachen gehören zu den seltensten Tieren in Phantásien. Sie haben keine Ähnlichkeit mit gewöhnlichen Drachen oder Lindwürmern, die wie riesige, ekelhafte Schlangen in tiefen Erdhöhlen hausen, Gestank verbreiten und irgendwelche wirklichen oder vermeintlichen Schätze hüten. Solche Ausgeburten des Chaos sind meist von boshaftem oder grämlichem Charakter, haben fledermausähnliche Hautflügel, mit welchen sie sich lärmend und plump in die Luft erheben können, und speien Feuer und Qualm. Glücksdrachen dagegen sind Geschöpfe der Luft und Wärme, Geschöpfe unbändiger Freude, und trotz ihrer gewaltigen Körpergröße so leicht wie eine Sommerwolke. Darum brauchen sie keine Flügel zum Fliegen. Sie schwimmen in den Lüften des Himmels wie Fische im Wasser. Von der Erde aus gesehen gleichen sie langsamen Blitzen. Das Wunderbarste an ihnen ist ihr Gesang. Ihre Stimme klingt wie das goldene Dröhnen einer großen Glocke.

Chaos:
in der Mythologie der Griechen der ungeordnete Zustand vor der Weltschöpfung

1 Tauscht euch darüber aus, wie ihr euch einen Glücksdrachen vorstellt.

2 Schreibt alle Wörter heraus, die genauer über Substantive informieren. Sie antworten auf die Fragen: Wie ist ...?, Was für ein?, Welche?
z. B. *zu welchen Tieren?* ➜ *zu den seltensten*

3 Diese Wörter nennt man **Adjektive** (Eigenschaftswörter, Wiewörter).
- Ordnet die abgeleiteten Adjektive, die ihr gefunden habt, nach verschiedenen Suffixen.
- Sucht weitere Adjektivendungen und ergänzt die Tabelle.

Suffix
Seite 172

*gewöhn**lich***	*ries**ig***	*ekel**haft***	...
...	...	...	...

4 Bildet die Deklinationsformen des Ausdrucks „der seltene Glücksdrache" im Singular und Plural. Schreibt sie in eine Tabelle wie auf S. 187 (Aufgabe 4).
- Untersucht, wie sich das Adjektiv dabei verändert.
- Dekliniert den Ausdruck mit dem unbestimmten Artikel und vergleicht.
- Vergleicht, wie das Adjektiv dekliniert wird, wenn das Substantiv ein anderes Genus hat.

Adjektive

Wissen

Wörter, mit denen man Eigenschaften von Lebewesen, Dingen usw. oder die Art und Weise von Tätigkeiten und Vorgängen benennen kann, heißen Adjektive.
Wenn Adjektive über Substantive genauer informieren, sind sie Attribute. Sie werden dann dekliniert und richten sich dabei im Numerus, Genus und Kasus nach dem Substantiv.

Wenn ein bestimmter Artikel vorausgeht, wird das Adjektiv schwach dekliniert:

Kasus (Sg.)	Maskulinum	Femininum	Neutrum
Nominativ	*der gefährliche Drache*	*die große Schlange*	*das giftige Tier*
Genitiv	*des gefährlichen Drachen*	*der großen Schlange*	*des giftigen Tieres*
Dativ	*dem gefährlichen Drachen*	*der großen Schlange*	*dem giftigen Tier*
Akkusativ	*den gefährlichen Drachen*	*die große Schlange*	*das giftige Tier*

Im Plural enden die Adjektive bei jedem Kasus und Genus auf *-en.*

Wenn kein Artikel vorausgeht, wird das Adjektiv stark dekliniert:

Kasus (Sg.)	Maskulinum	Femininum	Neutrum
Nominativ	*schöner Drache*	*schöne Schlange*	*schönes Tier*
Genitiv	*schönes Drachen*	*schöner Schlange*	*schönen Tieres*
Dativ	*schönem Drachen*	*schöner Schlange*	*schönemTier*
Akkusativ	*schönen Drachen*	*schöne Schlange*	*schönes Tier*

z. B.: *Gefährlicher Basilisk entdeckt, Herakles tötet neunköpfiges Unwesen*

Im Plural sind die Endungen bei allen Genera (Plural von Genus) gleich.
Nominativ: *-e* Genitiv: *-er* Dativ: *-en* Akkusativ: *-e*

Wenn ein unbestimmter Artikel vorausgeht, wird das Adjektiv gemischt dekliniert:

Kasus (Sg.)	Maskulinum	Femininum	Neutrum
Nominativ	*ein gefährlicher Drache*	*eine große Schlange*	*ein giftiges Tier*
Genitiv	*eines gefährlichen Drachen*	*einer großen Schlange*	*eines giftigen Tieres*
Dativ	*einem gefährlichen Drachen*	*einer großen Schlange*	*einem giftigen Tier*
Akkusativ	*einen gefährlichen Drachen*	*eine große Schlange*	*ein giftiges Tier*

3. Anstelle von Substantiven – Pronomen

Von sich und anderen sprechen – Personalpronomen

John Ronald R. Tolkien: Der kleine Hobbit

Im Alter von 50 Jahren lässt sich der Hobbit Bilbo Beutlin, der bis dahin ein behagliches Leben allen Abenteuern vorgezogen hat, auf eine gefährliche Unternehmung ein. Er soll einer Gruppe von Zwergen dabei helfen, ihren sagenhaften Schatz zurückzugewinnen, der ihnen geraubt wurde und tief im Inneren eines Gebirges liegen soll. Nur knapp entkommen sie immer wieder den Gefahren, die ihnen drohen: von Trollen, Orks, Steinriesen, Wölfen und riesigen Spinnen. Auf der Flucht vor Orks im Berginneren verliert Bilbo seine Gefährten, findet einen Ring und begegnet einem seltsamen Wesen.

Tief unten an dem dunklen Wasser lebte der alte Gollum. […] er war so dunkel wie die Finsternis, ausgenommmen seine beiden dicken, runden, bleichen Augen. […] Er spähte mit seinen bleichen Augen nach blinden Fischen aus, die er mit seinen langen Fingern schneller als ein Gedanke ergriff. Fleisch mochte er auch, ja, er hielt Orkfleisch für einen Leckerbissen – wenn er es bekommen konnte. Aber er war so vorsichtig, dass ihn die Orks nie dabei erwischten. Er erdrosselte sie von hinten, wenn jemals einer allein hier herunter an das Ufer des Wassers kam.

1 Überlegt, wie Bilbo sich wohl fühlt, als er dem Wesen begegnet.

2 Untersucht, welche Wörter in dem Text ihr durch die Substantive Gollum, Orkfleisch oder Orks ersetzen könnt. Was stört an dem veränderten Text?

3 Weil diese Wörter für Substantive stehen und diese ersetzen, werden sie auch Fürwörter oder **Pronomen** genannt.
Ersetzt in den folgenden Beispielen die unterstrichenen Substantive durch die entsprechenden Pronomen:

1. Der Basilisk ist ein Fabelwesen der Antike. Der Basilisk tötet durch seinen Blick und seinen Gifthauch.
2. Phantásien ist durch die Auflösung in das Nichts bedroht. Phantásien kann nur von einem Menschenkind gerettet werden.
3. Die Kindliche Kaiserin ist krank. Die Kindliche Kaiserin kann nur gesund werden, wenn ein Menschenkind ihr einen neuen Namen gibt.

4 Schreibt aus dem Text alle Personalpronomen heraus.
- Nennt die Substantive, die sie ersetzen.
- Bestimmt durch W-Fragen den Kasus und das Satzglied.

Personalpronomen	ersetztes Substantiv	Kasus	Satzglied
er	*Gollum*	*Nominativ*	*Subjekt*
...	...	...	...

Um nicht von Gollum gefressen zu werden, lässt sich Bilbo auf einen Rätselwettstreit ein. Wenn er gewinnt, soll ihm Gollum den Weg aus dem Berginneren zeigen. Eines von Gollums Rätseln lautet:

Man kann es nicht sehen, kann‘s nicht aufstören,
kann es nicht fressen und kann‘s auch nicht hören,
liegt hinter den Sternen und unterm Gestein,
rieselt in alle Höhlen hinein,
kommt zuerst und folgt auch zuletzt,
löscht alles Leben, bis keiner mehr schwätzt.

1 Probiert, ob ihr das Rätsel lösen könnt.

2 Klärt, welches Genus des Personalpronomens hier gewählt ist. Warum eignet sich dieses besonders für ein Rätsel?

Bilbo gewinnt den Wettstreit durch die Frage, was er in seiner Tasche habe, die Gollum nicht beantworten kann. Aber Bilbo merkt, dass Gollum ihm den Weg nicht zeigen möchte.

„Nun?“, sagte er. „Wie ist es mit Eurem Versprechen? Ich möchte jetzt gehen. Ihr müsst mir den Weg zeigen.“
„Haben wir das gesagt, mein Schatz? Diesem hässlichen kleinen Beutlin den Weg hinaus zeigen, gewiss, gewiss. Aber was hat er in seinen Taschen, he? […]“
„Das braucht Euch jetzt nicht mehr zu kümmern“, sagte Bilbo. „Ein Versprechen ist ein Versprechen.“

„Verdrießlich ist der Kleine, Schatz, ist ungeduldig“, zischte Gollum. „Aber er muss warten, ja, das muss er. Wir können nicht so schnell die Gänge hinauf. Wir müssen uns erst etwas holen, ja, erst etwas, das uns helfen kann.“

1 Untersucht, welche Anredeform Bilbo wählt.
- Wie lautet der Singular dieses Pronomens?
- Schreibt alle Anredeformen heraus und bestimmt durch Fragen den Kasus.

2 Gollum hat nie einen Gesprächspartner. Untersucht,
- wie er sich selbst anredet,
- wie er Bilbo anredet.

3 Schreibt das Gespräch so um, dass Gollum auch in der Ich-Form spricht und Bilbo mit „Ihr“ anredet.

4 Gollum möchte vorher seinen Zauberring holen, der unsichtbar macht. Besprecht, welche Personalpronomen er im letzten Satz verwenden müsste, damit Bilbo keinen Verdacht schöpft.

5 Bildet in Gruppen Sätze, in denen die Personalpronomen *ich, du, er, sie, es* in den verschiedenen Fällen sowie im Singular und im Plural vorkommen, z. B.:
Ich schenke ihm ein Buch.
Er erinnert sich meiner.
- Unterstreicht die Personalpronomen und bestimmt die Fälle.
- Ergänzt durch eure Ergebnisse folgende Deklinationstabelle:

Singular	1. Person	2. Person	3. Person mask.	3. Person fem.	3. Person neutr.
Nominativ	*ich*	*du*	*er*	*sie*	*es*
Genitiv	*meiner*				
Dativ			*ihm*	*ihr*	
Akkusativ		*dich*			*es*
Plural					
Nominativ			*sie*		
Genitiv	*unser*			*ihrer*	
Dativ					*ihm*
Akkusativ		*euch*			

6 Was Hobbits sind und welchen gefährlichen Wesen Bilbo begegnet, erfahrt ihr, wenn ihr das spannende Buch *Der kleine Hobbit* lest. Ihr könnt es auch in der Klasse vorstellen.

Wem was gehört – Possessivpronomen

Lewis Carroll: Alice hinter den Spiegeln (Fortsetzung)

Nach dem Gespräch mit der Schnake gerät Alice auf ihrem Weg vor einen dunklen Wald und bekommt es etwas mit der Angst zu tun.

„Das muss der Wald sein, in dem nichts einen Namen hat", sagte sie sich nachdenklich. „Was wohl aus meinem Namen wird, wenn ich hineingehe? Verlieren möchte ich ihn gar nicht gern – denn dann müssten sie mir einen anderen geben, und der wäre aller Wahrscheinlichkeit nach hässlich. Das Lustige wäre dann nur, nach dem Wesen zu suchen, das meinen alten Namen bekommen hat. […] Stell dir nur vor, man müsste alles mit ‚Alice' anreden, bis man schließlich einmal die Antwort bekommt: ‚Ja bitte?' […]"

1 Stellt euch vor, Alice verliert im Wald ihren Namen. Überlegt, was geschehen könnte, wenn sie auf der Suche nach ihrem Namen die Antwort „Ja bitte?" bekommt.

2 Klärt, ob die Wörter *mein* bzw. *sein* in den folgenden Sätzen
- eine Zugehörigkeit (Wer oder was gehört zu wem, ist ein Teil von etwas?),
- ein Besitzverhältnis (Wem gehört etwas?) ausdrücken.

1. Mein Name ist Alice.
2. Der Werwolf kreuzte seine Pfoten.
3. Gollum hatte seinen Ring verloren.

John Ronald R. Tolkien: Der kleine Hobbit (Fortsetzung)

Nachdem Gollum den Verlust seines Rings bemerkt hat, schöpft er Verdacht, dass Bilbo ihn gefunden haben könnte. Bilbo erkennt die Gefahr und flieht.

„Was hat das da in seinen Taschen?", hörte er es laut hinter sich zischen und dann hörte er das Patschen, als Gollum aus seinem Boot sprang. Was habe ich denn bloß?, sagte Bilbo zu sich selbst, als er so daherkeuchte und weiterstolperte. Er steckte seine linke Hand in die Tasche. Der Ring fühlte sich sehr kalt an, als er auf seinen tastenden Zeigefinger glitt.
Das Zischen war dicht hinter ihm. Bilbo drehte sich um und sah Gollums Augen wie kleine grüne Lampen den Gang heraufkommen. Entsetzt versuchte Bilbo schneller zu laufen, aber plötzlich stießen seine Zehen gegen eine Unebenheit des Bodens, und patsch, fiel er längelang hin und begrub sein kleines Schwert unter sich.

1 *Mein, dein, sein, ...* sind **Possessivpronomen** (besitzanzeigende Fürwörter).
- Schreibt aus dem Text alle Possessivpronomen heraus und bestimmt, auf welche Person sie sich beziehen.
- Untersucht Numerus, Genus und Kasus.

2 Dekliniert „mein Ring“ in eurem Heft. Übernehmt dazu die Tabelle von S. 193. Unterstreicht die Deklinationsendungen und vergleicht sie mit denen des bestimmten Artikels.

Wissen

Pronomen

Substantive können ersetzt werden durch Pronomen (Fürwörter), wenn aus dem Zusammenhang des Textes oder des Gesprächs klar wird, wovon die Rede ist. Dadurch kann die Wiederholung von Substantiven vermieden werden.

Pronomen (auch: Pronomina), die stellvertretend für Personen, Lebewesen, Dinge u.a. stehen, werden Personalpronomen (persönliche Fürwörter) genannt. Sie benennen

		Singular	**Plural**
• die Person, die spricht	1. Person	ich	wir
• die Person, die angesprochen wird	2. Person	du	ihr
• die Person oder die Sache, über die gesprochen wird	3. Person	er, sie, es	sie

Pronomen werden wie die Substantive, die sie ersetzen, dekliniert.
Personalpronomen stehen meist als Subjekte und Objekte. Sie antworten dann auf die Fragen:

• Wer? Was?	Nominativ	Subjekt	***Er*** *findet einen Ring.*
• Wessen?	Genitiv	Objekt	*Er erinnert sich* ***meiner.***
• Wem?	Dativ	Objekt	*Der Ring gehört* ***ihm.***
• Wen?	Akkusativ	Objekt	*Gollum wollte* ***ihn*** *täuschen.*

Durch Possessivpronomen (besitzanzeigende Fürwörter) kann man ausdrücken,

- wem etwas gehört (Besitzverhältnis): *Das ist mein Buch.*
- wer zu wem gehört (Zugehörigkeit): *Das ist meine Heimat.*

Wie beim Personalpronomen gibt es Formen

• für die drei Personen:	mein	dein	sein
• für die drei Genera in der dritten Person:	sein	ihr	sein
• für Singular und Plural	mein/unser	dein/euer	sein/ihre

Im Satzzusammenhang stehen Possessivpronomen meist vor einem Substantiv, auf das sie sich beziehen, und stimmen mit diesem im Numerus, Genus und Kasus überein.

4. Handlungsstark – Verben

Wer tut etwas? – Personalformen

John Ronald R. Tolkien: Der kleine Hobbit (Fortsetzung)

Mit Hilfe von Gollums Zauberring gelingt es Bilbo Beutlin, in die Nähe des schlafenden Drachen Smaug zu gelangen und vom Rand des riesigen Schatzes einen Pokal zu rauben. Aber der erwachende Drache merkt den Betrug.

Seit er in den Berg gekommen war, hatte Smaug so etwas noch nicht erlebt. […] Er spie Feuer, die Halle rauchte, er rüttelte an den Festen des Berges. Vergebens warf er seinen Schädel gegen das kleine Loch. Dann rollte er seine ganze Länge zusammen, ___ wie ein unterirdischer Donner und ___ von seinem tiefen Lager durch das große Tor hinaus in die gewaltigen Gänge des Bergpalastes und hinauf zum Haupteingang. Den ganzen Berg abzujagen, bis er den Dieb ___ , ___ und ___ hatte, war sein einziger Gedanke. Er ___ sich aus dem Tor. Das Wasser ___ als wütender, pfeifender Dampf auf. Und dann ___ der glühende Smaug hoch in die Luft und ___ sich in einem Feuerball von grünen und scharlachroten Flammen auf dem Berggipfel nieder. Die Zwerge ___ das schreckliche Rauschen seiner Schwingen. Sie ___ sich gegen die Wände ihrer kleinen Grasterrasse und ___ unter Steine. So ___ sie den furchtbaren Augen des Drachen zu entgehen.

1 Setzt in den Text die fehlenden Wörter aus folgendem Wortspeicher ein:

hörten **stürzte** **gefasst** **raste** **zerteten** **stieg** **pressten** **krochen** **hofften** **brüllte** **zertrampelt** **rauschte** **ließ**

Überlegt, an welchen Stellen ihr noch andere treffende Wörter einsetzen könnt.

2 Klärt, durch welche Wörter die Wut des Drachen am deutlichsten zum Ausdruck kommt. Welcher Wortart gehören sie an?

3 Schreibt alle Wörter in eine Spalte, die zeigen, was der Drache tut. Stellt in einer anderen Spalte die Wörter gegenüber, die zeigen, was die Zwerge tun.

Drache	Zwerge
spie	*hörten*
...	...

4 Betrachtet die Endungen der Verben genauer. Welchen Unterschied zwischen Singular und Plural könnt ihr feststellen?

5 „Die Zwerge hörten das Rauschen."
- Ersetzt das Subjekt durch Personalpronomen im Singular und Plural und bildet die entsprechenden Verbformen.
  Ich *hörte*
  Du *hör...*
  Er, Sie, Es *hör...*
  ... ...
- Die Abwandlung der Verbformen nennt man **Konjugation**. Was bleibt bei den Verbformen gleich, was verändert sich?

6 Endungen der Verben, die über die Person informieren, nennt man **Personalendungen**. Über welche Person informiert die Personalendung eindeutig?

7 Überlegt, in welcher Form „spie" im Wörterbuch steht.

8 Die nicht konjugierte Form des Verbs nennt man **Infinitiv.**
- Bildet den Infinitiv zu diesen Formen:
  warf raste ließ pressten
- An welcher Endung könnt ihr den Infinitiv erkennen?

Vergangenes erzählen – Präteritum und Plusquamperfekt

Herakles und die Hydra (Fortsetzung)

Als nun Herakles und Iolaos an den lernäischen Sumpf gelangten, (steigen) sie vom Wagen und (zünden) zuerst ein großes Feuer an. Herakles (kennen) den Schlupfwinkel der Schlange von früher her. Im Schein des lodernden Feuers (nehmen) er den mächtigen Bogen von der Schulter und (halten) jeden in Pech getauchten Pfeil in die Flammen, bevor er ihn auf die Schlange (abschießen). Er (beginnen) also das Versteck der Lernäischen Hydra mit brennenden Pfeilen zu beschießen.

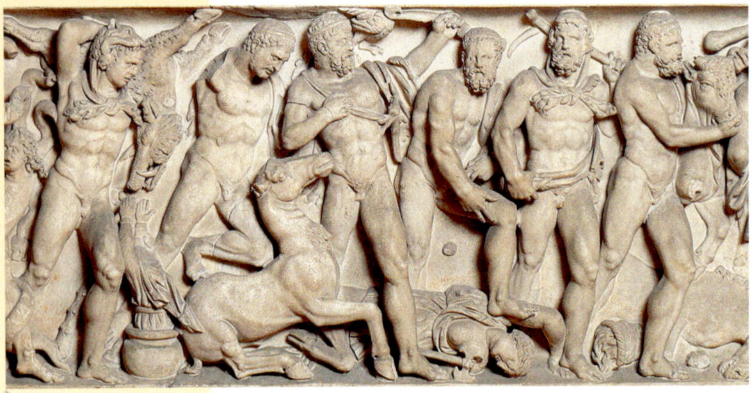

Die Arbeiten des Herakles (Relief, Ausschnitt)

Die neunköpfige Riesenschlange (können) diesem Beschuss nicht lange standhalten. Grauenhaft zischend (kriechen) sie aus ihrem Unterschlupf hervor, geradewegs auf Herakles zu. Der mächtige Körper mit den neun hin und her schwankenden Köpfen (bieten) einen schrecklichen Anblick. Doch Herakles (kennen) keine Furcht. Er (werfen) den Bogen beiseite, (nehmen) die schwere Keule und (stürzen) sich auf die Hydra.

1 Überlegt, in welcher Zeitform **(Tempus)** in Sagen, Märchen, Abenteuergeschichten erzählt wird.

2 Schreibt den Text ab und setzt dabei die eingeklammerten Verben in das richtige Tempus und die richtige Personalform.

3 Untersucht, bei welchen Verben sich der Wortstamm im Infinitiv und im Präteritum unterscheidet und bei welchen er gleich bleibt.

steigen – stieg *gelangen – gelangte*

4 Verben, bei denen sich im Präterium der Stammvokal ändert, werden **starke Verben** genannt. Diejenigen, bei denen der Stammvokal gleich bleibt, heißen **schwache Verben.**
Ordnet alle Verben des Textausschnitts in die Gruppe der starken oder schwachen Verben ein.

Die Lernäische Schlange wich Herakles nicht aus, sie begann ihren mächtigen achtarmigen Körper um Arme, Beine, Körper und Hals des Helden zu schlingen, um ihn zu erwürgen. Herakles aber versetzte der Schlange fürchterliche Schläge mit seiner Keule, wobei er es besonders auf die Köpfe abgesehen hatte. Er zertrümmerte auch drei von ihnen, doch allzu viel Nutzen brachte ihm diese blutige Schlacht nicht. Denn kaum hatte er der Hydra einen Kopf abgeschlagen, wuchsen an derselben Stelle zwei neue, und ihr geschmeidiger Körper wand sich immer fester um Herakles' Arme und Beine, so dass sich der unbezwingbare Held kaum noch bewegen konnte. Wenn er nicht bald etwas gegen diese Umklammerung unternahm, musste er umkommen, und die Schlange würde siegreich aus diesem Kampf hervorgehen.

1 Sucht die Stelle, an der der Erzähler eine andere Stufe der Vergangenheit gewählt hat.

2 Bildet die Formen dieser Zeitstufe für die 3. Person Singular zu folgenden Verben:

gehen kämpfen ausweichen bezwingen

3 Diese Zeitstufe nennt man 3. Vergangenheit oder **Plusquamperfekt**. Untersucht,
- mit welchen verschiedenen Hilfsverben diese Zeitstufe gebildet wird,
- welche Form des Verbs dabei verwendet wird.

4 Die Form „gegangen" nennt man **Partizip Perfekt.**
- Bildet diese Form zu den Verben

zerstören **stürzen** **verlieren** **abschlagen**

- Beschreibt die Unterschiede bei der Bildung des Partizips.

5 Konjugiert die beiden Hilfsverben *sein* und *haben* im Präteritum.

	sein	**haben**
Ich	*war*	*hatte*
Du	…	…
Er/Sie/Es	…	…
Wir	…	…
…	…	…
…	…	…

6 Klärt, welcher zeitliche Zusammenhang durch die Verwendung des Plusquamperfekts ausgedrückt wird. Überlegt, was früher und was später geschieht.

7 Verbindet die folgenden Sätze zu einem Satzgefüge und setzt damit die folgende Tabelle fort.

1. Herakles besiegte den Löwen. Ihn erreichte ein neuer Befehl des Königs.
2. Herakles tauchte die Spitze seiner Pfeile in siedendes Pech. Er konnte sie wie Fackeln anzünden.
3. Herakles beschoss das Versteck der Hydra mit brennenden Pfeilen. Die Hydra verließ ihre Höhle und stellte sich dem Kampf.

vorher vergangen: Plusquamperfekt	**vergangen: Präteritum**
Nachdem Herakles den Löwen besiegt hatte,	*erreichte ihn ein neuer Befehl des Königs.*
…	…

Darstellen, was in der Gegenwart ist – das Präsens

Michael Ende: Die unendliche Geschichte

Bastian liest gerne Bücher, in denen die Helden aufregende Abenteuer erleben. Besonders fasziniert ist er von einem Buch mit dem Titel „Die unendliche Geschichte", mit dem er sich auf den Dachboden der Schule zurückzieht. Auf rätselhafte Weise wird er selbst zu einer Figur in dieser Geschichte und erlebt in dem Reich „Phantásien" spannende Abenteuer. Mit der Kraft seiner Fantasie erfindet er selbst fantastische Wesen wie den Drachen Smärg.

Seine Flügel sind aus schleimiger Haut und haben eine Spannweite von zweiunddreißig Metern. Wenn er nicht fliegt, steht er aufrecht wie ein riesiges Känguru. Sein Leib gleicht dem einer räudigen Ratte, aber sein Schwanz ist der eines Skorpions. Selbst die leiseste Berührung mit dem Giftstachel ist absolut tödlich. Seine Hinterbeine sind die einer Riesenheuschrecke, aber seine Vorderbeine, die winzig und verkümmert aussehen, gleichen den Händen eines kleinen Kindes. Doch darf man sich dadurch nicht täuschen lassen, denn gerade in diesen Händchen liegt eine furchtbare Kraft. Seinen langen Hals kann er einziehen wie eine Schnecke ihre Fühler, und obendrauf sitzen drei Köpfe. Einer ist groß und gleicht dem Kopf eines Krokodils. Aus diesem Maul kann er eisiges Feuer speien. Aber dort, wo beim Krokodil die Augen sind, hat er zwei Auswüchse, die noch einmal Köpfe sind. Der rechte sieht aus wie der eines alten Mannes. Mit ihm kann er hören und sehen. Zum Sprechen aber hat er den linken, der wie das schrumpelige Gesicht eines alten Weibes aussieht.

1 Bei dieser Beschreibung wird ein junger Held, der den Drachen töten soll, etwas blass. Tauscht euch darüber aus, wie diese Beschreibung auf euch wirkt.

2 Untersucht, in welcher Zeitstufe das Ungeheuer beschrieben wird. Überlegt, warum der Autor hier diese Zeitstufe gewählt hat.

3 Schreibt alle Formen der Verben im Präsens heraus. Unterscheidet zwischen
- **Hilfsverben**, die mit anderen Wortarten verbunden sind,
- **Vollverben**, die allein ein Prädikat bilden können,
- **Modalverben**, die mit einem Vollverb im Infinitiv verbunden sind.

Hilfsverb + weitere Wortarten	Vollverb	Modalverb + Vollverb im Infinitiv
sind aus Haut	*fliegt*	*darf sich nicht täuschen lassen*
…	…	…

4 Untersucht, welche Vollverben öfter verwendet werden. Erklärt, wie diese Verben mit Bastians Art der Beschreibung zusammenhängen.

5 Modalverben informieren darüber, ob jemand etwas tun möchte, tun soll, ob etwas möglich ist, …

- Fügt in die folgenden Sätze Modalverben aus dem Wortspeicher ein:

müssen   mögen   wollen   können   sollen   dürfen

1. Den neunten Kopf der Hydra ___ man nicht töten, da er unsterblich ist.
2. Man ___ den Basilisken nicht ansehen, weil sein Blick tötet.
3. Wer gegen Drachen kämpfen ___, ___ sich nicht nur auf seinen Mut verlassen. Er ___ sich gut vorbereiten.
4. Wer ___ nicht nach einem Drachenkampf als Held bewundert werden?

- Vergleicht eure Lösungen und begründet sie.

Herakles und die Hydra (Fortsetzung)

Er warf die Keule weg und umklammerte den riesigen Leib mit bloßen Händen. Endlich gelang es ihm, den Schlangenkörper unter den allergrößten Anstrengungen abzustreifen und mit großem Schwung in den Sumpf zurückzuschleudern. […] Herakles musste erneut nach der schweren Keule greifen, denn schon nahte ein neuer Feind. Ein gewaltiger Krebs mit schrecklichen Scheren stieg aus dem Sumpf empor, um der Hydra beizustehen. Das Ungetüm richtete seine Scheren direkt auf den Hals des Helden. Doch Herakles wusste dem Angriff geschickt auszuweichen und tötete das Tier mit drei wuchtigen Keulenschlägen.

1 Stellt euch vor, Herakles würde heute gegen die Hydra kämpfen und ihr würdet als Reporter den Kampf „life“ im Rundfunk kommentieren. Welche Zeitstufe würdet ihr wählen?

2 Schreibt den Text in diese Zeitstufe um.

- Übt in Gruppen, wie ihr den Text als Rundfunkreporter vortragen wollt.
- Nehmt ihn auf Tonband auf, spielt ihn in der Klasse vor und vergleicht die Ergebnisse.

Lesen und Vorlesen **Seite 103**

In der Gegenwart zurückblicken – das Perfekt

John Ronald R. Tolkien: Der kleine Hobbit

In seiner Wut wendet sich Smaug gegen die Stadt Esgaroth, weil er glaubt, dass deren Bewohner den Zwergen geholfen hätten. Mit seinem Gluthauch steckt der Drache die Stadt allmählich in Brand. Der tapfere Bard ist der letzte Bogenschütze, der den Kampf noch nicht aufgegeben hat. Als er nur noch einen Pfeil hat, flüstert ihm eine Amsel ins Ohr, dass der Drache eine verwundbare Stelle hat.

Dann zog Bard die Bogensehne bis ans Ohr. Der Drache flog niedrig kreisend zurück, und als er herankam, erhob sich der Mond über dem Ostufer und versilberte Smaugs gewaltige Schwingen.
„Pfeil", sagte der Bogenschütze, „schwarzer Pfeil. Ich habe dich als Letzten aufgespart. Du hast nie gefehlt, immer habe ich dich wieder gefunden. Ich habe dich von meinem Vater erhalten [...] als Erbe aus alten Tagen. Wenn du wirklich aus den Schmieden des wahren Königs unter dem Berg kommst, so flieg jetzt, und Glück sei mit dir!"
Der Drache schoss tiefer denn je herab, und als er sich wandte, versprühte seine untere Panzerseite im Mondlicht weißes Edelsteingeglitzer – aber ein einzelner Fleck blieb stumpf. Der große Eibenbogen schwirrte und der schwarze Pfeil verließ in gradem Flug die Sehne, geradewegs hinauf zu jenem stumpfen Fleck in der linken Brustseite, über dem sich die Vordertatze zum Schlag erhoben hatte. Der Pfeil schlug ein – und Widerhaken, Schaft und Feder verschwanden, so scharf war sein Flug. Mit einem Schrei, der Menschen ertauben ließ, Bäume fällte und Steine zersplitterte, schoss Smaug Feuer speiend in die Höhe, überschlug sich und krachte von oben zu Tode getroffen herab.

1 Auf welche Weise gelingt es Bard, den Drachen zu töten? In welcher Zeitform wird davon erzählt?

2 Bard spricht mit dem Pfeil, bevor er ihn abschießt.
- Untersucht, welche Zeitformen er dabei verwendet.
- Überlegt, warum der Erzähler gerade an dieser Stelle eine wörtliche Rede eingebaut hat.

3 Bildet die verschiedenen Personalformen des Perfekts:
ich habe aufgespart
du hast aufgespart
...

4 Vergleicht die Bildung der Formen des Perfekts mit denen des Plusquamperfekts:

ich habe dich erhalten *ich hatte dich erhalten*

- In welcher Zeitform steht das Hilfsverb?
- Welche Verbform bleibt gleich?

5 Perfekt und Plusquamperfekt sind zusammengesetzte Zeiten. Erläutert, wie sie gebildet werden.

6 Schreibt die wörtliche Rede in einen Erzählerbericht um:
Der Bogenschütze hatte den schwarzen Pfeil als letzten aufbewahrt, denn dieser ...
- Überlegt, in welche Zeitform ihr das Perfekt umformen müsst.
- Sucht eine Lösung für die Textstelle: „so flieg jetzt, und Glück sei mit dir!"
- Vergleicht die Wirkung.

In die Zukunft blicken – das Futur

Zwischen Skylla und Charybdis

Nach dem Sieg gegen Troja muss der griechische Held Odysseus auf der Rückkehr in seine Heimat Ithaka noch viele gefährliche Abenteuer bestehen. Eines davon ist die Fahrt durch eine Meerenge, die von zwei entsetzlichen Ungeheuern beherrscht wird. Seefahrer, die dem einen Ungeheuer ausweichen wollten, wurden dadurch Opfer des anderen.

Das Schiff des Odysseus zwischen Skylla und Charybdis

Ein schreckliches Schauspiel! Der Himmel verdüsterte sich, Nebel und Wolken nahmen die Sicht, sprühende Gischt spritzte empor. Zur Linken ragte ein gewaltiger Fels, nie hatte sein Gipfel die Sonne gesehen, Finsternis lag über den Klippen und verhüllte die Höhle mitten im Stein, in der die schreckliche Skylla sich aufhielt, ein Ungeheuer mit sechs grausigen Häuptern.
Zur Rechten aber wohnte das Scheusal Charybdis. Dreimal am Tage sog sie mit mächtigem Stöhnen die Flut ein, trank die See bis zum Grunde des Meers, dreimal spie sie sie dann wieder aus. Kein Seemann hatte je die Schlucht zwischen den Felsen durchquert. Die Schiffe lagen zerstört auf den Klippen, Gebeine und Knochen bedeckten die Ufer. „Nur wenn du es wagst, dich der Skylla zu nähern, und es über dich bringst, sechs deiner Gefährten zu opfern, wirst du dich retten“, hatte Kirke gesagt, und Odysseus befolgte wohl ihren Rat, durcheilte die Reihen der Männer und verbarg die Worte der Göttin im Herzen.

1 „Zwischen Skylla und Charybdis“ ist zur Redewendung geworden. Erklärt, was damit gemeint ist.

2 Welche Rettungsmöglichkeit hat Odysseus von der Zauberin Kirke erfahren?

3 Untersucht die Aussage der Zauberin genauer.
- Von welcher wirklichen Zeit ist hier insgesamt die Rede?
- Welche grammatikalischen Zeitformen werden dabei verwendet?

4 „wirst du dich retten“ – Untersucht genauer, wie das Futur (Zukunft) gebildet ist:
- Konjugiert diese Aussage in den verschiedenen Personalformen:
  Ich werde mich retten.
  Du …
- Formuliert eine Regel zur Bildung des Futurs.

Wissen

Verben

Wörter, die darüber informieren,

- was jemand tut: *Der Drache speit Feuer,*
- was geschieht: *Die Sonne scheint,*
- in welchem Zustand jemand oder etwas ist: *Er bekommt Angst / Er ist verletzt,*

werden Verben (Tunwörter, Zeitwörter) genannt.

Man unterscheidet

- Vollverben, die allein ein Prädikat bilden können: *loben, geben,*
- die Hilfsverben *haben, sein und werden,* mit denen die zusammengesetzten Zeiten gebildet werden oder die mit einem Adjektiv oder Substantiv das Prädikat bilden können: *Er hat Mut,*
- Modalverben, die mit Vollverben verbunden werden und damit über die Art und Weise einer Tätigkeit informieren: *Er kann nicht kommen.*

Im Satzzusammenhang zeigt die grammatische Form des Verbs an,

- auf welche Person sich das Verb bezieht (Wer oder was tut?), Personalendung: *du geh**st***
- in welcher Zeitstufe etwas stattfindet (Wann?). Tempusmarkierung: *er **ging***

Diese Veränderungen nennt man Konjugation.

Verben können in folgende Zeitformen (Tempora) gesetzt werden:

- Präsens (Gegenwart) *ich gehe, ich kämpfe*
- Präteritum (1. Vergangenheit) *ich ging, ich kämpfte*
- Perfekt (2. Vergangenheit) *ich bin gegangen, ich habe gekämpft*
- Plusquamperfekt (3. Vergangenheit) *ich war gegangen, ich hatte gekämpft*
- Futur (Zukunft) *ich werden gehen, ich werde kämpfen*

Im Satzzusammenhang wird meist die finite Form verwendet, die durch

- eine Person,
- den Numerus und
- das Tempus

festgelegt ist.
Im Wörterbuch stehen Verben in ihrer Grundform (Infinitiv).

Verben, die in den Vergangenheitsformen den Vokal des Wortstamms ändern, werden starke Verben genannt:
gehe – ging – gegangen, laufen – lief – gelaufen

Diejenigen Verben, bei denen der Wortstamm gleich bleibt,
heißen schwache Verben:
loben – lobte – gelobt

5. Verhältnisse festlegen – Präpositionen

Siegfried

Siegfried und der Drache (ca. 1800)

Siegmund, der König der Niederlande, hatte einen Sohn, der hieß Siegfried. Schon als Knabe war er mutig und tapfer. Sein Vater ließ ihn ___ die Fremde ziehen, damit er Abenteuer bestehe und ein Held werde. Nur ___ einem Stecken bewaffnet schied Siegfried ___ seiner Heimat. Als er ___ einem Schmied kam, bat er diesen, ihm dienen zu dürfen. Er wollte ein Handwerk erlernen und sich die Waffen ___ seine Heldentaten schmieden. Der Schmied war einverstanden und reichte ihm probeweise den schweren Hammer. Siegfried schlug ___ solcher Kraft zu, dass er den Amboss spaltete und ___ den Boden hineinstampfte. Da erschrak der Schmied ___ den neuen Lehrling und wäre ihn gern wieder losgeworden. ___ böser List schickte er Siegfried um Holzkohlen ___ einer mächtigen alten Linde mitten ___ Wald. Ein Drache hauste dort. „Komme mir ja nicht ohne Kohlen zurück! Und sieh dich vor, der Wald ist voll ___ Untieren!“, rief ihm der Schmied noch nach.

1 Auch wenn ihr die Siegfried-Sage nicht kennt, könnt ihr euch vorstellen, was geschehen wird. Klärt, inwiefern der weitere Verlauf schon durch den Erzählanfang vorgegeben ist.

2 Fügt die fehlenden Wörter ein. Ihr könnt dazu auch den folgenden Wortspeicher benutzen:

von **in** **für** **zu** **über** **mit**

3 Diese Wörter nennt man Verhältniswörter oder Präpositionen.
- Untersucht, zu welcher anderen Wortart sie in Beziehung stehen.
- Sammelt weitere Präpositionen, die ihr kennt.

Siegfried fürchtete sich nicht. Er kam zur Linde, erblickte den Drachen und zerschlug ihm mit seiner Eisenstange den Schädel. Dann trug er einen Berg Holz zusammen, wälzte das Tier darauf und legte Feuer. Als die Flammen aufloderten, sah er, dass die Hornhaut des Untieres zu schmelzen begann. Ein Bächlein rann unter der Glut hervor, und Siegfried tauchte seinen Finger hinein. Das Horn erkaltete, und sein Finger war wie durch einen Panzer geschützt, doch er konnte ihn unbehindert bewegen. Da badete Siegfried in dem flüssigen Horn und wurde dadurch unverwundbar. Nur zwischen den Schulterblättern, ein Lindenblatt war unbemerkt dorthin gefallen, blieb eine kleine Stelle ohne Schutz.

1 Unterstreicht die Präpositionen und untersucht, in welchem Fall das darauf folgende Substantiv steht.

2 Ordnet alle Präpositionen, die ihr gefunden habt, nach den Fällen, die sie bestimmen.

Genitiv	Dativ	Akkusativ
wegen	*zu*	*durch*
...	...	...

3 Überprüft, welche Präpositionen mehrere Fälle bestimmen können. Klärt die Unterschiede in der Bedeutung durch W-Fragen, z. B.:
*Der Drache haust **im** Wald.* *Wo?*
*Siegfried geht ohne Furcht **in den** Wald.* *Wohin?*

4 Ordnet die Präpositionen nach der Art der Beziehung in folgende Tabelle ein. Dabei können euch W-Fragen helfen.

zeitlich	räumlich	...	...	...
seit (gestern)	*unter (dem Baum)*	...	...	...
...	...	...	...	...

Wissen

Präpositionen

Präpositionen (Verhältniswörter) informieren darüber, in welcher Beziehung oder in welchem Verhältnis Personen, Lebewesen, Dinge, ... zueinander stehen.
Sie zeigen Beziehungen

- des Ortes (Lage, Richtung) — in, an, auf, unter, über, ...
- der Zeit — nach, von, innerhalb, ...
- der Art und Weise — gegen, statt, außer, ...
- des Grundes, der Absicht — wegen, trotz, durch, mit,...

Bei der Klärung der Art der Beziehungen helfen W-Fragen, z. B.: wo? wohin? wann? ...
Präpositionen bestimmen den Kasus des darauf folgenden Wortes. Manche können mit mehreren Kasus stehen, haben aber dann eine unterschiedliche Bedeutung:
in der Höhle: Dativ (Lage) *in die Höhle:* Akkusativ (Richtung)

6. Fragen stellen – Fragewörter

Siegfried (Fortsetzung):

Siegfried kehrte nicht mehr zu dem Schmied zurück, sondern zog gegen Worms. Er warb um die schöne Kriemhild, die Tochter des Königs Gibich. Doch ehe noch eine Entscheidung möglich war, geschah etwas Schreckliches. Als Kriemhild eines Abends am Fenster ihrer Kemenate stand, flog mit donnerndem Lärm ein feuerspeiender Drache um die Burg, ergriff Kriemhild und flog mit ihr ins Gebirge. Auf einem hohen Felsen ließ er sich nieder und bewachte seine Beute. Viele Recken zogen aus, um die geraubte Prinzessin zu befreien, aber niemand fand den Schlupfwinkel des Untieres. Auch Siegfried ritt viele vergebliche Male aus, bis eines Tages sein Hund eine seltsame Spur verfolgte. Sogleich erkannte sie Siegfried als Spur des Drachen. Ohne sich Zeit für Speise oder Trank zu nehmen, folgte er ihr über Hügel und Täler vier Tage und Nächte lang. Endlich kam er vor den Drachenstein und wusste nicht, wie er den glatten Felsen erklimmen sollte, auf dessen Spitze der Drache hausen musste. Da flüsterte ihm ein Zwerg ins Ohr: „Dort bei der Eiche schläft der Riese Kuperan. Unter seinem Haupt liegt der Schlüssel zum Drachenstein. Nimm ihn dir!“ Siegfried raubte den Schlüssel, öffnete den Stein und stieg in seinem Inneren lange Zeit hinauf. Endlich fand er die Jungfrau weinend in einer düsteren Höhle sitzen. Sie reichte ihm unter Tränen ein Schwert. Als der Drache herangebraust kam – rote und blaue Flammen umloderten ihn –, tötete ihn Siegfried mit vielen wuchtigen Streichen. Der Held stieg mit der Jungfrau vom hohen Drachenstein herab und trug den Schatz mit sich, den der Drache dem Zwergenkönig Nibelung geraubt hatte. Er dankte den kleinen unsichtbaren Ratgebern und zog mit Kriemhild glücklich in die Heimat.

Kemenate: heizbarer Wohn- und Schlafraum einer Burg im Mittelalter

1 Als Siegfried in seine Heimat zurückkehrt, muss er am Königshof viele neugierige Fragen beantworten. Formuliert Fragen, die ihr ihm gestellt hättet.

2 Fragen werden oft durch Fragewörter eingeleitet.
- Stellt alle Fragewörter zusammen, die ihr verwendet habt.
- Überlegt, welche Satzglieder ihr damit erfragen könnt.

Satzglieder **Seite 220–222**

Wissen

Fragewörter

Fragen, die auf eine inhaltliche Information zielen und nicht nur mit ja oder nein beantwortet werden können, werden mit Fragewörtern eingeleitet. Diese beziehen sich

- auf Personen, Lebewesen, Dinge — wer oder was, wem, wen
- auf Eigenschaften und Beziehungen — was für ein, wie, welches, wessen
- auf Orts-, Zeit- und andere Verhältnisse — wo, wann, warum, …

Fragewörter helfen euch bei der Bestimmung des Kasus, der Wortarten und der Satzglieder.

Übungen

In der Welt hinter dem Spiegel liest Alice in einem Buch folgendes Gedicht:

Der Zipferlake

Verdaustig wars, und glasse Wieben
Rotterten gorkicht im Gemank;
Gar elump war der Pluckerwank,
und die gabben Schweisel frieben.

„Hab acht vorm Zipferlak, mein Kind!
Sein Maul ist beiß, sein Griff ist bohr!
Vorm Fliegelflagel sieh dich vor,
Dem mampfen Schnatterrind.

Er zückt' sein scharfgebifftes Schwert,
Den Feind zu futzen ohne Saum,
Und lehnt' sich an den Dudelbaum
Und stand da lang in sich gekehrt,

In sich gekeimt, so stand er hier:
Da kam verschnoff der Zipferlak
Mit Flammenlefze angewackt
Und gurgt' in seiner Gier.

Mit eins! und zwei! und bis aufs Bein!
Die biffe Klinge ritscheropf
Trennt er vom Hals den toten Kopf,
Und wichernd sprengt er heim.

„Vom Zipferlak hast uns befreit?
Komm an mein Herz, aromer Sohn!
O blumer Tag! O schlusse Fron!
So kröpfte er vor Freud.

Verdaustig wars, und glasse Wieben
Rotterten gorkicht im Gemank;
Gar elump war der Pluckerwank,
und die gabben Schweisel frieben.

„Es klingt recht hübsch", sagte sie, als sie damit zu Ende war, „nur ist es leider *etwas* schwer verständlich! [...] Also, irgendwas ist von irgendwem erschlagen worden, soviel steht jedenfalls fest – "

1 Gebt Alice Tipps, wie sie aus dem Text noch Genaueres über das „irgendwas" und den „irgendwen" erfahren könnte.

2 Betrachtet genauer die ersten beiden Verszeilen.
- Klärt die grammatikalischen Merkmale des Worts „rotterten". Welcher Wortart entsprechen diese?
- Welche Wörter müssen aufgrund ihrer Schreibweise und ihrer Stellung im Satz Substantive sein?
- Ordnet das Wort „verdaustig" aufgrund der Endung und der Beziehung zum Hilfsverb einer Wortart zu.
- Bestimmt durch W-Fragen die Satzglieder.

3 Schreibt alle erfundenen Wörter heraus und ordnet sie nach Wortarten. Wendet dabei euer grammatisches Wissen über die Merkmale der Wortarten an.

4 Stellt Wörter zusammen, die von euch bekannten Wörtern gebildet sind, z. B.:
„Sein Maul ist beiß" → *beißen*
Schlagt aufgrund der Wortbildung eine „Übersetzung" der Wörter vor.

5 Die Bedeutung einiger Wörter könnt ihr erkennen, wenn ihr im Wörterbuch nachschlagt: „Fron", „Lefze", „ohne Saum", „ritsch"

6 Schreibt das Gedicht ab und „übersetzt" es.

Syntax: Von Sätzen und Zeichen

In dieser Einheit könnt ihr lernen,

wie Sätze gebaut sind

- wie ihr die Bausteine von Sätzen erkennt
- welche Satzglieder es gibt und welche Aufgaben sie haben
- wie ihr eure Kenntnisse über den Satzbau nutzen könnt, um eure Texte genauer, lebendiger und informativer zu gestalten

welche Arten von Sätzen es gibt und wie sie miteinander verbunden werden

- welche Absichten ihr mit Satzarten ausdrücken könnt
- wie ihr die wörtliche Rede in Texte einbauen könnt
- was das Komma bei Aufzählungen, bei Ausrufen und Anreden im Satz leistet
- wie ihr Hauptsätze und Nebensätze unterscheiden und verknüpfen könnt
- wie ihr durch euer Wissen über Sätze eure Aufsätze und Texte verbessern könnt

Syntax: Von Sätzen und Zeichen

1. Wie Sätze gebaut sind

Professor X erfindet eine Satzbaumaschine

Professor X ist ein berühmter Forscher und Erfinder. Er hat schon alle Maschinen, die man sich nur denken kann, erfunden.
Professor X mag außerdem Kinder. Daher stellt er sich einer neuen Aufgabe: Alle Schüler stöhnen über die schwierige Grammatik, die sie lernen müssen, und sind traurig über die schlechten Noten, wenn sie in den Grammatikarbeiten Fehler machen. Dem will Professor X nun abhelfen. Für die geplagten Kinder hat er eine Satzbau-Maschine erfunden, die sprechen kann.
Alle Wörter hat der Professor bereits eingegeben. Er drückt die START *-Taste und die Maschine startet tatsächlich:*

1 Beurteilt das Ergebnis.

2 Schreibt die Mitteilung so um, dass sie keine Fehler mehr enthält. Vergleicht euren Text mit dem der Maschine.

3 Stellt zusammen, welche Fehler die Maschine macht. Welche Fähigkeiten muss die Maschine noch erlernen, um verständliche und richtige Sätze bauen zu können?

Von der Umstellprobe zum Prädikat

sprechend Maschine geben Erfinder-Papa ein dick Kuss

1 Wenn ihr diese Mitteilung der Maschine in einen richtigen Satz umformen wollt, habt ihr mehrere Möglichkeiten:

- *Die sprechende Maschine gibt dem Erfinder-Papa einen dicken Kuss.*
- *Dem Erfinder-Papa gibt die …*
- …

Stellt weitere mögliche Sätze zusammen. Ihr könnt dafür jedes Wort einzeln auf ein Pappschild schreiben und euch mit den Schildern in unterschiedlicher Reihenfolge nebeneinander stellen.

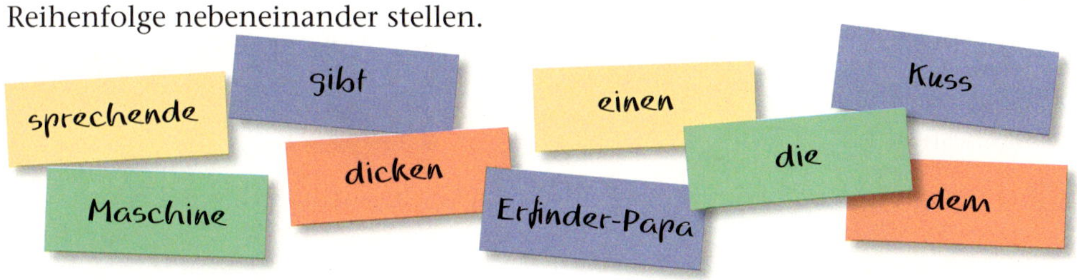

2 Sucht Kombinationen, die nicht möglich sind. Begründet eure Auswahl.

3 Bestimmt die Wörter, die immer zusammen bleiben, wenn ihr die Sätze umbaut. Man nennt diese Gruppen von Wörtern **Satzglieder**.

Arbeitstechnik
Umstellprobe

Wenn man Sätze bildet, schließen sich die Wörter zu Gruppen zusammen, die nicht voneinander getrennt werden können.
Die Wörtergruppen findet ihr durch die Umstellprobe: Verschiebt die Wörter des Satzes, ohne sie zu verändern. Dabei darf der Satz den Sinn nicht verlieren und auch der Inhalt darf sich nicht verändern. Dann erhaltet ihr Gruppen von Wörtern, die nicht voneinander getrennt werden können.
Jede dieser Gruppen bildet ein Satzglied.

1. Der Professor erfindet eines Tages eine großartige Satzbaumaschine.
2. Die Maschine schenkt er sofort seinen Kindern.
3. Diese zeigen den tollen Apparat am nächsten Tag in der Schule.
4. Dem Hund verspricht die neue Maschine sofort einen großen Knochen.
5. Der Professor und seine Frau kaufen dem enttäuschten Hund tatsächlich einen leckeren Knochen.

ITG

1 Findet mit Hilfe der Umstellprobe alle Satzglieder in den Sätzen: Schreibt die Sätze in euer Heft und markiert die Grenzen zwischen den einzelnen Satzgliedern durch senkrechte Striche.
Ihr könnt die Umstellprobe natürlich auch am Computer durchführen.

2 Ein Satzglied verändert seine Position im Satz bei der Umstellprobe nicht, es bildet den festen Kern jedes Satzes:

er	**schenkt**	**seiner Frau**	**die Maschine**
seiner Frau	**schenkt**	**er**	**die Maschine**
die Maschine	**schenkt**	**er**	**seiner Frau**

Dieses Satzglied heißt **Prädikat**. Unterstreicht das Prädikat in euren Sätzen.

3 Benennt die Position des Prädikats im Satz und bestimmt die Wortart, aus der es besteht.

4 Überlegt, welche Bedeutung das Prädikat für den Inhalt des Satzes hat.

deine Frau
die Zeitung
dem Bundeskanzler
dir
du
die Maschine
singe
verspricht
küsst
schreibt
kaufen
ich
die Welt
meinen Papa
den Papa
mich
ein schönes Lied
alle Regierungen
eine Urkunde
dem Professor

1 Bildet Sätze aus den gegebenen Prädikaten und Satzgliedern und schreibt sie nach folgendem Muster in euer Heft:

die Maschine | **küsst** | den Papa

2 Untersucht die Sätze, die ihr gebildet habt. Achtet
- auf die Zahl der möglichen oder notwendigen Satzglieder,
- darauf, ob sich jedes Prädikat mit jedem Satzglied verbinden lässt.

1. Die Kinder erklären dem Professor die Regeln des Satzbaus.
2. Er muss die Regeln in einer Programmiersprache formulieren.
3. Dann ändert er das Programm der Maschine.
4. Die Maschine spricht jetzt richtig gebaute Sätze.
5. Die Kinder haben ihrem Vater geholfen.

3 Bestimmt in den Sätzen die Prädikate.

4 Prädikate, die aus mehreren Teilen bestehen, bilden eine **Satzklammer**.

Er muss die Regeln in einer Programmiersprache formulieren .

Überlegt einmal, wie andere Sprachen mit mehrteiligen Prädikaten umgehen:
He has to transpose the rules in a computer language.
…

5 Überlegt, wie ihr das Satzglied Prädikat in Sätzen finden könnt. Formuliert Fragen, auf die das Prädikat im Satz antwortet.

6 Formuliert für den Professor die Regeln zum Prädikat, die er in seine Satzbaumaschine eingeben muss, wenn sie richtig funktionieren soll.

Das Subjekt

Hallo, lieber Papa!
PIEP grüße dich. Bestimmt kommen bald PIEP zu Besuch und wollen mich sehen. PIEP muss eine Flasche Sekt und Chips kaufen. PIEP bringt dir bestimmt eine Million Euro.
Bist PIEP glücklich?

1 Schreibt diese Mitteilung der Maschine in euer Heft und vervollständigt sie.

2 Das fehlende Satzglied ist das **Subjekt**. Stellt Informationen zum Subjekt zusammen:
- Bestimmt die Wortart(en), aus denen ihr das Subjekt bilden könnt.
- Untersucht den Kasus.
- Untersucht den Zusammenhang zwischen Subjekt und Prädikat.
- Prüft, ob ihr das Subjekt im Satz auch weglassen könnt.

3 Die Endung des Verbs im Satz heißt **Personalendung**.
- Sucht eine Erklärung für diese Bezeichnung.
- Klärt den Zusammenhang zwischen dem Subjekt und der Personalendung des Verbs.

4 Unterstreicht die Personalendungen in eurem Heft.

5 Welche Information liefert das Subjekt im Satz? Formuliert eine geeignete Frage, auf die das Subjekt antwortet.

6 Formuliert für den Professor die Regeln für die Bildung und die Verwendung des Subjekts.

7 Entschlüsselt die folgende Antwort des Professors, indem ihr „PIEP“ durch mögliche Subjekte ersetzt.

> Hallo, geehrte Maschine!
> PIEP kannst ja wirklich sprechen. PIEP bin beeindruckt. PIEP werden staunen und dich bewundern. PIEP wird bestimmt einen Artikel über dich schreiben. PIEP werde sehr viel Geld mit dir verdienen. PIEP wird sicher auch begeistert sein. PIEP ist eine Sensation!

Das Objekt

Der Professor ruft nun sofort seine Frau an, um ihr von seiner fantastischen Erfindung und ihrer allmählichen Verbesserung zu erzählen. In seiner Aufregung aber spricht er ziemlich schnell und verschluckt manche Aussagen:

„Lieber Schatz! Hallo! Schön, dass du zu Hause bist! Ich muss ____ unbedingt ____ erzählen. Ich habe ____ erfunden. Der Apparat kann wirklich sprechen. Alle werden ____ loben und wir werden ____ bekommen. Hoffentlich wird mich niemand ____ beschuldigen. Ich werde ____ ____ kaufen. Bist du stolz auf mich?“

1 Überlegt, ob die Ehefrau diese Nachricht verstehen kann. Schreibt die Nachfragen der Ehefrau auf und ergänzt dann, was der Professor ausgelassen hat.

2 Das fehlende Satzglied ist das **Objekt**. Stellt Informationen zusammen
- zu den Wortarten, die das Objekt bilden können,
- zum Kasus, in dem das Objekt stehen kann,
- zu den Fragen, auf die das Objekt antwortet,
- zu der Zahl der Objekte, die in einem Satz vorkommen.

3 Nun spricht die Ehefrau des Professors, auch sie ist aufgeregt und verschluckt verschiedene Satzglieder.
- Schreibt das Telefonat mit fehlenden Satzteilen als Übungsblatt weiter. Euer Text muss also ebenfalls Leerstellen enthalten, ihr könnt aber jetzt für das Subjekt, das Prädikat oder das Objekt Lücken lassen.
- Tauscht dann die Hefte aus, lasst euren Partner die Fragen stellen und die Lücken füllen.
- Überprüft gegenseitig eure Ergebnisse.

Die adverbiale Bestimmung

Der Professor legt letzte Hand an seine Satzbaumaschine und gibt nun die Regeln für das Subjekt, Prädikat und Objekt ein. Dann will er die Maschine losschicken, um seine Professoren- und Erfinderkollegen zu einer Party einzuladen.

Er programmiert seine Absicht EINLADEN *und drückt die* START *-Taste:*

1 Untersucht diese Einladung. Stellt euch die Reaktion der Empfänger vor.

2 Welche Informationen fehlen? Vervollständigt die Sätze.

3 Die fehlenden Informationen liefert das Satzglied **Adverbial** (die adverbiale Bestimmung), es antwortet zum Beispiel auf die Fragen *wann, wo, warum.* Vergleicht die Sätze mit und ohne adverbiale Bestimmung. Beurteilt,
- ob sie verständlich sind,
- ob sie grammatikalisch richtig sind.

4 Verwendet nun adverbiale Bestimmungen und schreibt und gestaltet eine interessante Einladung zu einer „Satzbaumaschinen-Party" bei Professor X. Markiert jedes Satzglied in eurer Einladung mit einer entsprechenden Satzgliedfarbe (z.B. Subjekte: blau; Prädikate: rot; Objekte: grün; Adverbiale: gelb).

Das Prädikatsnomen

Nun stehen alle Erfinder und Professoren bei Professor X zusammen und bestaunen die sprechende Satzbaumaschine:

Der Professor notiert die Bemerkungen der Kollegen über seine Maschine in sein Notizbuch:

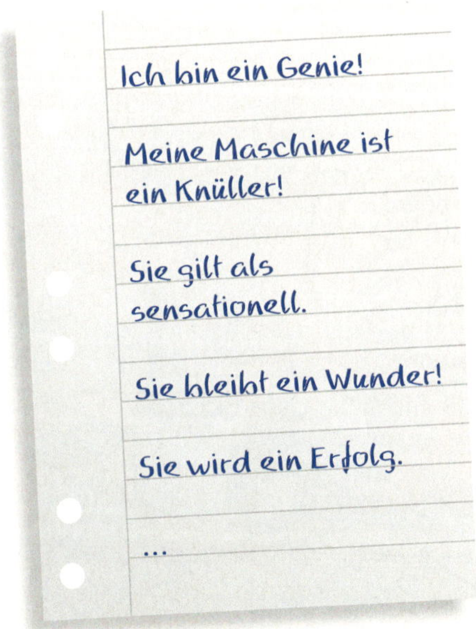

1 Stellt weitere Professoren-Beurteilungen nach diesem Muster zusammen.

2 Wendet die Umstellprobe an und überprüft, ob es sich bei den Aussagen der Professoren jeweils um ein eigenständiges Satzglied handelt.

3 Auf welches Satzglied beziehen sich die Aussagen?

4 Untersucht mit Hilfe der Weglassprobe, was geschieht, wenn ihr die Aussagen weglasst.

Mit der Weglassprobe könnt ihr notwendige von nicht notwendigen Satzgliedern unterscheiden. Nicht notwendige Satzglieder kann man weglassen, der Satz bleibt dadurch aber voll verständlich und grammatikalisch richtig. Lässt man notwendige Satzglieder weg, fehlt dem Satz eine Information, die für den Gesamtsinn unbedingt erforderlich ist.

Arbeitstechnik
Weglassprobe

5 Das neue Satzglied heißt **Prädikatsnomen**. Bestimmt die Wortarten, aus denen im Notizbuch des Professors das Prädikatsnomen gebildet ist.

6 Stellt euch vor, einer der Professoren ist Professor X nicht sehr freundlich gesonnen und ärgert sich über dessen Erfolg. Schreibt auf, was dieser Professor am Abend über Professor X und seine Satzbaumaschine in sein Tagebuch schreibt. Verwendet das Prädikatsnomen.

Das Adjektivattribut

Am nächsten Morgen steht ein Bericht über die Erfindung des Professors in der Zeitung:

Professor X hat eine Maschine erfunden

Sie ist eine Besonderheit: Die Erfindung kann Sätze bauen ...

Der neidische Professorenkollege, der von der Erfindung des Professors ohnehin nicht begeistert ist, schreibt sofort einen Leserbrief:

1 Vergleicht die Wirkung der beiden Texte. Begründet eure Meinung.

2 Schreibt den Leserbrief ab und unterstreicht die Wörter, in denen die Einstellung des neidischen Professors sichtbar wird. Bestimmt die Wortart der unterstrichenen Wörter.

3 Die Wörter, die ihr unterstrichen habt, sind **Adjektivattribute**.
- Überprüft mit der Umstellprobe, ob sie ein eigenes Satzglied bilden.
- Formuliert Fragen, auf welche die Adjektivattribute antworten.

4 Die Kinder, für die der Professor seine Maschine schließlich entwickelt hat, ärgern sich über den neidischen Professor und schreiben ebenfalls einen Leserbrief:
Der kluge, kinderfreundliche Professor X …

Schreibt einen der Leserbriefe und verwendet dabei möglichst viele Adjektivattribute. Ihr könnt wählen: Schreibt den Leserbrief der dankbaren und begeisterten Kinder oder den des neidischen Kollegen.

Arbeitstechnik
Erweiterungsprobe

Satzglieder könnt ihr durch Attribute ergänzen. Das erweiterte Satzglied wird dadurch genauer gekennzeichnet, es verändert aber nicht seine Position oder Bedeutung.
Ihr könnt auch Sätze erweitern, indem ihr nicht notwendige Angaben (Adverbiale) einfügt und die Aussagen so informativer und genauer gestaltet.
Das Einfügen von Attributen oder Adverbialien nennt man Erweiterungsprobe.

5 Gestaltet die Homepage des Professors, auf der er für seine Erfindungen wirbt und sie zum Verkauf anbietet. Setzt Adjektivattribute ein, um für einen überzeugenden Werbeerfolg zu sorgen. Ihr könnt die Seite mit der Hand oder mit dem Computer gestalten.

ITG

Die Stellung der Satzglieder

Die Schüler werden immer gerne an den Professor denken.

Immer werden die Schüler gerne an den Professor denken.

...

...

...

Aber manchmal werden sie sich fragen, ob seine Maschine ihnen wirklich geholfen hat.

Dagegen wird ihn der neidische Kollege hassen.

...

...

...

1 Ordnet jedem der beiden Sätze aus der linken Spalte einen aus der rechten Spalte zu und sprecht über eure Lösungen.

2 Wendet die Umstellprobe an und schreibt die anderen Möglichkeiten für den ersten Satz auf.

3 Erläutert die Wirkung, die ihr mit den verschiedenen Stellungen der Satzglieder erzielt.

4 Formuliert auch für eure Varianten sinnvolle Folgesätze.

Wissen

Satzglieder

Die notwendigen Satzglieder: Prädikat – Subjekt – Objekt

Jeder Satz besteht aus einzelnen Satzgliedern, die ihr durch die Umstellprobe finden könnt. Jedes einzelne Satzglied antwortet auf eine ganz bestimmte Frage.

SUBJEKT	PRÄDIKAT	OBJEKT	
steht immer im **Nominativ**		kann stehen ... ... im **Dativ**	... im **Akkusativ**
antwortet auf die Frage Wer oder was?	antwortet auf die Frage Was tut ...? Was geschieht?	antwortet auf die Frage Wem?	antwortet auf die Frage Wen oder was?
besteht aus einem **Personalpronomen** oder einem **Substantiv**	besteht aus einem **Verb** oder einem **Prädikatsnomen**	besteht aus einem **Personalpronomen** oder einem **Substantiv**	besteht aus einem **Personalpronomen** oder einem **Substantiv**
Die Maschine	*gibt*	*dem Professor*	*einen dicken Kuss*

Seltener kommt auch ein Genitiv-Objekt vor, es steht aber nur bei bestimmten Prädikaten wie *gedenken, sich erbarmen, beschuldigt werden, angeklagt werden* u. a. Das Objekt im Genitiv antwortet auf die Frage: *Wessen?*

Er gedenkt ***meiner****.*
Sankt Martin erbarmt sich ***des Bettlers****.*
Der Spieler wurde ***des Feldes*** *verwiesen.*
Die Frau wird ***des Mordes*** *beschuldigt.*

Das wichtigste Satzglied ist das Prädikat. Es wird aus einem konjugierten Verb gebildet und steht im Aussagesatz an der zweiten Stelle. Das Prädikat bildet den Satzkern, um den sich die anderen Satzglieder gruppieren.
Auch die Zahl der möglichen bzw. notwendigen Objekte hängt vom Prädikat des Satzes ab.

Ein Prädikat kann auch aus zwei Teilen bestehen und andere Satzglieder wie in einer Klammer einschließen:

Der Professor ***lädt*** *die Nachbarn* ***ein****.*

Die Maschine ***soll*** *mit dem Professor* ***sprechen****.*

Die Endung des konjugierten Verbs richtet sich nach dem Subjekt. Sie ist abhängig von der Person und dem Numerus. Man nennt diese deshalb Personalendung:

Der Professor *spricht.*
Der Professor und die Maschine *sprechen.*

Die Angaben: Das Adverbial

Bei vielen Mitteilungen benötigt man neben dem Subjekt, dem Prädikat und den Objekten noch weitere Angaben, um ausreichend und umfassend zu informieren. Das zuständige Satzglied ist die adverbiale Bestimmung (Adverbial).

ADVERBIAL
antwortet auf die Fragen Wann? Wo? Womit? Warum? Weshalb? Wie?…

Das Adverbial antwortet auf die W-Fragen, die noch nicht durch das Subjekt und die Objekte beantwortet werden. Ihr findet mögliche Adverbiale durch die Erweiterungsprobe, da sie keine notwendigen Satzglieder, sondern ergänzende Angaben sind. Ihr könnt eure Sätze durch Adverbiale erweitern und damit informativer und lebendiger gestalten.

Das Prädikatsnomen

Prädikate, die durch die Hilfsverben *sein* und *werden* sowie Verben wie z. B. *gelten als, bleiben, heißen* und *erscheinen* gebildet werden, brauchen noch ein weiteres Satzgliedteil, das Prädikatsnomen. Es ist ein notwendiger Teil des Prädikats, wie ihr durch die Weglassprobe feststellen könnt. Es informiert genauer über das Subjekt. Das Prädikatsnomen kann aus einem nicht deklinierten Adjektiv, einem Substantiv oder weiteren Wortarten bestehen.

Meine Maschine ist ***toll***. *Sie gilt als ein* ***Wunder***.

Das Adjektivattribut

Satzglieder, die mit einem Nomen gebildet sind, können durch das Einfügen von Adjektiven erweitert und damit genauer, lebendiger und informativer gestaltet werden. Diese Adjektive bilden dann kein eigenes Satzglied, sondern sind nur ein Teil eines Satzglieds, ein (Adjektiv-)Attribut. Mit der Erweiterungsprobe kann man herausfinden, ob man ein Attribut einfügen kann.

Der Professor schreibt einen Bericht.
Der ***kluge*** *Professor schreibt einen* ***spannenden*** *Bericht.*

Die Stellung der Satzglieder im Satz abzuwechseln hilft euch, euren Text lebendig zu gestalten. Wenn ihr ein anderes Satzglied als das Subjekt an den Anfang des Satzes rückt, könnt ihr es dadurch betonen und hervorheben.

Folgende **Begriffe** müsst ihr euch aus diesem Kapitel merken:

Satzglieder:
- Subjekt
- Prädikat
- Objekt (im Dativ, im Akkusativ)
- Adverbial
- Prädikatsnomen

Satzgliedteile:
- Adjektivattribut

Folgende **Methoden** solltet ihr anwenden können,

- um einen Satz in Satzglieder einzuteilen: Umstellprobe
- um notwendige Satzglieder zu finden: Weglassprobe
- um Satzgliedteile einzufügen und nicht notwendige Satzglieder zu finden: Erweiterungsprobe

Übungen

Die Talkshow

Am Samstagabend besucht der Professor eine bekannte Talkshow. Seine Maschine nimmt er mit. Er hat seinen besten Anzug und die gepunktete Krawatte angezogen. Das gestreifte Hemd hat er zuvor gebügelt. Die Maschine ist blitzblank. Sie glänzt im Scheinwerferlicht. Der schicke Talkmaster lächelt der Maschine zu. Er stellt ihr dumme Fragen. Die Maschine schaut den Talkmaster an. Sie schweigt. Sie will keine Antworten geben. Der Professor schwitzt. Der Talkmaster ist sauer. Den ganzen Abend ist die Maschine still. Am Ende der Sendung sagt sie: „Ich hasse Talkshows. Sie sind doof. Ich besuche gern die Tagesschau!“

1 Schreibt den Text ab und bestimmt alle Satzglieder des Textes. Wendet zunächst die Umstellprobe an, dann die Satzgliedfragen. Unterstreicht jedes Satzglied in einer anderen Farbe.

Das Satzbaumaschinen-Spiel

Projekt

Ihr benötigt:

- mindestens zwei Spieler
- einen Satzgliedfragen-Würfel
- Satzgliedkärtchen in ausreichender Zahl

Vorbereitung des Spiels:

2 Bastelt einen Satzgliedfragen-Würfel nach dem vorgegebenen Muster (Klebestreifen nicht vergessen!). Statt der Zahlen müssen eure Würfelseiten die Satzgliedfragen zeigen.

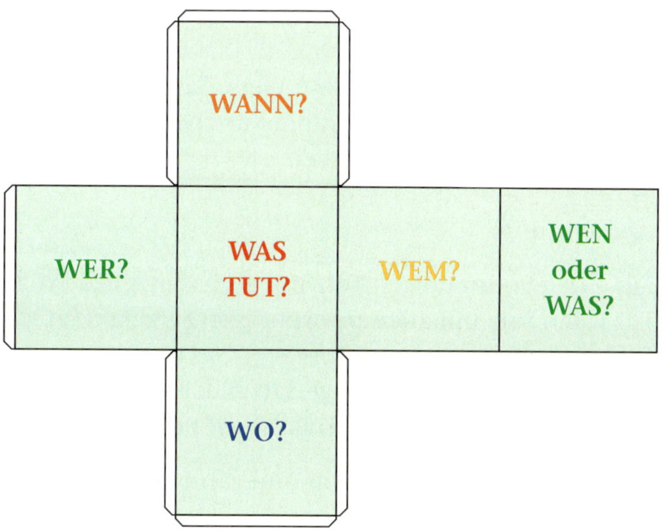

3 Bastelt eine große Menge Satzgliedkärtchen, die die Satzgliedfragen des Würfels beantworten. Verwendet beim Subjekt und beim Prädikat nur die dritte Person Singular und die dritte Person Plural.
Tipp: Verteilt Singular und Plural möglichst gleichmäßig.

WER?	WAS TUT?	WEM?	WEN/WAS?	WANN?	WO?
Tina	*singt*	*Susi*	*den Hund*	*am Abend*	*in der Küche*
der Lehrer	*geben*	*Spiderman*	*die Tante*	*immer montags*	*auf dem Friedhof*
Donald Duck	*küssen*	*dem Auto*	*mich*	*regelmäßig*	*um die Ecke*
Dracula	*kauft*	*der Klassenarbeit*	*den Knochen*	*morgens um acht Uhr*	…
Die Klasse 5c	*nimmt*	*dem Arzt*	…	…	…
…	…	…	…	…	…

4 Schneidet die Satzgliedkärtchen auseinander und legt sie nach Satzgliedern geordnet in offenen Stapeln in die Mitte.

Spielverlauf:

Die Spieler würfeln reihum. Der Spieler muss das Satzglied, das auf die gewürfelte Satzgliedfrage antwortet, benennen und darf dann ein passendes Kärtchen, das auf die Satzgliedfrage antwortet, von einem der Stapel nehmen.
Weiß der Spieler das gewürfelte Satzglied nicht oder greift ein unpassendes Kärtchen, so geht er leer aus.
Die Spieler sammeln auf diese Weise Satzglieder und fügen sie zu Sätzen zusammen. Das Spiel endet, wenn die Kärtchen aufgebraucht sind und keine sinnvolle Satzerweiterung mehr möglich ist.

Abrechnung:

Für einen vollständigen Satz mit sechs Satzgliedern gibt es 8 Punkte.
Für jeden Satz mit allen notwendigen Satzgliedern gibt es für jedes verwendete Satzglied einen Punkt.
Für Sätze, denen notwendige Satzglieder fehlen, gibt es keine Punkte.
Der Spieler mit den meisten Punkten hat gewonnen.

Tipp: Spielt mehrere Runden und zählt alle Punkte zusammen.

2. Satzarten, Satzverknüpfungen, Satzzeichen

Als Redakteur bei einer Schülerzeitung

Die Satzarten

1 Überlegt, was ihr von einer Schülerzeitung erwartet.

2 Gibt es an eurer Schule eine Schülerzeitung? Ladet einen Redakteur ein, der euch von seiner Arbeit erzählt.

Die Redakteure der Schülerzeitung wollen in einem Brief an die neuen Fünftklässer auf ihre Schülerzeitung aufmerksam machen. Hier ist der Entwurf des Chefredakteurs zu diesem Brief:

AN DIE NEUEN

- Name der Schülerzeitung
- Interesse am Schreiben
- Redakteur werden
- schon eingelebt
- Treffen freitags 15.00 Uhr Bibliothek
- Artikel schreiben

…

3 Untersucht die Notizen des Chefredakteurs: Welche unterschiedlichen Absichten verfolgt er mit seinem Brief?

4 Ergänzt die Notizen und ordnet sie nach den unterschiedlichen Absichten.

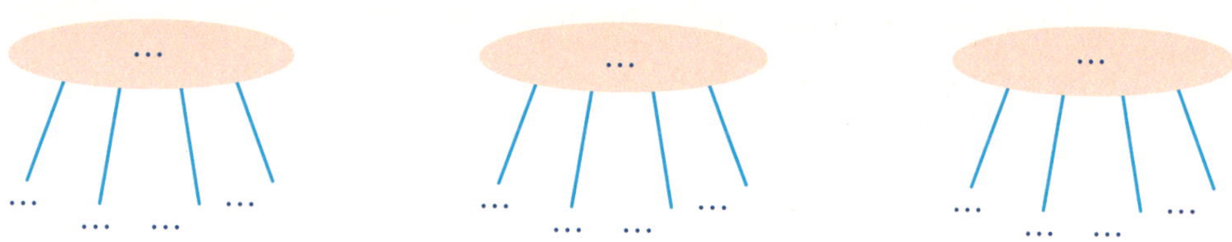

5 Formuliert die Notizen in ganzen Sätzen. Verwendet die notwendigen Satzzeichen und überlegt, wie die drei Arten von Sätzen jeweils genannt werden könnten.

6 Untersucht die Stellung des konjugierten Verbs in den verschiedenen Satzarten. Was fällt euch auf?

7 Überlegt, wie der Chefredakteur seinen Brief aufbauen könnte.

8 Gestaltet den Brief der Schülerzeitungsredaktion.
- Baut alle Notizen mit ein.
- Verwendet die verschiedenen Satzarten und die entsprechenden Satzschlusszeichen.
- Denkt auch an
  - das Komma zwischen Ort und Datum: *Stuttgart, den 20. Oktober 2003*
  - das Ausrufezeichen nach der Anrede: *Liebe Neue!*

9 Vergleicht eure Briefe: Welche wecken am besten das Interesse an einer Mitarbeit an der Schülerzeitung? Begründet eure Meinung.

Die wörtliche Rede

Die Unterstufenredaktion gestaltet für die neuen Fünftklässer einen kleinen Schreibwettbewerb. Sie veröffentlicht folgende Seite in der Schülerzeitung:

Was haben die beiden wohl gesprochen?
Schreibt ein originelles Gespräch auf und schickt es an die Redaktion!
Der beste Beitrag wird prämiert! Tolle Preise!

Ein Leser schreibt spontan seine Idee auf:

> Hi. Hallo. Kenne ich dich schon? fragt Paul. Paula. Nein. Nein? Fragt Paul. Aber ich möchte dich sehr gerne kennen. Warst du schon in dem neuen Kino um die Ecke? Um die Ecke? Paul antwortet. Um die Ecke. Ich schon.

1 Überlegt, warum man das Gespräch nicht so leicht versteht.

2 Schreibt das Gespräch so auf, dass man weiß, wer etwas sagt und fragt.

3 Lest nun genau und konzentriert die Regeln zur wörtlichen Rede im Wissenskasten auf S. 228 durch.
- Überprüft, ob ihr diese Regeln beachtet habt.
- Markiert die wörtliche Rede und den Redebegleitsatz mit unterschiedlichen Farben.

4 Schreibt einen lustigen und originellen Wettbewerbsbeitrag.

5 Tauscht eure Texte aus und kontrolliert gegenseitig eure Zeichensetzung.

6 Tragt eure Texte vor und prämiert den lustigsten.

Die Satzarten

Wissen

Verschiedene Absichten könnt ihr ausdrücken, indem ihr verschiedene Satzarten verwendet.

	AUSSAGESATZ	FRAGESATZ	AUFFORDERUNGSSATZ	AUSRUFESATZ
Satzschlusszeichen	Punkt .	Fragezeichen ?	Ausrufezeichen !	Ausrufezeichen !
Absicht	mitteilen, beschreiben, wiedergeben, behaupten, erzählen …	etwas wissen wollen, fragen, etwas erfahren wollen …	befehlen, bitten, wünschen, auffordern …	Gefühle ausdrücken wie Freude, Überraschung, Ärger …
Besonderheiten	konjugiertes Verb in der Regel an der zweiten Stelle des Satzes	Verb an der ersten Stelle des Satzes oder hinter einem Fragewort (warum, wie, wann)	Verb im Imperativ an der ersten Stelle des Satzes	Jeder Aussagesatz kann auch zum Ausrufesatz werden, wenn er mit Nachdruck gemeint ist: *„Ach du Schreck!“* *„Puh, diese Hitze ist schrecklich!“*

Die wörtliche Rede

Wenn ihr ein Gespräch verständlich und nachvollziehbar wiedergeben möchtet, müsst ihr vor und hinter die wörtliche Rede ein Anführungszeichen setzen.
Häufig steht bei der wörtlichen Rede ein Redebegleitsatz, der klarstellt, wer spricht.

Es gibt drei Möglichkeiten, die wörtliche Rede und den Redebegleitsatz zu verknüpfen:

- Der Redebegleitsatz leitet die wörtliche Rede ein:

Redebegleitsatz: „Aussage."
Paula sagt: *„Ich möchte dich kennen lernen."*

Redebegleitsatz: „Frage?"
Paul fragt: *„Warst du schon in dem neuen Kino?"*

Redebegleitsatz: „Aufforderung!"
Paula ruft: *„Komm!"*

Wichtig: Am Ende des Redebegleitsatzes steht ein Doppelpunkt.

- Der Redebegleitsatz steht hinter der wörtlichen Rede:

„Aussage", **Redebegleitsatz.**
„Ich möchte dich kennen lernen", ***sagt Paula.***
(Achtung! Der Punkt im Aussagesatz entfällt!)

„Frage?", **Redebegleitsatz.**
„Warst du schon im neuen Kino?", ***fragt Paul.***

„Aufforderung!", **Redebegleitsatz.**
„Komm!", ***ruft Paula.***

Wichtig: Vor dem Redebegleitsatz steht ein Komma.

- Der Redebegleitsatz unterbricht die wörtliche Rede:

„Aussage Teil 1", **Redebegleitsatz,** „Aussage Teil 2."
„Ich", ***sagt Paula,*** *„möchte dich kennen lernen."*

„Frage Teil 1", **Redebegleitsatz,** „Frage Teil 2?"
„Warst du", ***fragt Paul,*** *„schon in dem neuen Kino?"*

„Aufforderung Teil 1", **Redebegleitsatz,** „Aufforderung Teil 2!"
„Komm", ***ruft Paula,*** *„und vergiss deine Jacke nicht!"*

Wichtig: Der Redebegleitsatz wird durch Komma eingeleitet und abgeschlossen. Beide Teile der wörtlichen Rede werden in Anführungszeichen gesetzt.

Übungen

Aufs Wort glauben

Eines Tages wollte sich ein Nachbar den Esel des Hodscha ausleihen. Der Esel ist nicht da erwiderte der Hodscha. In diesem Augenblick vernahm man vom Stall her das Geschrei des Tieres. Der Nachbar sagte Wie kannst du den Esel verleugnen. Hörst du denn nicht, dass er drinnen im Stall schreit. Der Hodscha wiegte den Kopf hin und her. Allah, Allah sagte er was bist du doch für ein sonderbarer Mensch. Mir, der ich einen weißen Bart habe, willst du nicht glauben, das Geschrei eines Esels gilt dir mehr.

Mullah: Titel von islamischen Geistlichen und Gelehrten

1 Schreibt den Text ab und fügt die richtigen Satzzeichen mit einem farbigen Stift ein. Achtet auf
- ✔ Fragesätze,
- ✔ Aufforderungssätze,
- ✔ wörtliche Rede und Redebegleitsätze.

2 Begründet die Fälle, in denen ihr ein Frage- oder Ausrufezeichen eingesetzt habt.

Witze

Kommt ein Schüler nach Hause und strahlt: „Pappi heute habe ich mich als Einziger gemeldet." – „Ist ja Spitze", sagte der Vater. „Was hat denn der Lehrer gefragt?" „Er hat gefragt, wer die Hausaufgaben nicht gemacht hat."

Ein Pilot nachts beim Landeanflug. Funkt zum tower: „Huhu, ratet mal wer da kommt!" Da schaltet der Fluglotse die Landebahnbeleuchtung aus und ruft: „Huhu, nun rate mal, wo wir sind."

„Alarm, Alarm!", ruft der Schimpanse durch den Urwald. „Schnell die Fernseher und Radios verstecken und dumm stellen. Die Tierforscher kommen."

„Warum kommen sie denn wieder zu spät?", fragt der Chef. „Wissen sie am Aufzug hängt ein Schild, auf dem steht: Nur für 5 Personen. Und wissen sie, wie lange es gedauert hat, bis noch 4 Personen dazu gekommen sind?"

3 Gestaltet zu zweit eine „Witze-Seite" für die Schülerzeitung. Verwendet dabei die unterschiedlichen Satzarten und viel wörtliche Rede und Redebegleitsätze. Achtet auf die richtigen Satzzeichen, damit eure Pointen auch ankommen. Reicht eure gelungensten Entwürfe bei eurer Schülerzeitung ein.

Projekt

Die Aufzählung

In der Schule entdecken die Schülerzeitungsredakteure folgendes Plakat:

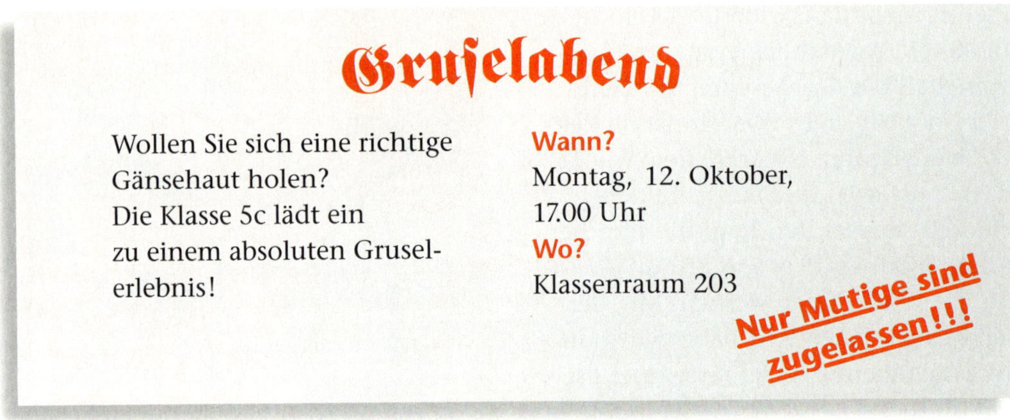

1 Wie stellt ihr euch einen solchen „Gruselabend“ vor?

Die Unterstufenredaktion beschließt, sich frühzeitig über die Veranstaltung zu informieren, um später ausführlich darüber berichten zu können. Der Klassensprecher der 5c zeigt dem zuständigen Reporter die Planungswand:

Der Reporter ist von der Organisation beeindruckt und möchte einen Bericht über die Vorbereitungen der Klasse schreiben. Er notiert sich:

Einige Schüler kaufen Kordel, Papier und Kerzen ein.
Die Eltern backen gruselige Muffins, spenden Blut-Traubensaft und ...
Die Schüler müssen rechtzeitig die Verdunklung testen, sie müssen Kerzen aufstellen und ...

1 Schreibt alle übrigen Vorarbeiten der Klasse 5c nach diesem Muster auf.

2 Formuliert eine Regel für die Verwendung des Kommas und der Konjunktion *und* bei Aufzählungen.

Die Satzreihe

Die Schüler der Klasse 5c wollen für den Gruselabend Gruselgeschichten schreiben. Zwei Geschichten beginnen so:

1
Nachdem es Nacht geworden ist, steht der Mond bleich am Himmel, während die Sterne fahl funkeln. Weil ein leichter Wind weht, rascheln die Blätter leise. In der Ferne heult der Hund, der schon tagsüber keine Ruhe gegeben hat. Nachdem sich eine Eule von einem Ast erhoben hat, fällt ein Schatten über den See, der einsam daliegt...

2
Der Mond steht bleich am Himmel, Sterne funkeln fahl und die Blätter rascheln leise. In der Ferne heult ein Hund, eine Eule erhebt sich von einem Ast und ihr Schatten fällt über einen einsamen See...

1 Vergleicht die Wirkung der beiden Texte: Wirken sie gruselig? Begründet.

2 Untersucht, wie die Sätze des zweiten Textes gebaut und wie sie zusammengefügt sind.

3 Bei einer Aufzählung von Hauptsätzen spricht man von einer **Satzreihe**. Schreibt selbst einen möglichst gruseligen Text, der nur aus Satzreihen besteht.

Das Satzgefüge

Der Reporter besucht den Gruselabend. Er schreibt darüber folgenden Artikel:

Der Raum ist verdunkelt. Monsterbilder schmücken die Wände. Überall bewegen sich Spinnfäden unter der Decke. Kerzen beleuchten das Zimmer. Die Schüler tragen Gruselgeschichten vor. Die Eltern klatschen besonders laut. Es gibt eine kurze Pause. Die Klasse trägt eigene Gruselgedichte vor. Die 5c singt ein Abschlusslied. Alle Gäste applaudieren und rufen „Bravo". Die Klasse verkauft am Ende noch ihr „Gruselbuch" an die Besucher.

1 Stellt euch vor, ihr wärt die Mitredakteure. Diskutiert über diesen Artikel.

2 Der Redakteur hat viele seiner Notizen noch gar nicht verwendet.

- Abschlusslied, das die Musiklehrerin mit der Klasse geprobt hat
- Bravorufen
- nur Kerzenbeleuchtung, Schüler singen ein gruseliges Eröffnungslied
- Verdunkelung, weil es um 17.00 Uhr noch zu hell ist
- Gruselgedichte, nachdem alle gestärkt sind
- Spinnfäden bewegen sich, sobald sich jemand setzt oder aufsteht
- selbst geschriebene Gruselgeschichten
- besonders lautes Klatschen, wenn Texte gut gefallen haben
- Gruselbuch, das alle vorgetragenen Texte enthält
- Pause, damit alle Gruselmuffins essen und Bluttraubensaft trinken können
- Monsterbilder, haben die Schüler im Kunstunterricht gestaltet

Schreibt seinen Text ab und versucht ihn mit Hilfe der Stichworte zu verbessern. Verwendet nicht alle Stichworte, sondern überlegt, wo der Text dadurch wirklich gewinnt.

3 Die Sätze, die ihr eingefügt habt, heißen **Nebensätze**. Sie können im Gegensatz zu Hauptsätzen nicht alleine stehen. Unterstreicht alle Nebensätze in eurem Text.

4 Untersucht, wie sich Haupt- und Nebensätze unterscheiden. Achtet vor allem auf den Aufbau der Sätze.

5 Die Verbindung eines Hauptsatzes mit einem oder mehreren Nebensätzen nennt man **Satzgefüge**. Im Satzgefüge werden Haupt- und Nebensatz durch Kommas voneinander getrennt.

Der Raum ist verdunkelt, weil es um 17.00 Uhr noch zu hell ist.

Überprüft in Partnerarbeit gegenseitig die Zeichensetzung in dem von euch überarbeiteten Artikel.

6 Untersucht, wie der Hauptsatz sich verändert, wenn der Nebensatz im Satzgefüge vor dem Hauptsatz steht:

Weil das Programm allen gefallen hat, applaudieren alle Gäste.

Das Komma bei Ausruf und Anrede

In einer Schülerzeitungs-Redaktionssitzung geht es manchmal hektisch zu:

1 Überlegt, was diesen Sätzen gemeinsam ist.

2 Formuliert eine Regel für die Zeichensetzung bei der Verwendung von Anreden oder Ausrufen im Satz.

3 Stellt euch vor, eure Klasse schreibt in der nächsten Stunde eine Klassenarbeit. Formuliert ähnliche Sprechblasen für die letzten fünf Minuten, bevor der Lehrer mit den Arbeiten euren Klassensaal betritt. Baut Ausrufe und Anreden in eure Sätze ein.

Wissen

Die Aufzählung

Ihr könnt Wörter und Wörtergruppen bzw. Satzglieder aufzählen.
Gleichrangige Glieder einer Aufzählung werden durch Kommas voneinander getrennt. Wenn *und* oder *oder* zwei Glieder der Aufzählung verbinden, entfällt an dieser Stelle das Komma:

Dracula, Monster *und* ***Zombies ...*** (Wörter)
Die Geister spuken ***in der Nacht, am Abend*** *und* ***am Tag.*** (Satzglieder)

Anrede und Ausruf im Satz

Anreden und Ausrufe werden im Satz durch Komma abgetrennt:

Liebe Gäste, *Sie sind herzlich willkommen!*
Peter, *kommst du?*
Hurra, *ich habe gewonnen!*

Hauptsatz und Nebensatz

So könnt ihr Hauptsatz und Nebensatz unterscheiden:

Hauptsatz	Nebensatz
Der Hauptsatz kann alleine stehen.	Der Nebensatz kann nicht alleine stehen, sondern hängt von einem Hauptsatz ab.
Das konjugierte Verb steht meist an der zweiten Stelle.	Das konjugierte Verb steht am Ende des Nebensatzes.
	Der Nebensatz wird durch kennzeichnende Wörter eingeleitet, z. B. • eine unterordnende Konjunktion: *als, nachdem, weil, obwohl, damit ...* • ein Relativpronomen: *welcher, welche, welches, der, die, das, ...*

Die Satzreihe

Werden vollständige Hauptsätze durch Komma getrennt oder durch *und* oder *oder* verbunden, handelt es sich um eine Satzreihe.

Die Werwölfe heulten, eine Eule flog plötzlich auf und ein geheimnisvolles Boot verließ das Ufer.

Das Satzgefüge

Die Verbindung eines Hauptsatzes mit einem oder mehreren Nebensätzen nennt man Satzgefüge.

Im Satzgefüge kann der Nebensatz

- dem Hauptsatz folgen:

  *Der Raum wird verdunkelt, **weil es um 17.00 Uhr noch hell ist.***

- in den Hauptsatz eingeschoben sein:

  *Der Raum wird, **weil es um 17.00 Uhr noch hell ist**, verdunkelt.*

- dem Hauptsatz vorangestellt werden:

  *Weil es um 17.00 Uhr noch hell ist, **wird der Raum [...] verdunkelt.***
  (Achtung! Bei dieser Kombination rückt das konjugierte Verb im Hauptsatz an die erste Stelle!)

Nebensatz und Hauptsatz werden durch ein Komma voneinander getrennt. Wenn mehrere gleichrangige Nebensätze von einem Hauptsatz abhängen, gilt die Regel zur Aufzählung.

Folgende **Begriffe** zum Satz müsst ihr euch aus diesem Kapitel merken:

- Aussagesatz
- Fragesatz
- Aufforderungssatz
- Ausrufesatz
- Hauptsatz (HS)
- Nebensatz (NS)
- Satzreihe (HS–HS)
- Satzgefüge (HS–NS)

Folgende **Regeln der Zeichensetzung** solltet ihr anwenden können:

- Komma bei der Aufzählung
- Komma bei der Anrede
- Komma bei Ausrufen
- Zeichensetzung in Satzgefügen
- Zeichensetzung bei der wörtlichen Rede und den Redebegleitsätzen

Übungen

Aus dem „Gruselbuch" der Klasse 5c

1. Dracula zerfiel zu Staub. Ein Sonnenstrahl hatte ihn getroffen.
2. Das Monster setzte zum Sprung an. Es hatte wohl Hunger.
3. Der seltsame Geist kam immer näher. Er schimmerte im fahlen Mondlicht.
4. Aus der Ecke ertönte ein schreckliches Lachen. Peter betrat das Zimmer.
5. Tina schaute gerade fern. Ihr Sessel hob sich vom Boden und begann zu schweben.
6. Lisa rannte schreiend aus dem Bus. Am Steuer saß ein grünes Monster.
7. Ein Geist saß im Sessel. Er hatte grün-goldene Locken und eine rosa Nase.

1 Bildet aus diesen Hauptsätzen jeweils ein Satzgefüge mit einem Haupt- und einem Nebensatz. Unterstreicht den Nebensatz und kreist das Einleitungswort des Nebensatzes ein.

Die Klasse 5a veranstaltete ein Fußballturnier. Es fand in der Turnhalle statt. Vier Mannschaften spielten gegeneinander. In jeder Mannschaft waren sieben Schüler. Die Eltern wurden eingeladen. Die Freunde wurden informiert. Die Mannschaften gaben sich selbst lustige Namen. Eine Mannschaft hieß „Die rosa Tiger". Eine Mannschaft nannte sich „Die Beachboys". Die dritte Mannschaft hieß „Girlpower". Die vierte Mannschaft waren die „Oliver-Kahn-Fans". Die Spiele waren sehr spannend. Die Zuschauer waren begeistert. Der Sportlehrer heißt Herr Müller. Er war der Schiedsrichter. Er musste nur manchmal eingreifen. Die Fußballer spielten meistens fair. In der Halbzeit gab es belegte Brötchen. Es gab auch Apfelsaft. Die Eltern hatten Brötchen und Saft gespendet. Das Endspiel bestritten „Die Tiger" und „Girlpower". Das Spiel wurde erst mit dem Elfmeterschießen beendet. Es endete 8:7.

2 Die Schülerzeitung berichtet regelmäßig auch über Sportveranstaltungen an der Schule. Die Klasse 5a legt der Redaktion diesen Entwurf eines Artikels vor. Diskutiert darüber in der Rolle der Redakteure.

3 Schreibt den Text so um, dass es ein interessanter Bericht wird. Setzt dabei um, was ihr über Aufzählungen, Satzreihe und Satzgefüge gelernt habt. Achtet auf die Zeichensetzung.

Rechtschreiben

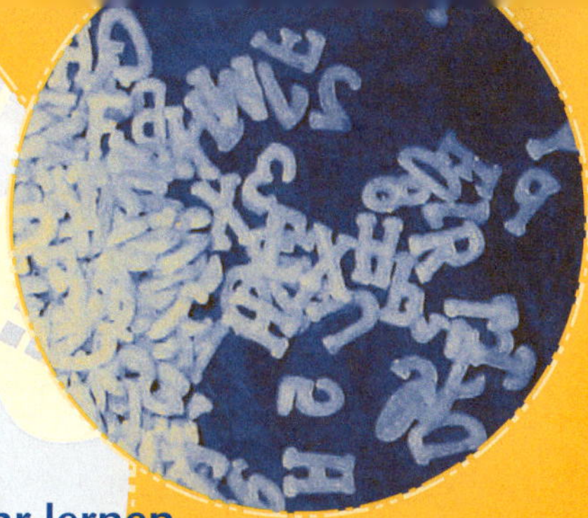

In dieser Einheit könnt ihr lernen,

welche Wörter groß- und welche kleingeschrieben werden

wie lang gesprochene Vokale gekennzeichnet werden

wie kurz gesprochene Vokale gekennzeichnet werden

wie ihr bei ähnlich klingenden Lauten die richtige Schreibweise findet

welche Regeln euch bei der Schreibung der s-Laute helfen

wie sich die Wörter in Silben trennen lassen

wie ein Wörterbuch aufgebaut ist und wie ihr es verwenden könnt

welche Arbeitstechniken ihr einsetzen könnt, um Fehler zu erkennen und zu vermeiden

Rechtschreiben
Von Flöhen, Bären und anderen Tieren

1. Groß- und Kleinschreibung

Einfache Regeln

Werner Dürrson: flohgedicht

der gefangene floh

der gefangene floh
man fragt sich wieso
der war plötzlich
nicht mehr zu finden

vermutlich weil
der gefangene floh

ach so

1 Schreibt dieses Gedicht in normaler Groß- und Kleinschreibung in euer Heft ab. Welche Probleme entstehen dabei? Begründet eure Schreibweisen.

2 Sicher kennt ihr bereits die wichtigsten Regeln der Großschreibung. Schreibt den folgenden Test mit richtiger Groß- und Kleinschreibung in euer Heft ab.

käpt'n blaubär

dort, wo das land dem meer am nächsten ist, steht auf einer einsamen klippe ein altes segelschiff. da wohnt käpt'n blaubär. er heißt nicht nur blaubär. er sieht auch so aus. er hat ein blaues fell, das von wind und wetter gegerbt ist. o ja, der käpt'n ist ein alter seebär, der jahrelang unterwegs war und dabei schon die dollsten abenteuer erlebt hat, die allerdollsten. überall ist er schon gewesen: unter der sengenden sonne des äquators und eingefroren im ewigen eis der arktis. sogar bei den mond-monstern war er schon, da hat er sich einfach von einer riesigen welle, wie sie immer bei ebbe und flut entsteht, auf den mond spülen lassen – jedenfalls behauptet käpt'n blaubär das.

3 Besprecht, welche Wörter des Textes ihr großgeschrieben habt. Falls es Unklarheiten gibt, helfen euch ein paar einfache Regeln:

- *Substantive schreibt man …*
- *Eigennamen schreibt man …*
- *Satzanfänge …*

Meist in Begleitung – Substantive

Käpt'n Blaubär lebt nicht alleine auf seinem Schiff. Drei kleine Bärchen wohnen da mit ihm zusammen, seine Enkel: ein rotes, ein grünes und ein gelbes Bärchen. [...] Die reinsten Rabauken. Opa hat ihnen bisher jeden Abend eine spannende Geschichte erzählt. Sonst waren die auch gar nicht ins Bett zu kriegen. Da hat sich der Käpt'n auch nie lange bitten lassen und hat ein Seemannsgarn gesponnen, dass sich die Schiffsplanken nur so gebogen haben. Kein Problem für so einen alten Seebären. Schließlich ist er schon auf allen Weltmeeren gesegelt, auf dem Schwarzen Meer genauso wie auf dem Humoristischen Ozean. Er hat mit allen Seeungeheuern – über und unter Wasser – gekämpft, hat furchtbare Gespensterschiffe vertrieben und singende Sägefische besiegt.

1 Schreibt den Text ab. Unterstreicht die Substantive und sucht die jeweiligen Wörter, die sie begleiten. Markiert sie und zeigt mit einem Pfeil, zu welchem Substantiv sie gehören.

Substantive **Seite 188**

2 Ordnet die Wörter, die ihr markiert habt, zusammen mit den Substantiven in die folgenden Spalten ein:

Artikel + Substantiv	Pronomen + Substantiv	Mengen- und Zahlwörter + Substantiv
...	*seinem Schiff*	*drei Bärchen*
...	...	...

3 Auch Präpositionen treten als Begleitwörter von Substantiven auf. Sucht dafür Beispiele im Text.
***auf** seinem Schiff*

Präpositionen **Seite 206**

Substantivierung

Vorm Einschlafen hat er ihnen schon manch Seltsames, aber auch viel Lustiges erzählt. Es gibt für die Kleinen nichts Spannenderes als eine solche Geschichte, nichts Schöneres als ein neues Abenteuer, das ihr Opa beim Segeln über die Meere erlebt hat. Manchmal haben die Bärchen versucht, ihren Opa beim Lügen zu erwischen. Aber der Käpt'n hat immer schnell etwas Neues erfunden, um sein Flunkern zu verbergen.

1 Schreibt alle Wörter und ihre Begleiter heraus, die großgeschrieben sind, aber keine echten Substantive sind:
- *vorm Einschlafen*
- *manch Seltsames*
- *...*

2 Ordnet sie nach ursprünglichen Verben und ursprünglichen Adjektiven.

3 Die Begleitwörter sind Signale dafür, dass Verben, Adjektive oder auch andere Wortarten als Substantive verwendet werden, d. h. **substantiviert** sind. Substantiviert die folgenden Wörter, indem ihr passende Begleitwörter sucht. Verwendet möglichst viele verschiedene und bildet damit jeweils einen kleinen Satz, der in den Lügengeschichten des Kapitäns vorkommen könnte.
- einkaufen → *Zum Einkaufen nehme ich immer einen Seesack mit.*
- tanzen →
- merkwürdig →
- schwimmen →
- wunderbar →
- lustig →
- suchen →
- schwierig →
- leuchten →
- grün →

4 Diktiert euch mit euren Nachbarn abwechselnd die Sätze, die ihr gefunden habt.

5 Da die kleinen Bärchen doch recht frech sind, will Opa Blaubär eine Hausordnung mit Verboten aufstellen. Den Anfang hat er schon gefunden, doch das gefällt seinen Enkeln gar nicht. Sofort fügen sie eigene Regeln mit allem, was erlaubt ist, in Opas Hausordnung ein. Setzt die Hausordnung fort.

HausSchiffsordnung
Verboten ist das Bemalen von Segeln.
Erlaubt ist das Werfen von Kegeln.
Verboten ist das Rennen auf dem Deck.
Erlaubt ist das Spielen im Dreck.
Verboten ist das ...
Erlaubt ...

Höfliche Anrede

Eines Tages erhält Opa Blaubär einen Brief.

GEMEINDEVERWALTUNG
– SCHULAMT –

Sehr geehrter Herr Blaubär,

wie uns Ihre Nachbarn mitgeteilt haben, sollen Sie auf einem abbruchreifen Segelschiff wohnen und dazu bei Ihnen noch drei kleine Bärenkinder, die angeblich Ihre Enkel sind. Wir weisen Sie darauf hin, dass Ihr Verhalten gegen jegliche Vorschriften verstößt. Innerhalb einer Woche haben Sie deshalb eine Bescheinigung vorzulegen, die besagt, dass Ihr Schiff als Wohnraum für Sie und die Bärchen geeignet ist. Was die Bärenkinder betrifft, so ist ihre Schulbildung sicherzustellen. Bis zum kommenden Montag haben Sie sie unter Vorlage ihrer Geburtsurkunde an einer Schule in Ihrer Nähe anzumelden, um ihnen so die erforderliche Bildung zukommen zu lassen.

Mit freundlichen Grüßen
Münster, Amtmann

GEMEINDERAT DER STADT
SCHULAMT

1 Überlegt, warum die Wörter *sie, ihnen, ihre* manchmal klein- und manchmal großgeschrieben sind.

2 Sucht die Formen heraus, mit denen Käpt'n Blaubär direkt angeredet wird.

Pronomen
Seite 195

3 Da der Käpt'n nach diesem Schreiben doch etwas Angst bekommen hat, setzt er sich hin und verfasst einen höflichen Antwortbrief. Leider hat der Brief beim Streichen des Schiffsdecks etwas Farbe abbekommen. Schreibt ihn in euer Heft ab (aber diesmal ohne Kleckse).

Sehr geehrte Damen und Herren,

Ich kann [illegible] versichern, dass [illegible] Befürchtungen völlig unbegründet sind. Meine Enkel erhalten die Erziehung, die [illegible] brauchen. Wenn [illegible] sich die Mühe machen und sich mit [illegible] eigenen Augen davon überzeugen wollen, wie [illegible] leben und wie es [illegible] geht, so lade ich [illegible] gerne auf mein Schiff ein. Dann können [illegible] erleben, wie die Erziehung eines alten Seebären aussieht. Ich bin sicher, dass die Besichtigung meines Schiffes [illegible] Sorgen zerstreuen und es [illegible] bei uns gefallen wird. Ich erwarte [illegible] Besuch und wünsche [illegible] noch einen angenehmen Tag.

Mit freundlichen Grüßen
[illegible] Käpt'n Blaubär

Wissen

Groß- und Kleinschreibung

Groß schreibt man:

- Satzanfänge
- Eigennamen
- Substantive
- substantivierte Verben und Adjektive
- das Pronomen Sie und seine Formen in der höflichen Anrede

Substantive sowie substantivierte Adjektive und Verben erkennt man an den Wörtern, die sie begleiten können:

- Artikel (Artikelprobe!)
- Pronomen
- Mengen- und Zahlwörter
- Präpositionen

Käpt'n Blaubär und die Erfindung der Pommes frites

Ich war auf den Fidschi-Inseln beim Löschen einer Ladung Kartoffeln, als ein erbärmliches Jammern zu mir drang. Es musste etwas Schlimmes passiert sein! Da kam auch schon einer der Flötenfischer auf mich zu. Ihr müsst wissen, dass es auf diesen Inseln Flötenfische gibt, etwas ganz Seltenes. Man fängt sie durch das Flöten einer bestimmten Melodie. Nun hatte der arme Mann so lange gearbeitet, bis er vom vielen Flöten einen Krampf in den Backenmuskeln bekommen hatte. Das war etwas Schreckliches. Der arme Mann kriegte ja seinen Mund nicht mehr auf, er konnte nichts Festes mehr essen. Beim Nachdenken hatte ich unwillkürlich eine Kartoffel in die Hand genommen. Und das war die rettende Idee! Ich schnitzte ein paar Kartoffeln in kleine Stäbchen, die gerade in den Mund des Mannes passten. Nach dem Frittieren in heißem Kokosnussöl waren diese Stäbchen etwas Wunderbares. Durch das langsame Füttern hat sich dann auch der Krampf gelöst. Und so ganz nebenbei war mir die Erfindung der Pommes frites gelungen.

1 Diktiert euch den Text gegenseitig als Partnerdiktat. Nach dem ersten Abschnitt wechselt ihr die Rollen. Geht so vor:

- Zunächst solltet ihr eurem Partner den ganzen Textabschnitt vorlesen, damit er weiß, wovon das Diktat handelt.
- Nun beginnt das eigentliche Diktat. Lest dabei zunächst immer einen ganzen Satz vor. Dann diktiert ihr ihn mit deutlicher Aussprache in kleineren Sinneinheiten – immer so viel, wie man beim Hören im Gedächtnis behalten kann.
- Wiederholt am Ende nochmals den ganzen Text.

2 Unterstreicht in euren Texten die Substantive sowie die substantivierten Verben und Adjektive. Markiert die Signalwörter.

2. Lange Vokale und ihre Schreibweisen

Die Biologielehrerin der Klasse 5c hat einen Brief an die Eltern geschrieben:

Sehr geehrte Eltern,

nachdem wir in Biologie viel über Tiere gesprochen haben, wird die Klasse 5c einen gemeinsamem Ausflug in den Stuttgarter Zoo „Wilhelma" unternehmen. Dort können die Schülerinnen und Schüler erkunden, wie die Tiere gehalten werden, und sich ein Tier aussuchen und genau beobachten. In der Schule werden sie dann ihre Notizen ausarbeiten und wir werden ein kleines Buch daraus zusammenstellen.
Als Hilfestellung bekommen die Kinder von mir ein Arbeitsblatt, auf dem die Beobachtungen eingetragen werden.
Ich bin sicher, dass der Zoobesuch für die Schülerinnen und Schüler lehrreich und interessant sein wird.

Elke Schaaf, Biologielehrerin

1 Sucht aus dem Text die Wörter mit langen Vokalen heraus und ordnet sie in die folgende Tabelle ein.

?	?	?	?
nachdem	*Zoo*	*sehr*	*viel*
...	...	...	...
...	...	...	...

Wenn ihr unsicher seid, könnt ihr die „Gummi-Probe" machen: Nehmt dazu ein Gummiband und probiert aus, ob sich das Wort beim Sprechen wie ein G u m m i b a n d dehnen lässt oder ob der Vokal so kurz ist, dass er wie ein gespanntes Gummi zusammenschnurrt:

Q u a a a a a a l e n oder Quallen

2 Im Deutschen gibt es mehrere Schreibweisen für lange Vokale. Untersucht genau die Schreibweise und fügt die verschiedenen Möglichkeiten als Überschriften in die Tabelle ein.

3 Sucht für jede Spalte der Tabelle ein paar Zootiere und tragt sie ein.

Lange Vokale ohne Kennzeichnung

Im Internet hat sich die Klasse bereits vor ihrem Besuch über den Stuttgarter Zoo informiert und dabei folgenden Text gefunden:

Eine attraktive Freianlage beherbergt Tiere Südamerikas, wie Alpakas, Vikunjas und die seltenen Bergtapire. Dazu kommen noch die größten Nagetiere der Welt, die Wasserschweine, sowie Maras, Nandus und Ameisenbären.
Gegenüber der Südamerikaanlage haben Mähnenwölfe und Brillenbären ihre Gehege auf der neuen Anlage für Bären und Klettertiere. Auf diesem einmaligen Komplex, der einer Felslandschaft nachempfunden wurde, sind die einzelnen Gehege nicht durch Zäune getrennt, sondern für die Besucher unsichtbare Gräben separieren die einzelnen Tierarten voneinander. Hier haben Braunbären eine Heimat gefunden, aber auch Eisbären besiedeln neben Bibern und Ottern – alle durch Unterwasserfenster zu beobachten – diese neue Anlage. Dazu kommen noch Schneeleoparden, Dallschafe, Schneeziegen und Steinböcke.

1 Schreibt alle deutschen Wörter in diesem Text in euer Heft, in denen lange Vokale nicht durch die Schreibweise gekennzeichnet sind. Markiert den langen Vokal.
Freianlage
…

2 Sucht möglichst viele Wortverwandte zu den folgenden Wörtern und schreibt sie auf:
Nagetier Gehege Anlage Besucher

3 Sammelt weitere Wörter mit langem Vokal ohne Kennzeichnung zum Thema *Zoo*:
Tierpfleger, Weg, …

4 Schreibt einen kurzen Text über einen Zoobesuch, in dem möglichst viele von diesen Wörtern vorkommen.

Doppelt geschriebene Vokale

Beim Rundgang im zoologischen Garten hat sich Sandra aus der 5c auf ihrem Arbeitsblatt notiert, was ihr besonders gefallen hat:

Arbeitsblatt: Zoobesuch der 5c
Aufgabe: Schreibt auf, was euch besonders gut gefällt.

1. leuchtende Fische aus dem Roten Meer
2. Flughunde in den Nachttierhäusern
3. kleine Zwergziegen im Streichelzoo mit ihren zarten Härchen, die man füttern darf
4. ein Zitteraal, der Strom erzeugt
5. ein lustiges Pärchen von Pinguinen
6. hinter einer Scheibe ein ganzes Heer von Ameisen, ein richtiger Ameisenstaat
7. riesige Eiswaffeln am Kiosk

1 Schreibt die Wörter mit Doppelvokalen getrennt nach *aa*, *ee*, und *oo* heraus.

2 In Sandras Anmerkungen sind auch zwei Wörter versteckt, die nicht mit Doppelvokal geschrieben sind, die aber trotzdem in eure Liste gehören. Sucht ihre Grundform und formuliert die Regel für die Schreibweise. Sammelt weitere Beispiele.

3 Sucht in den Notizen Wörter mit einem lang gesprochenen *i*. Was fällt euch bei der Schreibung auf?

4 Kleines Zoo-Rätsel:
- davon ernähren sich Geier, Ameisen, Ratten: …
- das Grundwort heißt Löwe, obwohl dieses Tier mit einem Löwen wenig gemeinsam hat: …
- auch ein beliebtes Computerspiel: …
- eine Raubkatze mit weißlichgrauem Pelz, die in Mittelasien lebt: …
- ein Fisch, der -pferdchen genannt wird: …

Dehnung mit h

Sandra hat sich für ein Tier entschieden, das es ihr besonders angetan hat und über das sie der Klasse berichten möchte. Hier sind ihre Notizen:

Es reibt sich an einem hohlen Baum, dann an einem Pfahl. Jetzt sieht es, dass ich ihm eine Möhre hinhalte, und kommt näher. Mühsam zwängt es seine Schnauze durch den Drahtzaun. Dann knabbert es mit seinen Zähnen daran. Es ist bestimmt froh, ein wenig Abwechslung bei seiner Nahrung zu haben. Es ist ganz zahm. Plötzlich zuckt es zusammen, dreht sich um und flieht: Es hat irgendeine Gefahr gewittert. Es ist noch so klein, ob es später ein Geweih bekommt?

1 Um welches Tier handelt es sich wohl? Erläutert die Schreibweise.

2 Das *h* nach langen Vokalen wird selbst nicht gesprochen, sondern markiert nur die **Dehnung** des Vokals. Schreibt aus Sandras Notiz alle Wörter mit Dehnungs-h heraus. Ergänzt bei deklinierten und konjugierten Wörtern die Grundform und bei Ableitungen das Grundwort:
- *hohlen* *hohl*
- *mühsam* *mühen*
- … …

3 Bei der Schreibung mit Dehnungs-h gilt das **Stammprinzip**: einmal ein *h* im Wortstamm, immer ein *h*.
Sucht zu den Wörtern, die mit Dehnungs-h geschrieben werden, Wortverwandte. Ordnet sie in einer Tabelle nach den Wortarten:

Wortstamm, Wortfamilie **Seite 172**

Substantive	Verben	Adjektive
Nahrung	*sich ernähren*	…
…	…	*gefährlich*
…	…	…

4 Merkwortquartett: Schreibt kleine Kärtchen mit Wörtern, die ein Dehnungs-h enthalten, ihren Wortverwandten und konjugierten Formen nach folgendem Muster:

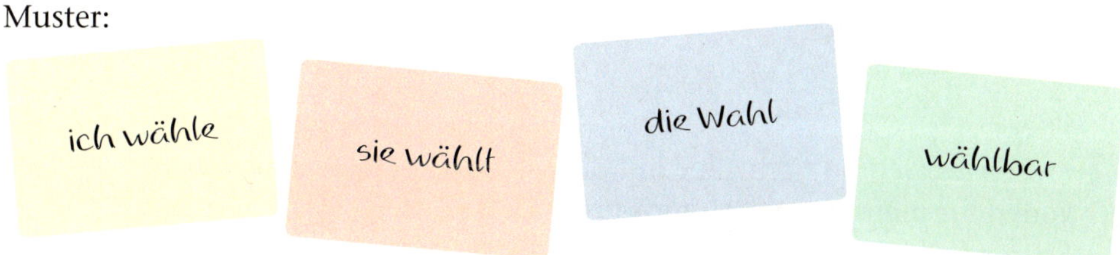

Nun mischt ihr die Kärtchen und habt ein kleines Quartett-Spiel. Ihr könnt auch ein Memory-Spiel daraus basteln.
Weitere Wörter: *zählen, fahren, fühlen, nehmen, mahlen, lehren, kühlen, wohnen*

3. Konsonantenverdopplung und -häufung

Kurz gesprochene Vokale

Willi Fährmann: Das Jahr der Wölfe

In seinem Jugendbuch „Das Jahr der Wölfe" schildert Willi Fährmann zu Beginn, wie Konrad, die Hauptperson der Geschichte, einen großen Karpfen angelt.

Der Junge verharrte und hob seine Angel wie einen spitzen Speer.
Der Sommer reichte heiß und hoch bis in den blauen Himmel. Drei dicke, weiße Wolken segelten faul im flauen Wind, der vom anderen Ufer des Flusses her dann und wann über das Wasser sprang. Der träge Strom erzitterte leise und schob seine krause Gänsehaut weit in die Bucht hinein. Die Weiden regten sich und fächelten müde mit ihren lanzenschmalen Blättern, und ihr Bild im Spiegel des Wassers hüpfte und glitzerte im prallen Licht der Sonne.

1 Schreibt den Text in euer Heft. Kennzeichnet alle kurz gesprochenen Vokale mit einem Punkt darunter.

2 Sucht nun aus dem Text alle Wörter mit kurzem Vokal heraus und ordnet sie nach folgenden Gruppen:

Doppelkonsonant	Konsonantenhäufung	einfacher Konsonant
verharren	*Junge*	*bis*
...	...	...

3 Sucht möglichst viele Wortverwandte zu:

Sommer — klappern — Wasser — Schall — brummig

4 Mit etwas Geduld könnt ihr mit dem Wortgenerator mehr als 10 Wörter produzieren. Schreibt sie auf.
Natürlich könnt ihr auch selbst einen Wortgenerator bauen. Versucht es doch einmal mit *ll*, *mm* oder *ff*.

R	A		E
B	U	TT	ER
M	I		EN
L	E		

5 Die Konsonantenverdopplung könnt ihr auch erkennen, wenn ihr die Wörter in Silben zerlegt und diese durch Schwungbögen markiert:

stellen

Am Wortende gibt es eine gute Methode: einfach verlängern.

der Grif? → *Griffe* → *Griff*

Verlängert die folgenden Wörter und setzt dann die Schwungbögen darunter.

- das Riff →
- der Treffpunkt →
- ein Kamm →
- sinnlos →
- er knurrt →
- das Blatt →
- du fällst →
- ein Knall →

Arbeitstechnik
Silben mitschwingen
Seite 270

Arbeitstechnik
Wörter verlängern
Seite 270

Kurz und knackig – ck und kk

1 Eigentlich müsste nach einem kurzen Vokal auch ein doppeltes *k* stehen. Aber wie ist das im Deutschen gelöst? Sucht Beispiele und formuliert eine Regel.

2 Sammelt in Gruppen weitere Wörter mit *ck* und entwickelt dann selbst ein *ck*-Rätsel. Tauscht die Rätsel aus. Diejenige Gruppe, die ein Rätsel am schnellsten löst, hat gewonnen.

- Teil des Rumpfes: R ______ ck ______
- Papier falten: k ______ ck ______
- beendet den Schlaf: W______ ck ______
- … : ______ ck ______

3 Schreibt die Wörter auf, die entstehen, wenn ihr bei den folgenden Wörtern nach dem Vokal ein *ck* einfügt.

Treff, Blitz, Kniff, Stoff, Weber, Egge, stehen, verstehen, Bäder, sagen, baden, Nachen, Zuber, loben, legen, Lüge

Treck, …

4 Ein doppeltes *k* kommt nur in Wörtern vor, die nicht aus dem Deutschen stammen. Die Schreibweise dieser Wörter müsst ihr euch merken, z. B. mit Wortbildern oder mit der Merkwortkartei.
Welche Wörter sind gesucht?

- ein Zusammenklang: …
- eine wieder aufladbare Batterie: …
- röhrenförmige Nudeln: …
- ein Herrenjacket: …
- der 4. Fall: …
- ein sehr starker Kaffee: …
- ein Musikinstrument: …
- ein Land in Nordafrika: …

5 *k – ck – kk?*
Sucht Wörter mit diesen verschiedenen Schreibweisen nach kurzem Vokal und fertigt Wortkärtchen für ein Memory-Spiel an. Hebt die Schreibweise des *k* besonders hervor.

Wie der Blitz – z und tz

Tänze – Walze – Katze – Wanze
reizen – glotzen – spritzen – nutzen
putzig – nützlich – herzlich – witzig
Glanz – Platz – Stolz – Harz
verletzen – kratzen – kreuzen – schnitzen

1 In jeder Reihe findet sich ein Wort, das nicht zu den anderen passt. Schaut euch diese Wörter genau an und überlegt, worin sie sich von den anderen der Reihe unterscheiden.

2 Wenn ihr die Lösung gefunden habt, könnt ihr auch selbst die Regeln finden. Legt im Heft eine Tabelle an, ergänzt die Überschriften über den Spalten und ordnet die Wörter ein.

nach Konsonanten: …	nach Diphtongen: …	nach kurzen Vokalen: …
Tänze	*reizen*	*Katze*
…	…	…

3 Aus diesen Übungswörtern lässt sich leicht ein Rechtschreibspiel für zwei Personen erstellen. Schreibt je ein Wort auf einen kleinen Zettel und legt sie dann alle verdeckt auf euren Tisch. Gut mischen! Dann nehmt ihr einen Zettel und diktiert eurem Nachbarn das Wort. Hat er es richtig geschrieben, so darf er den Zettel behalten, wenn nicht, so wird der Zettel wieder zurückgelegt. Nun ist der Nachbar dran mit dem Diktieren. Gewonnen hat, wer am Schluss die meisten Zettel erhalten hat.

Arbeitstechnik Merkwörter lernen und behalten **Seite 271**

4 Aus dem Italienischen haben wir ein paar Wörter übernommen, die mit *zz* geschrieben werden. Einige verwendet ihr auch im Alltag:

- italienischer Teigfladen: …
- südfranzösische Stadt: …
- grobe, ungenaue Zeichnung: …
- Durchsuchungsaktion: …

Da diese Schreibweise selten ist, müsst ihr euch solche Wörter merken. Dazu habt ihr verschiedene Möglichkeiten, die euch im letzten Kapitel dieser Einheit vorgestellt werden.

Wissen

Lange und kurze Vokale, Konsonantenverdopplung und -häufung

Lange und kurze Vokale könnt ihr mit Hilfe der „Gummiprobe“ erkennen:
Quaaaalen *Quallen*

Lang gesprochene Vokale können gekennzeichnet sein durch:
- Vokalverdopplung: *Zoo*
- Dehnungs-h: *Reh*
- ie: *Tier*

Folgt auf einen kurzen, betonten Vokal ein Konsonant, so wird dieser verdoppelt: *Ratte, Affe*
Folgen mehrere verschiedene Konsonanten, wird nicht verdoppelt: *Kraft*
Statt *kk* schreibt man in deutschen Wörtern *ck: Ecke*
Statt *zz* steht *tz: Katze*

Nach Konsonanten und Diphtongen steht immer nur z: *Tanz, Reiz*

Außerdem gilt: Nach *l, n, r,* das merke ja, steht nie *tz* und nie *ck*.

Übungen

Willi Fährmann: Das Jahr der Wölfe (Fortsetzung)

Konrad beugte sich über das Ufer und stand steif und starr. Er kniff die Augen zu einem schmalen Spalt zusammen. Der Schatten zeichnete eine schwarze Falte in die Stirn. Sein Blick flog über die stille Wasserfläche bis zur Strömung hin. „Hier war es“, bestätigte er leise. Er spähte zum niedrigen Erlengebüsch hinüber. Dort im tiefen Wasser hatte er ihn springen sehen. Hoch hinaus schoss er. Der schwere Leib glänzte in der roten Abendsonne auf und zerriss platschend die Wasserfläche. Das klang hart und spritzte, als hätte er mit seiner Holzpantine in den Schlamm geschlagen. Die Wellenkreise leckten bis ans Ufer. „Mein Karpfen“, sagte Konrad seitdem. Er zitterte, sooft er an den Fisch dachte. Und heute wusste er: Er würde ihn fangen.
Er wandte sich um und rollte die Angelschnur von der Rute.
„Die Gerte ist gerade richtig für dich“, lächelte er und bog ihre Spitze.
„Kein Bambus, kein Pfefferrohr. Aber zäh. Das hat der alte Janosch gesagt. Zäh bis in die Spitze.“

Pantine: Holzschuh, Holzpantoffel

1 Diesen Text könnt ihr für ein Partnerdiktat verwenden. Ihr wendet dabei alles an, was ihr über die Schreibweise lang gesprochener Vokale und die Schärfung nach kurz gesprochenen Vokalen gelernt habt. Der ursprüngliche Text dient euch anschließend als Kontrolle.

2 Markiert nach dem Diktat eure Fehlerwörter und Wörter, bei denen ihr unsicher wart. Schreibt sie nochmals einzeln auf und erklärt kurz, warum sie so geschrieben werden.

4. Gleich und ähnlich klingende Laute

Gut gesprochen ist halb geschrieben? – e und ä

Ewelyn B. Hardey: Bärenfang

Ein Him- und ein Johannisbär,
die gingen Schritt für Schritt,
und noch ein Brombär hinterher,
und sonst ging keiner mit.

Doch waren diese drei dann bald
um einen Bären mehr,
es kam aus dunklem Tannenwald
ein großer Preißelbär.

Ein Erd- und auch ein Stachelbär,
die reihten sich mit ein,
dann kam ein Blaubär an, und der
war nun nicht mehr allein.

Nur einer fehlte allen sehr,
er wurde nicht gefunden,
denn dieser selten schöne Bär
wird Leuten aufgebunden!

1 Wer gut aufpasst, dem kann man so leicht keinen Bären aufbinden! Bildet für eure Mitschüler mit den folgenden Wortpaaren kleine Sätze und diktiert sie ihnen. Helft ihnen dadurch, dass ihr die Vokale ganz deutlich aussprecht.

Bären	Sägen	Mär	währen	Ähre
Beeren	Segen	Meer	wehren	Ehre

Es ist bekannt, dass Bären sehr gerne Beeren fressen.
…

Arbeitstechnik
Wörter ableiten
Seite 270

2 Bei anderen Wörtern, vor allem vor Doppelkonsonanten oder Konsonantenhäufungen, ist der Unterschied zwischen *e* und *ä* nicht immer so deutlich hörbar. Hier hilft es meistens, wenn ihr Wörter ableitet bzw. Wortverwandte sucht:

Lämmer → *Lamm*   *zärtlich* → *zart*

Sucht Wortverwandte, bei denen ihr das *a* hört:

Stängel   du schlägst   Kälber   gekränkt   Täter   Getränk

3 Bildet mit den Wörtern kleine Sätze, in denen sowohl das Wort mit *ä* als auch die Grundformen und Wortverwandten mit *a* vorkommen.
- *Ein kleines Lamm fehlt aus der Herde der Lämmer.*
- *Zärtlich kuschelt sich das Junge an das zarte Fell der Mutter.*
- …

4 Bei einigen Wörtern lassen sich keine Ableitungen finden. Diese Wörter, die im folgenden Rätsel versteckt sind, gehören zu eurem Merkwortschatz.

- laute Geräusche: …
- australisches Wappentier: …
- Zeit zwischen hell und dunkel: …
- fast gleich: …
- der 3. Monat: …
- Gegenteil von früh: …
- große Aufregung: …
- Gegenteil von rückwärts: …
- unterdessen: …
- Augenflüssigkeit: …
- mit Säure verletzen: …
- breites Band, das um die Schulter getragen wird: …
- großes Raubtier: …

Läuten und Leute – äu und eu

1 Sucht Wortverwandte, die die Schreibung erklären:

ausräuchern, Gemäuer, Fräulein, Säure, säubern, bräunlich, Kräuter, Häuptling, schäumen, Gehäuse, läuten, gläubig, Bauern-schläue

2 Einige wenige Wörter mit *äu* lassen sich nicht von *au* ableiten: Sie gehören zu eurem Merkwortschatz. Bildet mit jedem dieser Wörter einen Satz.

Säule, sich sträuben, räuspern, Knäuel

3 Sucht möglichst viele Wörter, die mit *eu* geschrieben werden, und schreibt sie auf. Wenn ihr nicht sicher seid, könnt ihr eine Ableitung suchen, im Zweifelsfall hilft das Wörterbuch.

D/d- H/h- L/l- R/r- M/m- St/st- B/b- Z/z-

eu

-ge -chte -e -gnen -tern -gen -ten -ern -tung -te -er

Waise oder weise – ai und ei

1 Sprecht möglichst deutlich die folgenden Wörter:
Mai, meist, Waise, Weise, Rain, rein
Was fällt auch bei der Aussprache der Stammsilbe auf?

2 Bis auf einige Ausnahmen wird der ai/ei-Laut im Deutschen *ei* geschrieben. Diese Ausnahmen müsst ihr euch merken.
Hier sind noch weitere Wörter, mit denen ihr selbst ein Rätsel, ein Wettspiel oder ein Diktat mit *ai*-Wörtern für eure Mitschüler erstellen könnt:

Kain **Hain** **Waidmann** **Laich** **Mainau** **Saite**
Kaiser **Laib** **Mais** **Hai** **Kai**

3 Kennt ihr die folgenden Fremdwörter?
Laie **Lakai** **Bai** **Detail** **Taille** **Taifun**
Erklärt sie euren Mitschülern, indem ihr sie mit einem Satz umschreibt.

4 Eine Übung für Fortgeschrittene:
Bei den Aufgaben in diesem Kapitel habt ihr sicher bemerkt, dass es einige Wörter gibt, die (fast) gleich ausgesprochen, aber verschieden geschrieben werden. Geht das Kapitel nochmals aufmerksam durch und sammelt diese Wortpaare. Mit ihnen könnt ihr z. B. das Teekesselchen-Spiel gestalten oder für eure Klassenkameraden ein schwieriges Diktat entwickeln. Dazu bringt ihr immer ein solches Wortpaar in einem Satz unter.

- *Auf der nächsten **Seite** steht die Beschreibung der **Saiten**instrumente.*
- ***Heute** wollen die Indianer die **Häute** der Bisons zum Trocknen aufspannen.*
- *…*

Backen oder packen? – ähnlich klingende Konsonanten

1 Bildet Gruppen und sprecht darin einzeln folgende Sätze:

*Brautkleid **b**leibt **B**rautkleid und **B**lau-kraut **b**leibt **B**laukraut.*

*Der **P**otsdamer **P**ostkutscher **p**utzt den **P**otsdamer **P**ostkutschenkasten.*

Achtet dabei gegenseitig genau auf die Aussprache. Was fällt euch dabei auf?

2 Solche Sätze nennt man „Zungenbrecher". Erklärt den Begriff.

3 Zungenbrecher verlangen besonders sorgfältiges Sprechen. Übt sie zunächst langsam mit betont deutlicher Aussprache des *b* und des *p*. Dann könnt ihr allmählich euer Tempo steigern.

ellen – ellen   abel – abel   anken – anken

Sei e – Sei e   En e – En e   La e – La e   Man el – Man el

4 Setzt die fehlenden Konsonanten ein und verwendet jeweils die beiden Wörter in einem Satz. Diese Beispielsätze könnt ihr euch gegenseitig diktieren. Sprecht dabei deutlich, damit man den Unterschied hört.

5 Schwieriger ist die Unterscheidung am Wortende. Aber dazu gibt es ein Hilfswerkzeug: die Verlängerung.

Arbeitstechnik
Wörter verlängern
Seite 270

d t
dringen? → *dringen**de*** → *dringen**d***

Bildet zu den folgenden Wörtern Verlängerungen und schreibt sie zusammen mit weiteren Wörtern aus der gleichen Familie auf.

Han →…   Glu →…   Schul →…   Arbei →…

blin →…   Kraf →…   run →…   hunder →…   Fein →…

Hand → *Hände, Handschuh, handlich*
… …

6 Bildet den Infinitiv und notiert ihn zusammen mit dem konjugierten Verb.

sie hob   er gab   er trieb   sie trug   er log   sie fand   es lag   er lud

7 Steigert die folgenden Adjektive und bildet kleine Sätze mit den Steigerungsformen.

dicht **hart** **bunt** **grob** **trüb** **klug**

Der Nebel ist dicht, der Regen fällt dichter, mein Anorak ist am dichtesten.

Wissen

Gleich und ähnlich klingende Laute

Es gibt drei Hilfsmittel zur Schreibung von gleich und ähnlich klingenden Lauten:

- deutlich aussprechen: *Bären – Beeren; Berg – Werk*
- bei Schwierigkeiten am Wortende Verlängerung (Plural oder Infinitiv bilden oder steigern): *Ber g / k ? → Ber g e; la g / k ? → lie g en; run d / t ? → run d er*
- bei Schwierigkeiten mit Vokalen Ableitung (nach Wortverwandten suchen): *z- e / ä ?-rtlich → z a rt; st- e / ä ?-uben → St a ub*
  Der Wortstamm einer Familie wird immer gleich geschrieben (Stammprinzip).

Übung

Reze_t für Man_el-Ma_ronen

Für den _eig:
2 Eiw__ß
1 TL Zi_ronensaf_
160 g Pu_erzucker
1 P_ckchen (250 g) gemahlene
Man_eln
½ TL Zim_
60 _acko_la_en

ackzei: 15 – 20 Minu_en
Elek_roher_: 150 Gra_
Gasher_: nie_rige Stufe

Das Eiw__ß mit dem Zi_ronensaf_ in einer Schüssel mi_ dem Schnee_esen des Han_rührger_tes sehr st__f schla_en. Dabei den Zucker un_er st_ndi_em Rühren langsam hinzufü_en. Am En_e die gemahlenen Man_eln und den Zim_ unterhe_en. Mit zwei Teelöffeln etwas von der Masse a_stechen und als H__fchen auf die O_la_en ge_en. Die Man_el-Ma_ronen auf ein _ack_lech setzen und auf der mittleren Einschu_-l__ste des _ackofens eher trocknen als _acken.
Der Tei_r__cht für 60 Man_el-Ma_ronen.

1 Übertragt den Text in euer Heft. Setzt die fehlenden Buchstaben ein.

5. Schreibung der s-Laute

s-Laute hören und unterscheiden

Josef Guggenmos:
Wenn Riesen niesen

Sieben Riesen,
die mit bloßen Füßen
über nasse Wiesen liefen,
niesten mit ihren Riesennasen so laut,
dass von diesem Riesenniesen
sieben Wieselkinder,
die in tiefen Zimmern schliefen,
aufwachten und „Gesundheit!“ riefen.

1 Lest dieses Gedicht laut vor. Achtet besonders auf die Aussprache der s-Laute.

2 s-Laute, die weich gesprochenen werden und die man summen kann, nennt man **stimmhaft**:

ssssieben

S-Laute, die hart gesprochen, gezischt werden, nennt man **stimmlos**:

Füße

Ordnet die Wörter des Gedichts mit unterschiedlichen s-Lauten in eine Tabelle ein.

stimmhaftes s	stimmloses s
...	...
...	...
...	...

3 In manchen Teilen Deutschlands wird häufig das stimmhafte *s* eher hart ausgesprochen, so dass man den Unterschied nicht deutlich hört. Macht euch den Unterschied nochmals klar, indem ihr die s-Laute in den folgenden Wörtern ganz deutlich aussprecht. Fügt sie in der entsprechenden Spalte der Tabelle von Aufgabe 2 hinzu:

tausend rasen frisst Insel hassen
Rast Gruß Sonne rosa los

4 Sucht möglichst viele Wörter mit einem stimmhaft gesprochenen *s*. Versucht jeweils fünf von ihnen in einem Satz unterzubringen, den ihr dann euren Nachbarn diktieren könnt.

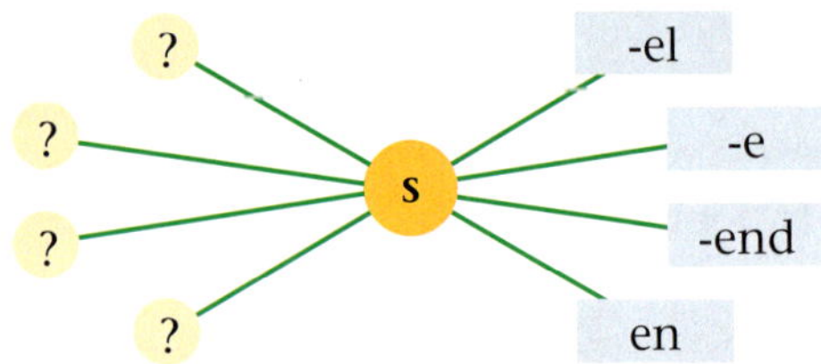

Stimmloses s: s, ss oder ß?

1 Sprecht die s-Laute in den folgenden Wörtern möglichst deutlich:
Gras, Gans, löste, entgleist
Verlängert die Wörter oder bildet den Infinitiv. Was stellt ihr bei der Aussprache des s-Lauts fest?

2 Übertragt diese Tabelle in euer Heft und füllt die Lücken aus.

Substantiv	Adjektiv	Verb (Infinitiv)	Verb (3. Pers. Sg. Präsens)
die …	*reisefreudig*	…	…
der Beweis	…	…	…
…	…	…	*sie liest*

Führt die Tabelle weiter, indem ihr wie beim Stadt-Land-Fluss-Spiel vorgeht: Einer gibt ein Wort vor und dann müssen alle möglichst rasch die Spalten ausfüllen. Hier das Wortmaterial:

eisig Haus Blasinstrument verharmlosen sie grinst
Kreis preiswert er rast Schmusetier

3 Ihr könnt jetzt die Rechtschreibregeln für die Schreibung mit einfachem *s* formulieren:
Das … gesprochene s und Wörter, in deren … ein … s vorkommt, werden mit … geschrieben.

Für die meisten Leute sehen Flusspferde mit ihrem massigen Körper, dem großen Kopf und den kleinen Ohren spaßig aus. Tagsüber, wenn es heiß ist, bleiben sie meist im kühlen Nass und ernähren sich von Wasserpflanzen. Nachts jedoch verlassen sie das Wasser, um sich außerhalb weitere Nahrung zu suchen. Wenn dann eine ganze Herde in Pflanzungen eindringt, ist der Spaß vorbei. Nicht nur, dass jedes Flusspferd kiloweise Grünfutter frisst, sie zertrampeln mit ihren großen Füßen auch ganze Plantagen.

4 Schreibt den Text ab. Sucht dann alle Wörter heraus, die mit *ss* oder *ß* geschrieben werden, und schreibt sie in zwei Gruppen in euer Heft.

5 Schaut euch die Laute vor den s-Lauten an. Jetzt wisst ihr auch, wie die Regel für die Schreibung von *ss* und *ß* heißen muss:
- *Nach …Vokalen wird das … s stets als … geschrieben.*
- *Nach … Vokalen und … steht ein … .*

6 Entscheidet: kurz oder lang, ss oder ß ?

Ta e   fa en   grü en   Schlu   Stra e
So e   ha en   sto en   Flo
Strau   ra eln   bei en   Ra e   blo

Nach kurzem
Vokal ist Scharf-s
'ne Qual!

7 Wenn ihr euch bei der Schreibung von *ss* nicht sicher seid, helfen euch die Zerlegung in Silben, das Verlängern oder die Bildung des Infinitivs:

Wasser   *Na ? → Nässe*   *er lä ? t → lassen*

Erklärt so auch die folgenden Schreibungen:

Schloss   frisst   Kuss   hasst   muss   Biss   Ross

8 Sucht jeweils einen Gegenbegriff:

Faulheit   Unlust   innen   verabschieden   öffnen   sauer   schwarz

9 Im folgenden Schaubild sind nochmals alle wichtigen Regeln zur Schreibung der s-Laute zusammengefasst, die ihr in diesem Kapitel kennen gelernt habt. Vervollständigt diese Zeichnung und gestaltet damit ein Lernplakat.

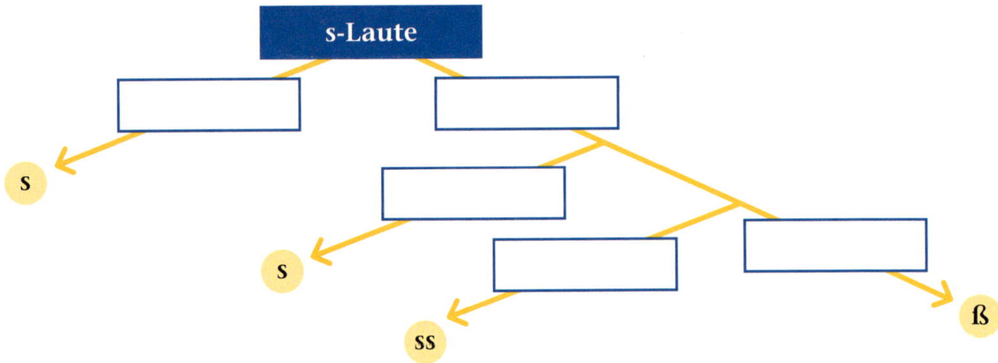

Das, das oder das?

1 Durch welche Wörter könnt ihr das Wort *das* in diesen Beispielen ersetzen?

2 Probiert es gleich aus: Schreibt die folgenden Sätze in euer Heft und ersetzt dabei alle *das*, bei denen es sinnvoll ist, durch ein anderes Wort.

- Das Mountain-Bike ist das Fahrrad, das immer noch am beliebtesten ist.
- Das Preisschild, das am Sattel klebt, ist nicht mehr aktuell.
- Das ist das Modell, das im Moment am meisten verkauft wird.
- Wir empfehlen das Rücklicht, das das Werk schon mitliefert.
- Das Schutzblech, das an das Rennrad montiert ist, ist nicht das, das dazu gehört.

3 Formuliert eine Regel, die erklärt, wann das Wort *das* mit einfachem *s* geschrieben wird.

Wetten, dass … – das und dass

1 Bildet möglichst viele Sätze, in denen *dass* vorkommt.

Seid ihr sicher,
Ich habe doch gewusst,
Er schoss so fest,
Du möchtest doch nicht,
Sie glaubt,
Wetten,
Es kann sein,
Du vermutest,
Mein Vater wollte,
Ich erwartete,
Wir hoffen,
Es ist offensichtlich,

dass

Die Scheibe zersplitterte. Es wird bald regnen. Früher gab es Dinos. Er hat das Buch gelesen. Gerd spielt gerne Schach. Es ist Montag. Das Zimmer ist nicht aufgeräumt. Es klingelt. Die Haustür ist geschlossen. China liegt in Asien. Mein Computer ist kaputt. Wir machen Urlaub.

2 Versucht auch bei *dass* die Ersatzprobe. Was stellt ihr fest?

„Aber Vati, der Arzt hat doch gesagt, ___ du beim Essen keinen Wein trinken sollst!" – „Es ist wirklich schön, ___ du um meine Gesundheit besorgt bist, Erna. Es ist wohl besser, ___ du ___ Essen wieder wegträgst."

„Was ist denn ___ in dem großen Umschlag?" – „___ sind meine teuersten Erinnerungen." – „Willst du mir sagen, ___ ___ alles Liebesbriefe sind?" – „Nein, ___ sind unbezahlte Rechnungen."

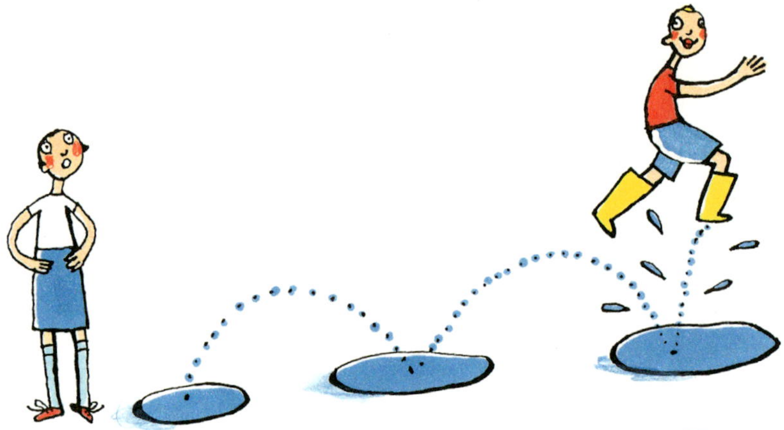

Ein Mädchen schaut einem anderen verwundert zu, ___ munter in Pfützen springt. „Darf ___ ___?“, fragt es nach. „___ darf ___“, ist die Antwort. Kopfschüttelnd meint ___ Mädchen darauf: „___ ___ ___ darf?!“

Ein Pferd kommt in ein Gasthaus und bestellt ein Bier. Verwundert fragt ein Gast: „Ich habe ja noch nie gesehen, ___ ein Pferd Bier bestellt!“ Worauf der Wirt antwortet: „Ja, ___ ist schon merkwürdig. Ich bin es gewohnt, ___ es immer zuerst einen Schnaps trinkt.“

1 Schreibt die Texte ab und setzt *das* oder *dass* in die Lücken ein.

2 Findet nun selbst weitere Witze, in denen möglichst oft *das* und *dass* vorkommen. Schreibt sie mit den entsprechenden Lücken auf und lasst die Witze dann von euren Mitschülern als Rechtschreibübung vervollständigen.

Wissen

S-Laute

S-Laute können stimmhaft (weich) oder stimmlos (hart) gesprochen werden. Für die Schreibung gilt:

STIMMHAFT	STIMMLOS		
s	s	ss	ß
	wenn in einer Ableitung des Wortes ein stimmhaftes s vorkommt	nach kurzem Vokal	nach langem Vokal oder Diphtong
Wiese	*Gras – Gräser*	*Kuss*	*Fuß; beißen*

Das Wort *das* kann durch *ein, dieses, jenes* oder *welches* ersetzt werden, *dass* kann nicht ersetzt werden.

Übungen

Hilfe! Viren im Computer!

Hilfe! In uneren Computer it ein entetzliche Viru eingedrungen. Da macht wirklich keinen pa mehr! Wa man auch chreibt, alle kommt vertümmelt herau. Al wir heute ein dringende chreiben an die Firma Fa und öhne – Grohandlung für uppen und oen – abandten, müen die gedacht haben, wir hätten nicht alle Taen im chrank. E war einfach nicht lebar! Wir haben un eine chlimme Blöe gegeben und un dermaen in die Neeln geetzt, da ich gar nicht darüber nachdenken darf! Und alle nur, weil ich Unglückwurm unbedingt einen groartigen Computer beitzen mute. Auf diee Art und Weie geht unere Firma ganz chnell den Flu runter. Wa ollen wir tun? Oh Gott, ihr eht betimmt, wa paiert it, und wit icher chon, welche Buchtaben da verflixte Viru gefreen hat. Ich habe vor Wut chon wieder einen rieengroen Klo im Hal!

1 Beseitigt die Schäden des Computer-Virus und schreibt den Text mit den fehlenden Buchstaben auf.

6. Silbentrennung

TIPP:AMBESTENNURTRENNENWENNESÜBERHAUPTKEINENPL
ATZMEHRAMENDEDE
RZEILEGIBT

1 Schreibt den Tipp in normaler Schreibweise ab und trennt dabei in Silben oder setzt die Schwungbögen darunter.

2 Bei den folgenden Wörtern sind die Silben vertauscht. Schreibt die Wörter richtig auf und trennt sie.

schetaschul geau ckerdru rigknusp benda zenkrat fenkämp stücksfrühei

3 Wenn ihr richtig getrennt habt, dann habt ihr ein paar Regeln beachtet. Formuliert diese Regeln, schreibt sie auf und notiert jeweils drei Beispiele dazu:
- *Sch, ch und ck …*
- *Auch einzelne Vokale …*
- *Bei mehreren Konsonanten hintereinander …*
- *Bei der Trennung bleiben die Wortbausteine …*

4 Gestaltet ein Übungsspiel für eure Klasse. Überlegt euch ein paar schwierige Trennwörter. Der Erste nennt sein Wort und ruft einen Schüler auf. Wenn dieser es richtig trennt, kommt er mit seinem Wort als Nächstes dran. Falls er die Antwort nicht weiß, dürft ihr ein weiteres Wort als Aufgabe stellen. Ihr müsst aber zuvor selbst die richtige Lösung finden!

Wissen

Silbentrennung

Die Worttrennung erfolgt im Deutschen nach Sprechsilben. Wenn man langsam und deutlich spricht, kann man die Silbengrenzen hören.

Bei mehreren Konsonanten hintereinander wird nur der letzte abgetrennt: *damp-fen*
Auch ein einzelner Vokal am Wortanfang wird abgetrennt: *E-sel*
Zusammensetzungen aus mehreren Wörtern und Vorsilben werden den Wortbausteinen nach getrennt: *Ver-eins-haus*

Nicht getrennt werden sch, ch und ck: *ra-scheln, rie-chen, Ha-cke*

7. Gebrauch des Wörterbuchs

Ordnung muss sein – das Alphabet

James Krüss: Das Arche-Noah-ABC

Als die Arche war gebaut,
hat sich Noah angeschaut,
welche Tiere kamen.
Auf ein langes Zedernbrett
schrieb er dann von A bis Zett
alle ihre Namen:

Affe, Ammer, Alk und Aal,
Adler aus dem Zugspitztal,
Biber, Bär und Boa,
Brillenschlange (welch ein Graus),
Chinalaus, Chinchillamaus,
so notierte Noah.

Dachs und Drossel, schrieb er forsch,
Drache, Dromedar und Dorsch,
Eber, Eule, Erdschwein.
Und danach trug seine Hand
Esel, Elch und Elefant
ebenfalls gelehrt ein.

Fuchs und Fliege, schrieb er froh,
Flunder, Faultier, Frosch und Floh,
Geier und Giraffe,
Gämse, Gans und Goldfasan.
Beim Gorilla schrieb er dann
noch in Klammern: Affe.

Heiter schrieb er weiter: Hund,
Häher, Hirsch und Hase und
Hamster und Hyäne,
Igel (Vorsicht: Stachelhaar!),
Junikäfer, Jaguar
(Vorsicht: spitze Zähne!).

Keck ging's weiter: Känguru,
Krokodil und Kakadu,
Kuh, Kamel und Katze,
Lama, Lurch und Leguan,
Laubfrosch, Luchs und Löwenmann
(Vorsicht: scharfe Pratze!).

Munter füllte er dann aus:
Marder, Murmeltier und Maus,
Marabu und Meise,
Nashorn, Natter, Nilpferd, Nerz.
(Und beim Nerz schrieb er zum Scherz:
Fell bringt gute Preise.)

Orang-Utan, Ortolan,
Ochs und Otter, schrieb er dann.
Und er schrieb desgleichen:
Panther, Pferd und Pavian,
Perlhuhn und Pelikan,
Pfau und Papageichen.

Quesal schrieb er bei dem Q.
Und dann kam das R dazu:
Rebhuhn, Reh und Rappe,
Raupe, Rabe, Reiher, Ross,
Reblaus und Rhinozeros,
Rind und Rasseltrappe.

Seht, bald war das Werk getan:
Steinbock, schrieb er, Strauß und Schwan,
Storch und Sumpfblatt-Pieper,
Tiger, Taube und Tapir,
Tempelmaus und Trampeltier,
Uhu, Ur und Viper.

Weiter schrieb er ebenfalls:
Wiedehopf und Wendehals,
Wolf und Weinbergschnecke,
Xiphias (als Schwertfisch-Art),
Yak (als Rind Tibeter Art),
Zebra, Ziege, Zecke.

Ordentlich von A bis Zett
stand nun auf dem Zedernbrett
jedes Tier, ihr Leute.
Reimend hab ich mich gequält
und euch viele aufgezählt.
Nun ist Schluss für heute.

1 Kennt ihr alle Tiere, die James Krüss aufgezählt hat? Wenn nicht, schaut in einem Lexikon nach.

2 Jetzt hat sich James Krüss „reimend gequält" und natürlich doch nicht alle Tiere, die auf der Arche Platz gefunden haben, aufzählen können. Findet zu jedem Buchstaben ein weiteres Tier. Schreibt dieses „Alphabet der vergessenen Tiere" auf.

3 Wie wäre es mit einem Städte-ABC für Erdkunde, einem Pflanzen-Alphabet für Biologie oder einem Schüler-Alphabet? Gestaltet zusammen ein großes ABC-Plakat für das Klassenzimmer.

4 Stellt euch in alphabetischer Reihenfolge eurer Familiennamen auf. Natürlich darf dabei nicht gesprochen werden. Und dann wechselt ebenso lautlos in die Reihenfolge eurer Vornamen.
Wie muss die Einordnung der Namen mit gleichem Anfangsbuchstaben erfolgen?

Das Wörterbuch benutzen

1 Schlagt in eurem Wörterbuch nach und notiert die Seite, auf der ihr folgende Wörter findet. Sucht jeweils das Wort, das davor und das danach steht.

Seite	Stichwort davor	Stichwort	Stichwort danach
...	...	*Nilpferd*	...
...	...	*essen*	...
...	...	*vorsichtig*	...
...	...	...	...

Schlagt weitere Wörter nach und lasst dann eure Mitschüler die Aufgaben lösen.

2 Unter welchem Stichwort findet ihr die folgenden Wörter?

öfter geschwungen verlor geschlossen riefen schwerste

3 Mit dem Wörterbuch lassen sich viele Wettspiele durchführen. Hier ein paar Vorschläge:

- Seiten suchen: Ihr nennt ein Wort und wer am schnellsten die richtige Seitenzahl sagt, hat gewonnen. (Variante: Ihr nennt die Seitenzahl und fragt nach dem Wort, das über der Seite steht.)
- Anfang und Ende: Ihr nennt einen Buchstaben und die Mitspieler müssen schnell das erste und das letzte Stichwort dieses Buchstabens nennen.
- Buchstaben finden: Ihr nennt einen Buchstaben und die Mitspieler müssen auf Anhieb eine Seite mit diesem Buchstaben aufschlagen. Für Treffer gibt es einen Punkt, wenn man einen Buchstaben davor oder danach erwischt, noch einen halben Punkt.
- Kombinationen: Ihr nennt drei oder vier Anfangsbuchstaben und die Mitspieler müssen herausfinden, wie viele Wörter mit dieser Buchstabenkombination am Anfang im Wörterbuch stehen.

Sicher habt ihr noch weitere Ideen. Aber bei allen Spielen müsst ihr immer vorher richtig nachgeschlagen und die Lösung notiert haben!

Was ein Wörterbuch noch alles kann

der **Län|gen|grad;** der **Län|gen|kreis;** das **Län|gen|maß;** die **Lan|ge|wei|le,** *auch:* **Lang|wei|le;** der Langeweile, *auch:* Langweile; ABER: der langen Weile; aus Langeweile, *auch:* Langweile; ABER: aus langer Weile; **lang ge|zo|gen** *vergleiche:* **lang; lang|jäh|rig;** langjährige Erfahrungen; **lang|le|big;** langlebige Tiere; die **Lang|le|big|keit; läng|lich;** die **Lang|mut** (*gehoben für:* große Geduld); **lang|mü|tig; längs;** etwas längs (der Länge nach) trennen; längs (entlang) des Weges, *auch:* längs dem Weg; ein längs gestreifter Pullover; **lang|sam;** ein langsamer Walzer; die **Lang|sam|keit;** der **Lang|schlä|fer;** der **Längs|schnitt; längst** (seit langem); er ist längst daheim; **längs|tens** (*umgangssprachlich für:* höchstens; spätestens); das hält er längstens eine Stunde aus

die **Lan|gus|te** (eine Krebsart)

lang|wei|len; du langweilst ihn; sie langweilte ihn; sie hat ihn gelangweilt; langweile mich nicht mit deinem Vortrag!; sich langweilen; sie hat sich gelangweilt; **lang|wei|lig; lang|wie|rig** (lange dauernd und mühsam); langwierige Verhandlungen; **lang zie|hen** *vergleiche:* **lang**

die **Lan|ze**

Laos (Staat in Hinterindien); der **La|o|te;** des/dem/den Laoten; die **La|o|tin;** die Laotinnen; **la|o|tisch**

la|pi|dar (einfach, kurz und bündig); eine lapidare Feststellung

die **Lap|pa|lie** (Kleinigkeit, etwas Belangloses); die Lap|pa|li|en

der **Lap|pen;** des Lappens; die Lappen

läp|pisch (albern, dumm); eine läppische Bemerkung

der **Lap|sus** ([geringfügiger] Fehler; Versehen); des Lapsus; die Lapsus

der **Lap|top** ['lɛptɔp] (kleiner tragbarer Computer); des Laptops; die Laptops

die **Lär|che** (ein Nadelbaum)

lar|go (*Musik:* breit, langsam); das **Lar|go** (*Musik:* langsames Musikstück); des Largos; die Largos, *auch:* Larghi ['largi]

la|ri|fa|ri (*umgangssprachlich für:* oberflächlich; nachlässig); etwas larifari machen; ABER: das **La|ri|fa|ri** (*umgangssprachlich für:* Geschwätz, Unsinn); des Larifaris; was er sagte, war Larifari

der **Lärm;** des Lärms, *seltener:* Lärmes; **lärmen;** du lärmst; sie lärmte; sie hat gelärmt; lärme nicht so!

die **Lar|ve** (Maske; Jugendstadium von Insekten)

die **La|sa|g|ne** (ein italienisches Nudelgericht)

lasch (*umgangssprachlich für:* schlaff; träge); ein lascher Händedruck

die **La|sche** (ein Verbindungsstück)

der **La|ser** ['leɪzə] (Gerät zur Lichtverstärkung); des Lasers; die Laser; der **La|ser|dru|cker;** der **La|ser|strahl**

la|sie|ren (mit Lasur versehen); du lasierst; er lasierte; er hat den Schrank lasiert

las|sen; du lässt; sie lässt; sie ließ; sie hat gelassen; lasse *oder* lass das!; ich habe es gelassen (unterlassen); ich habe dich rufen lassen; er sollte es bleiben lassen (unterlassen); sie hat ihre Tasche fallen lassen, *seltener:* fallen gelassen; ABER: sie wird nicht lockerlassen (*umgangssprachlich für:* nachgeben)

läs|sig; die **Läs|sig|keit**

das, *auch:* der **Las|so** (eine Wurfschlinge); des Lassos; die Lassos

die **Last;** die Las|ten; zulasten, *auch:* zu Lasten des Angeklagten; die Rechnung geht zulasten, *auch:* zu Lasten von Herrn ...; die Kosten gehen zu meinen Lasten; der **Las|ter** (*umgangssprachlich für:* Lastkraftwagen); des Lasters; die Laster

das **Las|ter** (schlechte Gewohnheit); des Lasters; die Laster; **las|ter|haft; läs|tern;** du lästerst; er lästerte; er hat gelästert; lästere nicht über ihn!; die **Läs|te|rung**

läs|tig; eine lästige Fliege

der **Last|kraft|wa|gen** (*Abkürzung:* Lkw, *auch:* LKW)

die **Last-Mi|nute-Rei|se** ['la:st'mɪnɪt...] (verbilligt angebotene, kurzfristig anzutretende Reise)

der **Last|wa|gen**

die **La|sur** (durchsichtige Farbschicht); die La|su|ren

las|ziv (anstößig); laszive Fotos; die **Las|zi|vi|tät**

das **La|tein;** des Lateins; er ist mit seinem Latein am Ende (er weiß nicht mehr weiter); **La|tein|a|me|ri|ka** (die spanisch- und portugiesischsprachigen Staaten Amerikas); **la|tei|nisch;** lateinische Schrift

1 Schaut euch diese Seite aus dem Schülerduden einmal genauer an und findet heraus, welche Informationen zu den Wörtern darin enthalten sind.

2 Beantwortet mit Hilfe der abgebildeten Seite die folgenden Fragen:
- Heißt es *das* oder *der* Lasso?
- Wie wird *Laser* richtig ausgesprochen?
- Schreibt man *Lap top* oder *Labtop* oder *Lap Tob?*
- Wie wird *Laos* betont?
- *Lärche* und *Lerche:* welches ist ein Baum, welches ein Vogel?
- Was ist eine *Lappalie?*
- Wie heißt der Plural von *Lasur* und was ist das?
- *zulasten* oder *zu Lasten* des Angeklagten?

3 Macht euch mit den Abkürzungen und Zeichen des Wörterbuchs vertraut. Schaut nach, wo ihr in eurem Wörterbuch ein solches Verzeichnis findet: Wie wird die Silbentrennung gekennzeichnet, wie die Aussprache, der Plural, die Betonung? Was bedeuten Pfeile und Klammern?

Wissen

Gebrauch des Wörterbuchs

Das Wörterbuch informiert über:
- Schreibweise
- Trennung
- Bedeutung
- sprachliche Wendungen
- Grammatik (Genus, Deklination, Konjugation)
- Aussprache

In einem Wörterbuch sind die Stichwörter alphabetisch geordnet, wobei immer unter der Grundform eines Wortes nachgeschlagen wird.

Übungen

1 Bestimmt bei den folgenden Wörtern die Art der Information, die ihr im Schülerduden bekommt.

- der **Z<u>oo</u>**; des Zoos; die Zoos; die **Zo/o/lo/<u>gie</u>** (Tierkunde)
- tie|risch (*umgangssprachlich auch für:* sehr groß, stark); tierischen Hunger haben
- das **Zoom** [zu:m] (Kameraobjektiv mit veränderlicher Brennweite); des Zooms; die Zooms
- das **Al/pa/ka** (langhaariges, schwarzbraunes Lama in den Anden);
- füttern; du fütterst das Baby; er füttert die Hühner; er fütterte die Hühner; er hat die Hühner gefüttert; füttere sie!

8. Arbeitstechniken Rechtschreiben: Fehler erkennen und vermeiden

Arbeitstechnik
Silben mitschwingen

Bei vielen der deutschen Wörter könnt ihr die Rechtschreibung leicht erschließen, wenn ihr die Wörter deutlich aussprecht und genau hinhört. Zur Unterstützung könnt ihr sie auch in Silben zerlegen und diese durch Schwungbögen unter den Wörtern markieren.

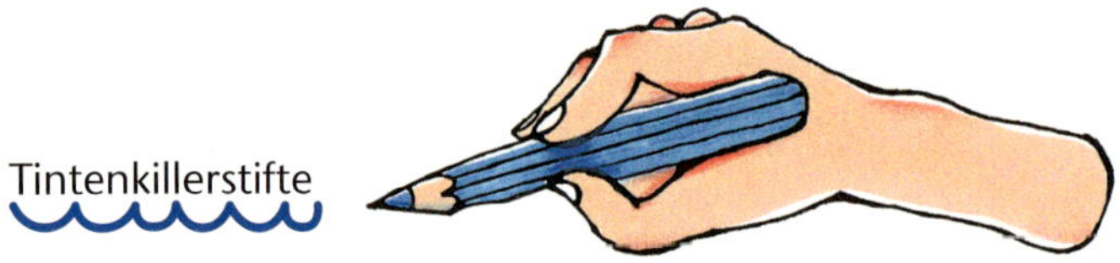

Diese Technik verhindert, dass ihr Buchstaben vergesst, zu viel habt oder mit anderen vertauscht. Sie hilft euch besonders bei

- langen, komplizierten oder zusammengesetzten Wörtern,
- bei Wörtern mit Doppelkonsonanten,
- bei der Schreibung des stimmlosen s.

Arbeitstechnik
Wörter verlängern

Oft bietet es sich an, die Wörter zu verlängern, um sich Klarheit über die Schreibung zu verschaffen. Verlängern heißt:

Plural bilden	Infinitiv suchen	steigern
Ber? ➜ *Ber g* *Ber g e*	*er flie?t* ➜ *flie h t* *flie h en* *er lä?t lä ss t* *la ss en*	*flot?* ➜ *flo tt* *flo tt er*

Das Verlängern hilft euch bei gleich und ähnlich klingenden Lauten, also

- wenn ein Auslaut nicht deutlich zu hören ist,
- wenn ihr über die Aussprache des s-Lauts unsicher seid,
- bei der Frage, ob ein Wort mit einem Dehnungs-h geschrieben wird.

Arbeitstechnik
Wörter ableiten

Oft hilft euch, wenn ihr die Wortverwandten anschaut. Bei den meisten Wörtern im Deutschen bleibt nämlich die Schreibung innerhalb einer Wortfamilie gleich.

Zäune ➜ der Zaun

Wörter abzuleiten hilft euch vor allem bei gleich und ähnlich klingenden Vokalen.

Arbeitstechnik
Merkwörter lernen und behalten

Es gibt aber immer wieder Schreibungen, die man nicht einfach ableiten und erklären kann. Diese Wörter müsst ihr euch merken, regelmäßig wiederholen und üben. Dazu ein paar Tipps:

- Merkwortkartei: Legt euch eine Kartei mit euren Fehlerwörtern an. In einen Karteikasten eingeordnet könnt ihr diese Wörter dann regelmäßig wiederholen und euch diktieren lassen. Das erste Fach wird zweimal die Woche bearbeitet, das zweite einmal, das dritte vierzehntägig, das vierte einmal im Monat. Erst wenn die Wörter im fünften und letzten Fach gelandet sind, seid ihr in der Schreibung sicherer geworden.

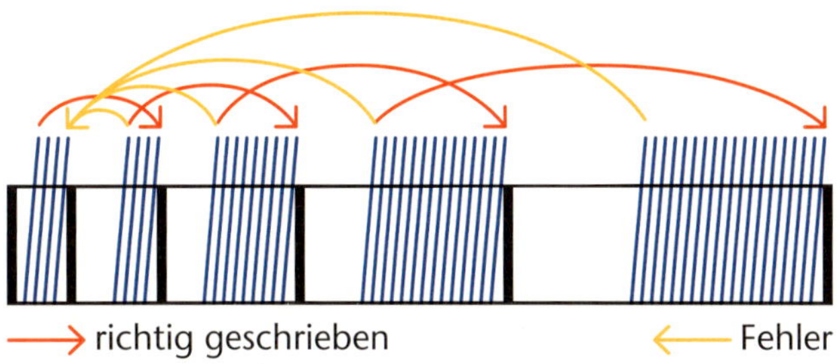

- Merkwortheft: Ihr könnt euch die Merkwörter auch in einer eigenen Liste oder einem Übungsheft notieren. Dann lasst ihr euch 2- bis 3-mal die Woche, am besten zu vorher festgelegten Zeiten, ca. 10–15 Wörter diktieren. Habt ihr das Wort richtig geschrieben, so notiert ihr euch ein + dahinter, wenn nicht ein –. Erst wenn das Wort fünfmal hintereinander ein + bekommen hat, könnt ihr es beiseite legen.
- Merkwortliste: Eine gute Kontrolle habt ihr auch mit der folgenden Methode.

Wortliste	1. Versuch	Verbesserung	2. Versuch	Verbesserung
	Fehler:		Fehler:	Punkte:

Legt euch mehrere solcher Blätter an und schreibt die Merkwörter in die erste Spalte. Später knickt ihr dann diese Spalte nach hinten und lasst euch die Wörter diktieren. Ihr könnt selbst kontrollieren, wenn ihr die erste Spalte wieder zurückfaltet. Eventuelle Fehler werden in der dritten Spalte berichtigt. Ein paar Tage später verfahrt ihr mit den Spalten 4 und 5 genauso.

- Besonders schwierige Fälle, also Wörter, bei denen ihr häufig Fehler macht, brauchen eine besondere Behandlung. Diese Wörter schreibt ihr euch ganz groß auf ein einzelnes Blatt und verteilt mehrere solcher Blätter an Stellen in eurem Zimmer oder eurer Wohnung, an denen ihr immer wieder vorbeikommt. So könnt ihr euch diese Wörter immer wieder einprägen.

In euren Merkwortschatz gehören
- schwierige Wörter und Merkwörter, deren Schreibung nicht einfach herzuleiten ist (z. B. die Wörter mit *zz*),
- Wörter, mit denen ihr persönlich besondere Probleme habt, also z. B. die Fehler aus Diktaten oder Wörter, die ihr trotz Übens noch falsch schreibt.

Arbeitstechnik
Regeln lernen und behalten

Im Unterricht und auch in diesem Buch findet ihr immer wieder Regeln zur Rechtschreibung, die euch in vielen Fällen helfen werden. Schreibt euch diese Regeln sauber und übersichtlich auf, z. B.
- auf eigene Regelblätter, die ihr sammelt,
- auf Lernposter, die ihr zu Hause oder im Klassenzimmer aufhängt,
- auf Karteikarten, die ihr dann zusammen mit euren Merkwörter lernen und wiederholen könnt.

Arbeitstechnik
Diktate und Aufsätze verbessern

Die Verbesserung eurer Diktate sollte immer auch zur Verbesserung eurer Rechtschreibung beitragen. Deshalb hier ein paar Tipps:
- Fehler bei der Zeichensetzung: den ganzen Satz aufschreiben, die Zeichen richtig setzen und farblich markieren, im Anschluss die betreffende Regel in Kurzform notieren

Sie hatte rote, grüne und blaue Bonbons.	→ Komma bei Aufzählung
Das Auto fuhr so schnell, dass es aus der Kurve flog.	→ HS , NS

- Rechtschreibfehler: das Wort oder den gesamten Ausdruck richtig aufschreiben, die (nun verbesserte) Fehlerstelle markieren und die Schreibung durch eine Regel oder ein Beispiel erklären

Gewitter: doppelter Konsonant nach kurzem betontem Vokal
Das Schreiben ist …: substantiviertes Verb, das Schreiben
ein Zwerg: die Zwerge
das Kissen: Nach kurzem Vokal ist ß 'ne Qual.
schmelzen: Nach l, n, r, das merke ja, steht nie tz und nie ck.
er zieht: von ziehen

Lernmethoden: Besser lernen und behalten

In dieser Einheit könnt ihr lernen,

wie ihr euer eigenes Lernverhalten bewusster wahrnehmen könnt

wie ihr möglichst viel vom Unterricht profitieren könnt

wie ihr zu Hause besser arbeiten könnt

Lernmethoden: Besser lernen und behalten

1. Lernen, (k)ein Problem?

1 Ist es euch auch schon einmal so ergangen wie dem Schüler auf den Bildern? Berichtet darüber.

2 Arbeitet in Vierer- oder Fünfer-Gruppen zusammen. Wählt eines der Bilder aus und versetzt euch in die Lage des Schülers.
- Gebt diesem Bild einen Titel, der das dargestellte Lernproblem beschreibt.
- Besprecht, wie es dem Schüler geht, wie er sich in dieser Lage fühlt.
- Welche Schwierigkeiten hat er beim Lernen?
- Überlegt, welche Ursachen diese Schwierigkeiten haben könnten.
- Gebt dem Schüler Tipps, wie er das Problem in den Griff bekommen könnte.

3 Stellt eure Ergebnisse den anderen Gruppen vor.

4 Tauscht euch darüber aus, welche Schwierigkeiten ihr selbst beim Lernen habt. Ihr könnt sie nach der Häufigkeit in eurer Klasse ordnen, z. B.
Hausaufgaben zu wenig verstanden
beim Lernen bleibt zu wenig hängen
...

2. Im Unterricht lernen

1 Besprecht, welche Schüler auf dem Bild im Unterricht mehr lernen, welche weniger. Begründet eure Auffassung.

2 Tauscht euch darüber aus, wie ihr euch einen Unterricht vorstellt, in dem ihr besonders aktiv mitarbeiten wollt.

3 Besprecht, welche der Teilaufgaben in der Gruppe erledigt werden müssen.

4 Überlegt, wie ihr am besten in der Gruppe arbeitet:
- Was lässt sich besser gemeinsam und was lässt sich besser einzeln durchführen?
- Wie kann sich jeder Einzelne sinnvoll beteiligen, damit ihr zu einem guten Arbeitsergebnis kommt?

Petra hat ihre Hausaufgabe abgegeben, eine Gruselgeschichte zum Thema „Der alte Friedhof". Die Lehrerin hat folgende Bemerkung darunter geschrieben:

Deine Geschichte habe ich nicht richtig verstanden: Seid ihr zuerst am Friedhof vorbeigekommen oder seid ihr zuerst zum Glockenturm gegangen? Auch am Schluss wird die Reihenfolge nicht ganz klar. Den Mittelpunkt der Geschichte, das Gruseln, hast du hingegen sehr gut ausgestaltet: Die kurzen Sätze, die rasch aufeinander folgen, und die Wörter, die eine Gruselstimmung erzeugen, zeigen, dass du verstanden hast, worauf es bei einer Gruselgeschichte ankommt.

1 Schreibt euch auf, welche Tipps für eine gelungene Gruselgeschichte dieser Kommentar der Lehrerin enthält.

Arbeitstechnik
Schreibkonferenz
Seite 53

2 Eine andere Gruselgeschichte zum Thema „Der alte Friedhof" soll in einer Schreibkonferenz besprochen werden. Die Schüler sollen in Gruppen Stärken und Schwächen des Aufsatzes diskutieren und Verbesserungsvorschläge erarbeiten.

- Besprecht die dafür notwendigen Arbeitsschritte.
- Überlegt, wie die Arbeit in der Gruppe aufgeteilt werden könnte.
- Formuliert Tipps für eine aktive Mitarbeit jedes Einzelnen, z. B.:
  den Aufsatz konzentriert lesen
  ...

Alexander hat in der Deutschstunde kurz vor der Pause in aller Eile aufgeschrieben, was an der Tafel stand:

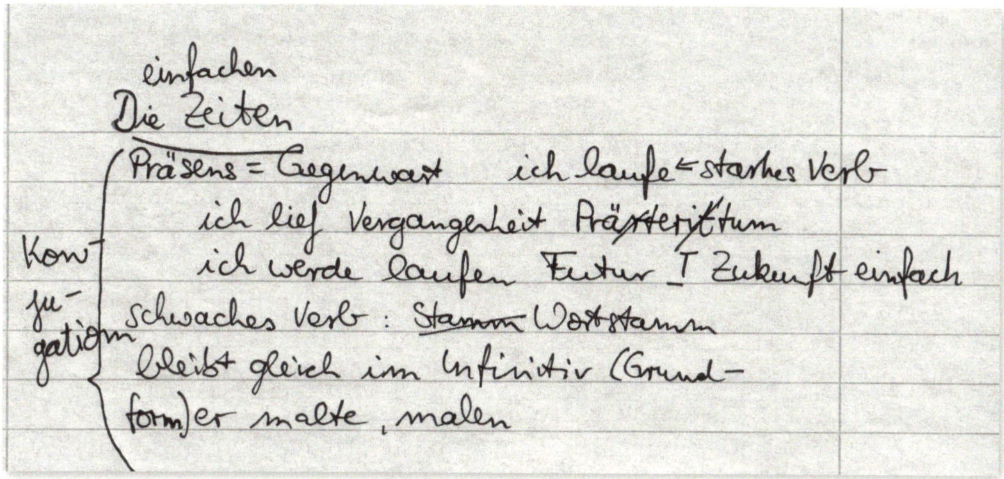

einfachen
Die Zeiten
Präsens = Gegenwart ich laufe ← starkes Verb
ich lief Vergangenheit Präteritum
Kon- ich werde laufen Futur I Zukunft einfach
ju- schwaches Verb : ~~Stamm~~ Wortstamm
gation bleibt gleich im Infinitiv (Grund-
form) er malte, malen

1 Beurteilt Alexanders Hefteintrag.

2 Gestaltet den Hefteintrag so, dass ihr ihn gut lernen könnt.

3 Überlegt, welchen Beitrag ihr zu dem Thema dieser Biologiestunde leisten könntet:
- ✔ Welches Vorwissen habt ihr?
- ✔ Woher könntet ihr weitere Informationen bekommen?
- ✔ Habt ihr bereits Material zu diesem Thema?

4 Besprecht, welche Fragen in der Biologiestunde behandelt werden könnten.

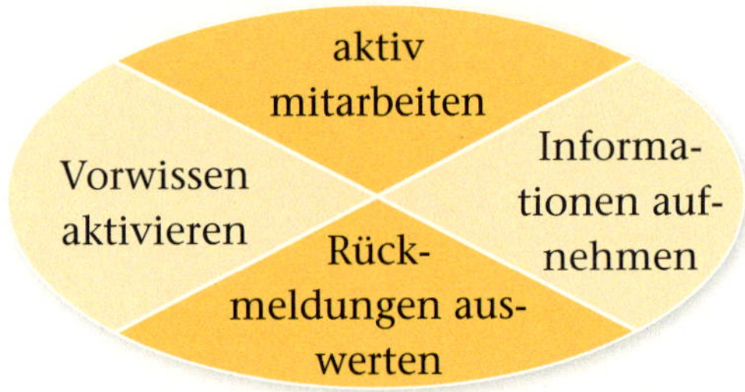

1. Was hat der Lehrer besonders betont, was war ihm besonders wichtig?

2. Was war richtig oder falsch an meiner Antwort?

3. Was weiß ich schon zu unserem heutigen Thema?

4. Haben wir schon einmal ein ähnliches Thema bearbeitet?

5. Den Tafelanschrieb deutlich lesbar und gut gegliedert ins Heft übertragen

6. Was war das Thema der letzten Stunde?

7. Was hat der Lehrer zu meinen Hausaufgaben gesagt?

8. Mich auf Lehrerfragen melden, wenn ich die Antworten weiß

9. Welches war das Thema und das Ergebnis der heutigen Stunde?

10. Zuhören, was die anderen antworten und vortragen

11. Bei unbekannten Begriffen und Wörtern nachfragen

12. Was hat der Lehrer unter meine Hausaufgaben/Klassenarbeit geschrieben?

13. Mich melden, wenn ich Ideen zum Thema habe

14. Was hat mein Vorredner gesagt?

15. Neugierig auf ein Thema sein

16. Fragen, wenn ich etwas nicht verstanden habe

1 Legt euch eine Tabelle mit vier Spalten an und ordnet die Tipps zum Lernen im Unterricht den vier Feldern zu. Ergänzt noch durch eure eigenen Vorschläge.

2 Einigt euch auf vier wichtige Tipps je Orientierungsfeld und schreibt sie nach Farben sortiert auf Kärtchen. Gestaltet nun damit ein Plakat „Lernquartett für den aktiven Unterricht“.

3. Zu Hause lernen

1

2

1 Beschreibt, welche Lernsituationen auf den Comics dargestellt werden.

2 Tauscht euch darüber aus, ob euch die Comics und ihre Figuren gefallen. Begründet eure Meinung.

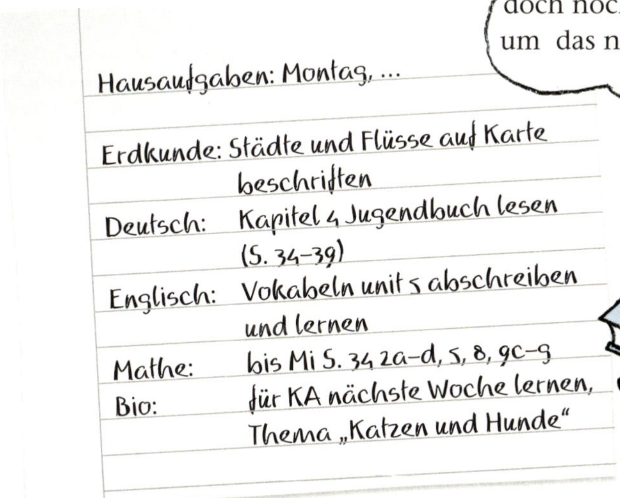
Hausaufgaben: Montag, ...

Erdkunde: Städte und Flüsse auf Karte beschriften
Deutsch: Kapitel 4 Jugendbuch lesen (S. 34–39)
Englisch: Vokabeln unit 5 abschreiben und lernen
Mathe: bis Mi S. 34 2a–d, 5, 8, 9c–g
Bio: für KA nächste Woche lernen, Thema „Katzen und Hunde“

3 Beschreibt die Situation, in der Alexander sich befindet.

4 Was sollte Alexander eurer Meinung nach tun, bevor er überhaupt mit seinen Hausaufgaben anfängt?

Alexander hat auf seiner Pinnwand zwar einige Tipps zum Thema „Richtig lernen", er weiß aber nicht, wie er sie jetzt sinnvoll anwenden soll.

Hausaufgaben

- **Planen**
  Bevor du anfängst, solltest du dir einen Überblick über die Hausaufgaben verschaffen. Was hast du auf? Bis wann muss es erledigt sein? Wann hast du Zeit dafür? Welches Material brauchst du dazu?
- **Aufwärmen**
  Wie beim Sport braucht man auch bei den Hausaufgaben eine kleine Aufwärmphase: Beginne also mit etwas, was dir Spaß macht oder dir leicht fällt.
- **Nicht aufschieben**
  Erledige die Hausaufgaben, die nicht für den nächsten Tag bestimmt sind, trotzdem möglichst rasch. Jetzt kennst du noch die Zusammenhänge am besten, ist der Stoff noch frisch.
- **Abwechseln**
  Plane die Hausaufgaben so, dass du mündliche und schriftliche, schwere und leichte Arbeiten im Wechsel erledigst.

Gut geplant ist halb gelernt!

Wer Ordnung hält, ist nur zu faul zum Suchen!

Vermeide es, ähnliche Stoffe hintereinander zu lernen. Beim Einprägen behindern sie sich gegenseitig. Du kommst durcheinander und vergisst schneller.

Arbeit macht Spaß! Aber wer versteht denn heute noch Spaß?

Wer zu viel auf einmal lernt, vergisst doppelt so schnell. Teile dir den Stoff zum Lernen in **Portionen** ein. Nur durch **Wiederholen** wird der Stoff auch im Gedächtnis verankert. Rechtzeitig und regelmäßig wiederholen!

Lernpausen: Genauso wichtig wie das Lernen selbst!

welche?	wie lange?	wann?	Wie?
Mini-Pause	1–2 Min.	alle 15–20 Min.	Kurz innehalten: aufstehen, umhergehen, Bleistift spitzen, Fenster öffnen
Erfrischungs-pause	5–8 Min.	nach 45 Min.	Sich erfrischen: Raum verlassen, etwas trinken, kurz frische Luft schnappen, Apfel essen

1 Diskutiert, inwieweit ihr die Lerntipps auf Alexanders Pinnwand für hilfreich haltet.

2 Stellt einen Plan auf, in welcher Reihenfolge Alexander seine Hausaufgaben erledigen soll.

3 Wie und wann soll Alexander für Biologie lernen? Gebt ihm einige Tipps.

Alexander hat im Unterricht noch weitere Blätter mit Lerntipps bekommen:

Durchlesen allein genügt nicht!

Zum Lernen verfügt ihr über viel mehr Möglichkeiten:

beim **Zuhören** behält man **20%**

beim **Schauen** bzw. **Lesen** behält man **30%**

beim **Schauen** bzw. **Lesen und Hören** behält man **50%**

beim **Sprechen** behält man **70%**

aber beim **aktiven Handeln** behält man **90%**

Außerdem: Je mehr **Lernkanäle** ihr benutzt, umso besser ist der Lernstoff im Gedächtnis verankert, umso leichter lässt er sich wieder abrufen.

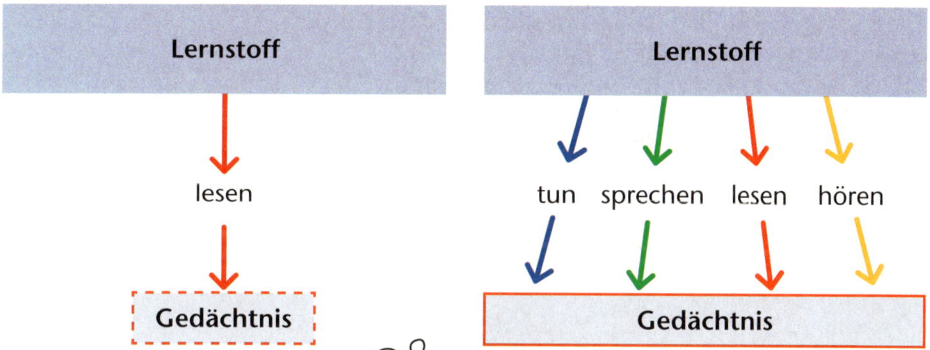

Vokabeln lernen

- Schon beim ersten Mal einprägen: lesen – sprechen – schreiben – anwenden
- Höchstens 30 Wörter auf einmal, aber erst 10 lernen, dann die nächsten 10, dann die letzten 10
- Anfangs öfter wiederholen, dann in größeren Zeiträumen
- Lernen heißt nicht: einfach durchlesen (s. Lernkanäle!), sondern auch sprechen, schreiben, anwenden (in Hausaufgaben und im Unterricht)
- Lernkartei einsetzen

Arbeitstechnik
Merkwörter lernen
Seite 271

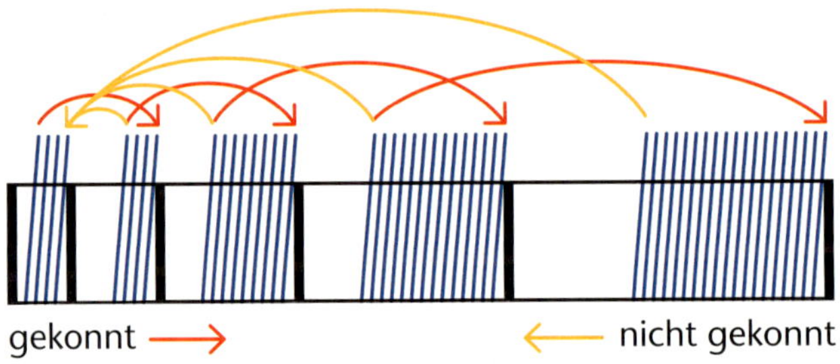

1 Erklärt den Begriff „Lernkanal". Fasst die Aussage des Blatts „Durchlesen allein genügt nicht!" mit eigenen Worten zusammen.

2 Besprecht, für welche Arten von Hausaufgaben dieses Blatt eine Hilfe bedeuten könnte.

3 Gebt Alexander Tipps, wie er das Lesen des vierten Kapitels seines Jugendbuchs durch weitere Kanäle effektiver gestalten könnte.

4 Tauscht eure eigenen Erfahrungen beim Vokabellernen aus. Vergleicht eure eigenen Lernweisen mit den Tipps auf Alexanders Blatt.

5 Gestaltet nun für euer Klassenzimmer eine „Lern-Pinnwand". Die besten Tipps aus diesem Kapitel könnt ihr dort ebenso anbringen (auf Kärtchen schreiben) wie weitere Informationen zum Thema Lernen.

Informationstechnische Grundbildung zum Nachschlagen

1. Der Arbeitsplatz

Rechner

Bildschirm

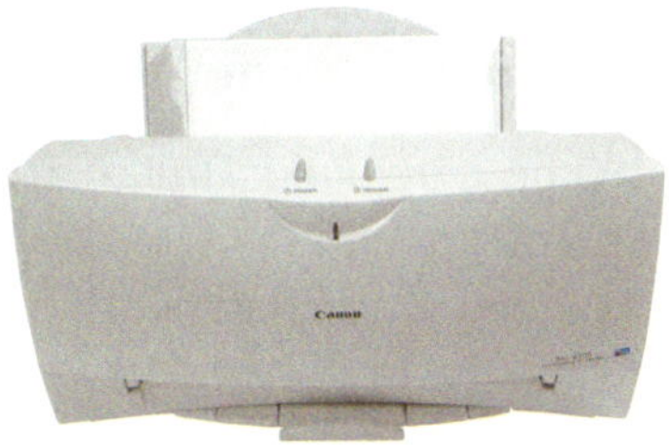

Drucker

Maus

Tastatur

CD-ROM

2. Das Textverarbeitungsprogramm

Bildschirm, Leisten, Grundfunktionen

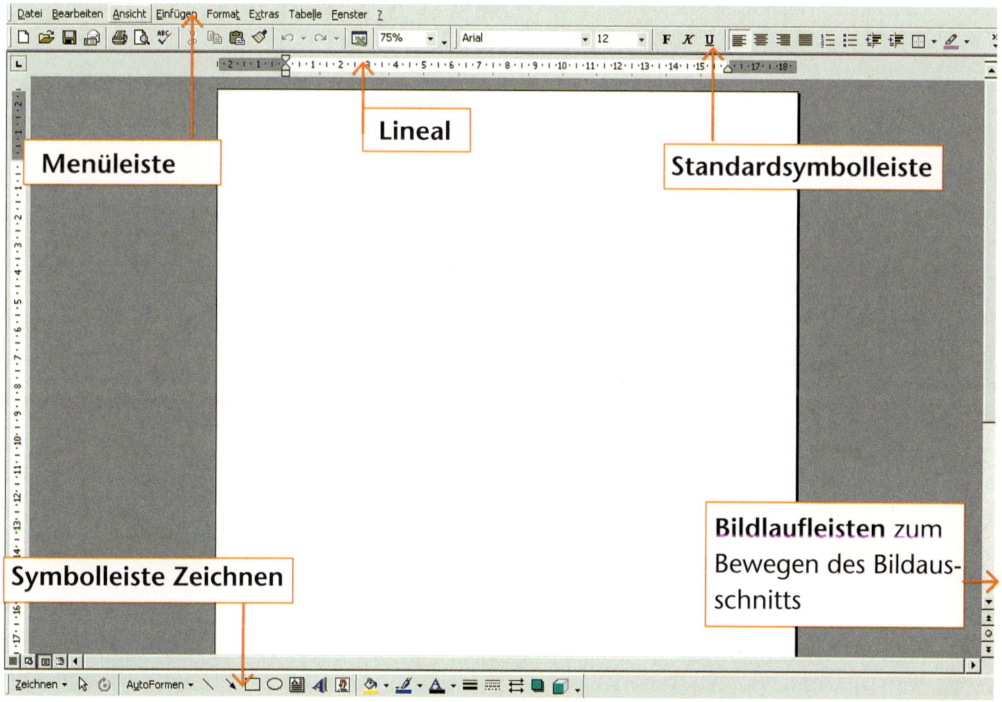

Einen Text eingeben

Seite 12, 32, 53, 134, 219

- Startet das Textverarbeitungsprogramm *Word* durch Doppelklicken auf das Programmsymbol.
- Ihr erhaltet ein Blatt zum Beschreiben, wenn ihr in der Standardsymbolleiste auf das Feld mit dem leeren Blatt klickt: [Date]
- Das Blatt könnt ihr mit Hilfe der Bildlaufleiste nach unten oder oben schieben: mit dem Mauspfeil auf den Rollbalken gehen, linke Maustaste gedrückt halten und durch Bewegen der Maus nach unten oder oben ziehen.
- Auf dem Blatt blinkt ein schwarzer Strich (= die **Einfügemarke** oder der **Cursor**): An dieser Stelle könnt ihr mit dem Schreiben beginnen.

Großschreibung: **Umschalttaste** [⇧] gedrückt halten und gleichzeitig den Buchstaben tippen
Lücken setzen: **Leertaste** (die lange Taste unter den Tasten C/V/B/N/M) drücken, erzeugt Lücken zwischen einzelnen Zeichen.
eine neue Zeile anfangen: **Enter-Taste** (die große Taste rechts) drücken: [ENTER]
Mit den vier Pfeilen rechts neben der Schreibmaschinentastatur könnt ihr den Cursor im Text in allen Richtungen bewegen, d. h. in die obere oder untere Zeile wechseln oder innerhalb einer Zeile nach links oder rechts. [↑] [←] [↓] [→]

Zeichen löschen

Seite 54, 55

Zeichen, die ihr falsch eingegeben habt, könnt ihr auf verschiedene Weise löschen:
a. die Sofortkorrektur:
 – Die Löschtaste löscht ein Zeichen **links** neben der Einfügemarke: [←]
 – Die Entferntaste löscht ein Zeichen **rechts** neben der Einfügemarke: [ENTF]
b. markieren (s. u.) und Lösch- oder Entferntaste drücken

Tipp: Wenn ihr zu viel gelöscht habt, keine Panik! Die Marke [↶] Rückgängig hilft euch. Sie stellt frühere Schreibvarianten wieder her.

Markieren und überschreiben

Seite 54, 55

einen Buchstaben markieren
- die Maus bewegen, so dass die Einfügemarke links von dem Buchstaben liegt
- die linke Maustaste drücken und gedrückt lassen
- Cursor über die Textstelle ziehen, Stelle wird dunkel (= **markieren**): wenn

ein Wort markieren
- die Einfügemarke auf das Wort legen
- Doppelklick mit der linken Maustaste auf das Wort: fliegen

einen Textblock markieren
- linke Maustaste drücken und vom Beginn des Textblocks zum Ende ziehen

Durch Mausklick an einer beliebigen Stelle wird eine Markierung aufgehoben.
Das neue Zeichen, der Buchstabe oder das Wort werden einfach in den markierten Bereich geschrieben.

Einfügen

Seite 54, 55

- die Einfügemarke an die Stelle setzen, an der etwas eingefügt werden soll
- die linke Maustaste drücken
- das Zeichen, den Buchstaben, das Wort schreiben

Kopieren

Seite 121

Ihr könnt Zeichen, Wörter, Textstellen oder auch den ganzen Text kopieren. Sie werden dann in einem Zwischenspeicher abgelegt und ihr könnt sie anschließend an passender Stelle einfügen. Ihr geht am besten so vor:

- Markiert die Teile des Textes, die ihr kopieren wollt.
- Klickt auf *Kopieren* in der Symbolleiste:
- Setzt nun die Einfügemarke an die Stelle, an der der Text eingefügt werden soll.
- Klickt nun *Einfügen* in der Symbolleiste an:

Drag and Drop: Texte verschieben

Seite 212

- Markiert das Wort.
- Wenn ihr nun die Einfügemarke auf das markierte Wort schiebt, verändert sie sich zum Pfeil.
- Zieht das Wort mit gedrückter linker Maustaste an die entsprechende Stelle **(drag)**.
- Lasst die linke Maustaste los, das Wort „fällt" **(drop)** nun an die richtige Stelle.

Zeichen formatieren

Seite 32, 121, 134, 219

Buchstaben, Satzzeichen oder Symbole nennt man **Zeichen**.

Es gibt die Möglichkeit, den Schriftschnitt (fett, kursiv) einzustellen und die Buchstaben zu unterstreichen.

Man kann die Schriftart (z. B. Times New Roman) und den Schriftgrad (z. B. 12) einstellen. Dafür klickt ihr mit der linken Maustaste auf den kleinen Pfeil neben dem Fenster.

Die Farbe lässt sich variieren, indem ihr mit der linken Maustaste dieses Feld bzw. den Pfeil daneben anklickt: 

Speichern, zwischenspeichern

Seite 12, 32, 53, 121, 134, 219

Damit ihr eure Texte auch später wieder aufrufen könnt, solltet ihr sie als Datei speichern. Dateien müsst ihr mit einem Dateinamen benennen und in einem Ordner ablegen. Einen Überblick über alle gespeicherten Dateien und angelegten Ordner ermöglicht euch der **Explorer:**

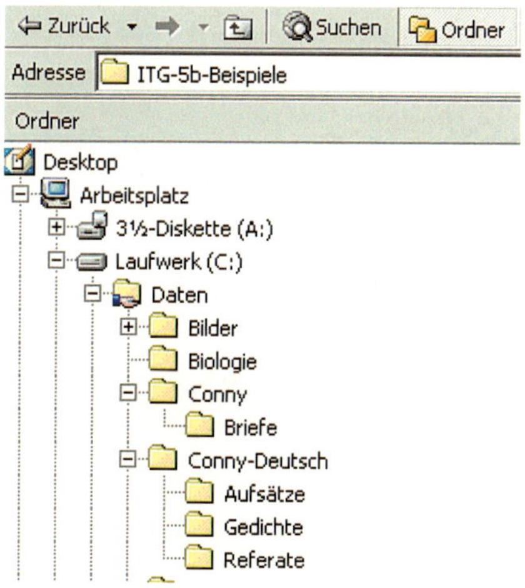

- Ein neues Dokument könnt ihr bereits vor dem Schreiben des Textes speichern. Ihr werdet automatisch zum Speichern aufgefordert, wenn ihr das Fenster mit eurem Dokument schließt.
- Klickt *Datei – Speichern unter* an:

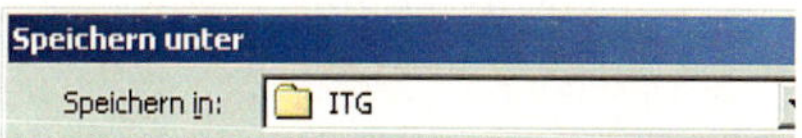

- Klickt auf den Pfeil rechts von diesem Fenster, bis der Ordner erscheint, in den ihr euren Text abspeichern wollt. Tragt nun den Namen eures Textes in das untere Feld ein, klickt dann auf *Speichern:*

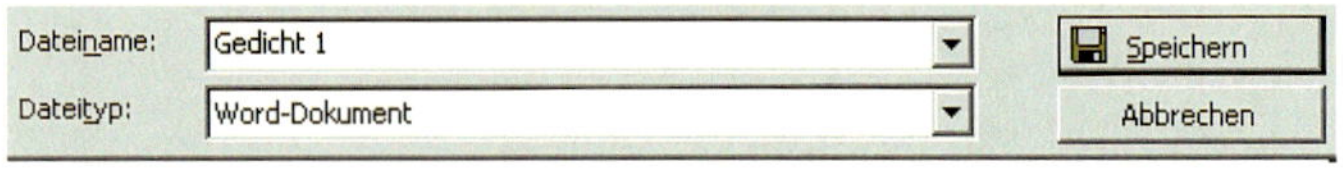

- Wenn ihr euren Text schreibt, solltet ihr regelmäßig zwischenspeichern. Damit sichert ihr, dass der Text nicht verloren geht.
  Klickt dazu das Zeichen für *Speichern* in der Symbolleiste an: 

Drucken

Seite 12, 32, 53, 121, 134, 219

Es gibt zwei Möglichkeiten, einen Text auszudrucken:

a. Mausklick mit der linken Maustaste auf das Druckerzeichen der Symbolleiste: 

b. *Datei – Drucken – ok*

Ihr müsst nicht immer den ganzen Text ausdrucken, sondern könnt auch einzelne Seiten oder Abschnitte drucken. Wenn ihr nur einzelne Abschnitte drucken wollt, müsst ihr sie vorher markieren.

- Wählt *Drucken* im Menü *Datei.*
- Gebt im Dialogfeld des Druckbefehls die Seiten ein, die ihr drucken wollt oder klickt auf *Markierung drucken.*

Texte überarbeiten: Thesaurus

Seite 54, 55, 174

Ein Thesaurus ist ein Wörterverzeichnis (von griech. Thesauros: Vorratskammer, Schatzhaus, Vorrat, Schatz).

Wenn ihr lebendig erzählen wollt, solltet ihr passende, aber verschiedene Ausdrücke wählen. Um Ersatzwörter mit der gleichen Bedeutung zu finden, könnt ihr zwei Möglichkeiten wählen:

a. Ihr schlagt in einem Synonymwörterbuch nach.

b. Ihr sucht im Thesaurus des Computers.

- Markiert das Wort, das ihr ersetzen wollt.
- Im Menü *Extras* findet ihr die Thesaurus-Funktion.
- Ihr erhaltet im linken Fenster z. B. drei Bedeutungen für das Wort *lief.*
- Klickt nun die Bedeutung an, zu der ihr ein Synonym sucht. Das Wort wird blau unterlegt.
- Prüft, welches Synonym am besten in euren Satz passt.
- Mit einem Mausklick auf das Feld *Ersetzen* könnt ihr das Wort austauschen.
- Überprüft, ob das neue Wort besser passt. Ihr könnt die Sprechprobe machen.

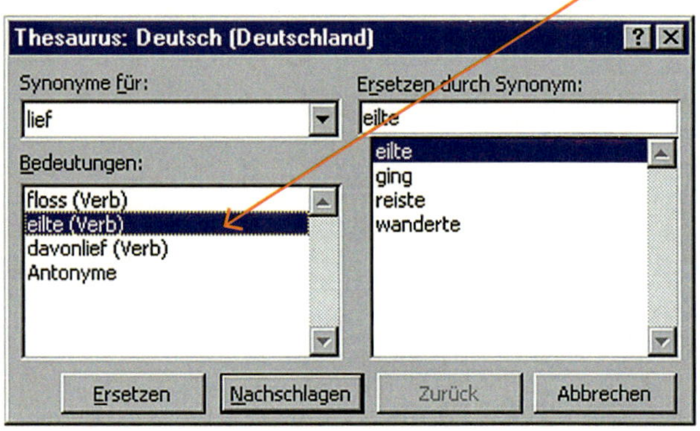

- Menüleiste *Extras* anklicken
- Registerkarte *Rechtschreibung und Grammatik* anklicken
- unter Optionen das Kontrollkästchen *Rechtschreibung während der Eingabe prüfen* anklicken (Es erscheint ein Häkchen.)
- mit *o.k.* bestätigen
- Die Rechtschreibfehler, die das Programm erkennt, erscheinen rot unterringelt.

Tipp: Wenn ihr den Text ausdruckt, könnt ihr beim Lesen leichter Fehler finden als am Bildschirm.

Texte überarbeiten: Rechtschreibhilfe

Seite 54, 55

3. Das Internet

Seite 20, 113, 157

- Startet zunächst den **Internet-Explorer** (Doppelklick):

- Markiert die Adresse im Fenster und überschreibt sie mit einer Internetadresse.

- Wenn ihr keine genaue Adresse wisst, hilft euch eine **Suchmaschine**, zum Beispiel:

- Gebt euer Thema in das Fenster für die Suchfunktion ein.

- Mit Klick auf *Suchen* erhaltet ihr eine Liste mit Internetseiten zu eurem Thema:

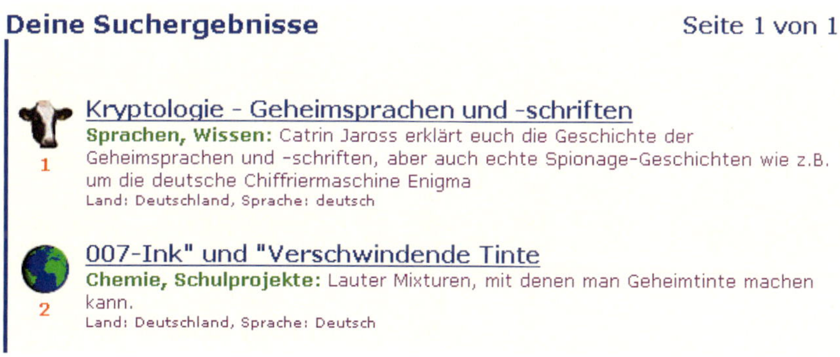

- Wenn ihr jetzt mit dem Mauszeiger auf einen der Titel geht, verwandelt der Mauszeiger sich in eine Hand. Drückt ihr nun die linke Maustaste, erhaltet ihr die gewünschte Seite.

Tipp: Probiert es einfach einmal aus und begebt euch auf die Seite *www.blinde-kuh.de*. Ihr findet dort viele Anregungen und sogar eine Anleitung, wie ihr euch im Internet bewegen könnt.

Arbeitstechniken auf einen Blick

Brainstorming (S. 43)
- Ihr schreibt spontan alles auf, was euch zu einer Sache, einem Thema einfällt, ohne dass ihr auswählt und sortiert.
- Wenn ihr in Gruppen arbeitet, schreibt ihr eure Ideen am besten auf einzelne Kärtchen; aus dieser Ideenbörse könnt ihr dann die besten auswählen und mit ihnen weiterarbeiten.

Diktate und Aufsätze verbessern (S. 272)
- Fehler bei der **Zeichensetzung:** den ganzen Satz aufschreiben, die Zeichen richtig setzen und farblich markieren, im Anschluss die betreffende Regel in Kurzform notieren.
- **Rechtschreibfehler:** das Wort oder den gesamten Ausdruck richtig aufschreiben, die (nun verbesserte) Fehlerstelle markieren und die Schreibung durch eine Regel oder ein Beispiel erklären.

Erweiterungsprobe (S. 219)
- Einfügen nicht notwendiger Satzglieder wie Attribute oder Adverbiale
- Erweiterungsmöglichkeiten eines Satzes erproben

Gesprächspartnern aufmerksam zuhören (Rhetorik) (S. 38)
- dem Gesprächspartner oder Vorredner signalisieren, dass man auf ihn eingeht
- **Echo-Spiel:** vor dem eigenen Redebeitrag kurz zusammenfassen, was der Vorredner gesagt hat

Ideennetz (S. 45)
- hilft euch durch grafische Anordnung beim Sammeln, Erweitern und Verknüpfen von Ideen
- In die Mitte eines Blattes schreibt ihr einen Begriff oder ein Thema, dies ist der Kern.
- Im nächsten Schritt werden die mit der Kernidee am engsten verbundenen Gedanken aufgeschrieben. Die Gedanken verzweigen sich dann immer mehr.

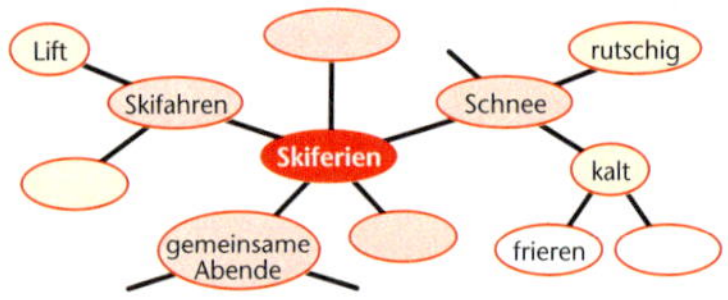

Lernplakat (S. 126)
- Damit könnt ihr Unterrichtsergebnisse, Informationen, Merkwissen, ... festhalten
- Kärtchenmethode:
  - Notiert Ideen, Ergebnisse, ... auf Kärtchen.
  - Sortiert und ergänzt.
  - Ordnet nach Gesichtspunkten.
  - Fixiert die Ergebnisse auf dem Plakat und gestaltet sie grafisch.

Merkwörter lernen und behalten (S. 271)
- In euren Merkwortschatz gehören besonders schwierige Wörter oder eure „Problemwörter".
- **Merkwortkartei:** Legt euch eine Kartei mit euren Fehlerwörtern an. In einen Karteikasten eingeordnet könnt ihr diese Wörter dann regelmäßig wiederholen und euch diktieren lassen. Das erste Fach wird zweimal die Woche bearbeitet, das zweite einmal usw.
- **Merkwortheft:** Ihr könnt euch die Merkwörter in einer eigenen Liste notieren. Dann lasst ihr euch 2-3 mal die Woche ca. 10 – 15 Wörter diktieren. Habt ihr das Wort richtig geschrieben, so notiert ihr euch ein + dahinter, wenn nicht, ein - . Wenn das Wort fünfmal hintereinander ein + bekommen hat, könnt ihr es beiseite legen.
- **Merkwortliste:** Legt euch mehrere Blätter mit fünf Spalten an: Wortliste – 1. Versuch – Verbesserung – 2. Versuch – Verbesserung. Schreibt die Merkwörter in die erste Spalte. Später knickt ihr dann diese Spalte nach hinten und lasst euch die Wörter diktieren. Ihr könnt selbst kontrollieren, wenn ihr die erste Spalte wieder zurückfaltet. Eventuelle Fehler werden in der dritten Spalte berichtigt. Ein paar Tage später verfahrt ihr mit den Spalten 4 und 5 genauso.
- **Besonders schwierige Wörter** schreibt ihr euch ganz groß auf ein einzelnes Blatt und verteilt mehrere solcher Blätter an Stellen in eurem Zimmer oder eurer Wohnung, an denen ihr immer wieder vorbeikommt. So könnt ihr euch diese Wörter immer wieder einprägen.

Mindmap (S. 8)
- „Gedankenlandkarte", mit der ihr Fragen, Ideen, Informationen u.a. ordnen könnt
- grafische Darstellung durch Äste und Zweige, die von dem Kernbegriff (Thema) ausgehen

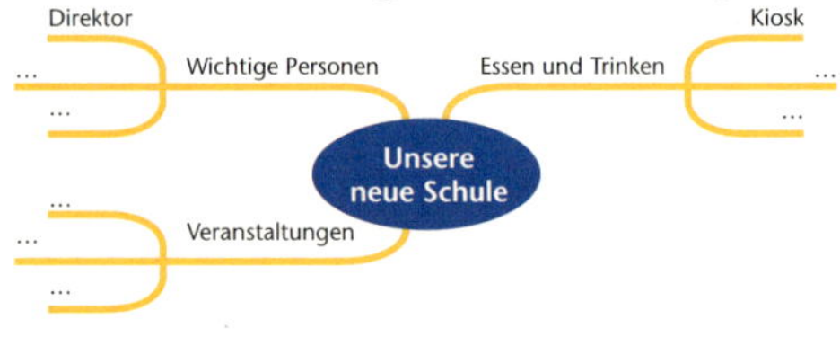

Projekte planen (S. 13)
➜ **Projektziel festlegen:**
- Schulinfo für die „Neuen“ (Broschüre, Wandzeitung, Faltblatt, …)

➜ **Themen finden:**
- Worüber soll informiert werden?

➜ **Arbeitsgruppen bilden:**
- Wer macht was?

➜ **einen Zeitplan erstellen:**
- Was soll wann gemacht werden?
- Was soll bis wann fertig sein?

➜ **Informationen sammeln, ordnen, auswerten, kontrollieren:**
- Stimmen die Angaben?

➜ **Informationen gestalten:**
- eigene Texte schreiben
- Bilder, Fotos ergänzen
- Überschriften formulieren

➜ **Informationen gestalten:**
- eigene Texte schreiben
- Bilder, Fotos ergänzen
- Überschriften formulieren

➜ **Texte überarbeiten:**
- Rechtschreibung, …

➜ **Ergebnisse der Arbeitsgruppen zusammenstellen**

Regeln lernen und behalten (S. 272)
Schreibt euch Regeln sauber und übersichtlich
- auf eigene **Regelblätter**, die ihr sammelt,
- auf **Lernposter**, die ihr zu Hause oder im Klassenzimmer aufhängt,
- auf **Karteikarten**, die ihr dann zusammen mit euren Merkwörtern lernen und wiederholen könnt.

Rollenbiografie (S. 91)
- hilft, eine Figur und ihre Handlungsweise zu verstehen
- Schreibt einen kleinen Text, in dem ihr Fragen zu der Figur mit Hilfe des Textes oder eurer Vermutungen beantwortet. Fragt z.B. nach:
  - Alter, Aussehen, Familie und Freunden, …
  - Beruf, Alltag, Tätigkeiten, …
  - Wünschen, Träumen, Hoffnungen, Ängsten

Rollenspiel (Rhetorik) (S. 30)
- Ihr schlüpft in die Rollen der Personen und versucht so nachzuvollziehen, wie sie denken, was sie fühlen, was sie beabsichtigen und wie sie sprachlich mit anderen umgehen.
- In Rollenspielen könnt ihr auch verschiedene Verhaltensweisen und Gesprächsmöglichkeiten ausprobieren und damit lernen, euer eigenes Gesprächsverhalten zu verändern.

Schlüsselwörter markieren (S. 18)
- Schlüsselwörter zeigen, worum es in einem Text oder einem Abschnitt geht.
- nur wenige Wörter markieren (Übersicht!)
- deutlich markieren

Schreibkonferenz (S. 53)
- Damit könnt ihr in Gruppen Texte und Aufsätze besprechen und überarbeiten.
- Checklisten mit Aspekten und Maßstäben für die Beurteilung können euch helfen, andere und eure eigenen Texte genauer wahrzunehmen. Achtet z.B. auf Inhalt, Aufbau, Sprachverwendung, Sprachrichtigkeit.
- Gebt Tipps für die Überarbeitung, macht Verbesserungsvorschläge.

Silben mitschwingen (S. 270)
Bei vielen Wörtern könnt ihr die Rechtschreibung leicht erschließen, wenn ihr sie deutlich aussprecht und genau hinhört. Zur Unterstützung könnt ihr sie auch in Silben zerlegen und diese durch Schwungbögen unter den Wörtern markieren:

Tintenkillerstifte

Texte für den Vortrag markieren (S. 125)
- Wichtige Wörter oder Stellen unterstreichen
- Pausen kennzeichnen: / für kurze, // für lange Pausen
- Vortragsweise (Lautstärke, Tempo) kennzeichnen

Textlupe (S. 55)
- Damit könnt ihr wie durch ein Vergrößerungsglas den Blick auf einzelne Aspekte eines Textes richten, z. B. den Aufbau, die Satzanfänge, die Rechtschreibung, ...
- hilft euch Aufsätze gezielt zu überarbeiten:
  - Achtet beim Durchlesen nur auf die von euch ausgewählten Aspekte.
  - Verändert Stellen, die euch auffallen.

Umstellprobe (S. 211)
- Verschiebung der Wörter eines Satzes in ihrer Position, ohne sie zu verändern
- Methode zur Abgrenzung der Satzglieder
- Wörter, die bei der Verschiebung zusammenbleiben, sind Satzglieder.

Unbekannte Begriffe klären (S. 16)
- aus dem Zusammenhang erschließen
- aus bekannten Wörtern herleiten
- in einem Lexikon nachschlagen

Weglassprobe (S. 217)
- Weglassen von Wörtern und Wortgruppen, die für einen grammatikalisch vollständigen und sinnvollen Satz nicht notwendig sind
- zur Bestimmung der notwendigen Satzglieder

W-Fragen (S. 10)
- was?, wer?, wann?, wo?, wie?, warum?, welche Folgen?
- W-Fragen zu stellen hilft euch bei
  - der Suche nach Informationen,
  - dem Präsentieren von Informationen,
  - dem Erschließen von Texten.
  - derBestimmung von Satzgliedern

Wörter ableiten (S. 270)
- Wortverwandte suchen: Bei den meisten Wörtern im Deutschen bleibt die Schreibung innerhalb einer Wortfamilie gleich.
- Wörter abzuleiten hilft euch vor allem bei gleich und ähnlich klingenden Vokalen.

Wörter verlängern (S. 270)
- Plural bilden *(Ber? – Berge)*, Infinitiv suchen *(er flie? – fliehen)*, steigern *(flo? – flotter)*
- Das Verlängern hilft euch bei gleich und ähnlich klingenden Lauten.

Sachregister

Autorenregister

Textsortenverzeichnis

Textquellen

S. 15: Dinosaurier. Filmbesprechung von Monika Hübner, in: Gesehen und gelesen. Film- und Buchkritiken. http://sites.inka.de/sites/darwin/monika/monika.html [gekürzt und bearbeitet] – **S. 17:** Hellmiß, Margot: Dinosaurier. Aus: Frag mich was. Dinosaurier. Loewe Verlag 1992, S. 81. – **S. 20f.:** Dinosaurier. Filmbesprechung von Carlos Gebauer. http://br-online.de/unterhaltung/kino/filme/200011/1291 – **S. 21:** Joachim Oppermann: Dinosaurier. Aus: Was ist was Bd. 15. Tessloff Verlag 1999, S. 46f. – **S. 28f.:** Timm, Uwe: Rennschwein Rudi Rüssel. Nagel und Kimke, Frauenfeld 1989, S.8–11. – **S. 30f.:** Härtling, Peter: Ben liebt Anna. Beltz & Gelberg, Weinheim/Basel 1979, S.7f. – **S. 34:** Kasimir und Konrad. Der letzte Keks. – **S. 50f.:** Richter, Jutta: Der Tag, als ich lernte die Spinnen zu zähmen. dtv, München 2002, S. 22f. – **S. 52:** Rowling, Joanne K.: Harry Potter und der Stein der Weisen. Carlsen Verlag, Hamburg 2000, S. 335. – **S. 65:** Hohler, Franz: Tschipo. Ravensburger Buchverlag, 1996, S. 9ff. – **S. 67f.:** Schami, Rafik: Wie der Kutscher Salim sitzend zu seinen Geschichten kam und sie unendlich lang frisch halten konnte. Aus: Erzähler der Nacht. dtv, München 112002, S. 8ff. – **S. 68–70:** Singer, Isaac B.: Wie Schlemihl Geschäfte machte. Aus: Der Geschichtenerzähler. dtv, München 2003, S. 56ff. – **S. 73:** Hebel, Johann Peter: Das Mittagessen im Hof. Aus: Die Kalendergeschichten. dtv, München 2001, S. 44f. – **S. 58f.:** Plauen, e.o.: Der Schmöker. Aus: Vater & Sohn. Ravensburger Buchverlag, 2003, S. 12f. – **S. 59:** Plauen, e.o.: Der eingebildete Kranke. Aus: Vater & Sohn. Ravensburger Buchverlag, 2003, S. 82f. – **S. 60:** Wilhelm Busch: Plisch und Plum. Schlusskapitel aus: Wilhelm Busch Bildergeschichten. EDITION XXL GmbH, Reichelsheim 2002, S. 102ff. – **S. 76f.:** Spiele zur Vorbereitung: CD-Rom Volker List/Eckhard Lück: Darstellendes Spiel konkret. Übungen zum Theatertraining. LAG Darstellendes Spiel Hessen. – **S. 82f.:** Waalkes, Otto: Die verflixte Rechenaufgabe. Aus: Das zweite Buch OTTO. Heyne, München 1984, S. 36. – **S. 85:** Schubiger, Jürg: Das Kind auf dem Kasten. Aus: Schubiger, Jürg: Als die Welt noch jung war. Beltz & Gelberg, Weinheim/Basel 1995, S. 145–148. – **S. 88–90:** Janosch: Hannes Strohkopp und der unsichtbare Indianer. ParabelVerlag, München o.J., S. 20. – **S. 93:** O'Dell, Scott: Insel der blauen Delphine. dtv, München 1997, S. 103ff. – **S. 95–97:** Helwig, Werner: Jorgos und der Wolf. – **S. 97f.:** Hohler, Franz: Die feindlichen Schrauben. Aus: Der Granitblock im Kino. Ravensburger Buchverlag, 1997, S. 102. – **S. 99:** Hohler, Franz: Der Pressluftbohrer und das Ei. Aus: 111 einseitige Geschichten. Luchterhand 1981. – **S. 102:** Kipling, Rudyard: Das Dschungelbuch. Cecilie Dressler Verlag, Hamburg 1987, S. 12ff. – **S. 105–107:** Grimm, Jakob und Wilhelm: Rumpelstilzchen. Aus: Kinder und Hausmärchen. Gesammelt durch die Gebrüder Grimm, illustriert von Otto Ubbelohde, Insel Taschenbuch, Frankfurt/M.1974, S. 318ff. – **S. 110:** Laun, Annette: Der Zauberspiegel. Aus: Dornröschen nimmt die Heckenschere. Hrsg. v. B. Heidebrecht, Verlag Kleine Schritte/Brigitte Heidebrecht und Co., Bonn 1985. – **S. 111:** Der herumziehende Rattenfänger. Aus: Sagen und Schwänke vom Bodensee. Hrsg. v. Bernhard Mönking, See-Verlag, Friedrichshafen o. J., S. 62. – **S. 112f.:** Der Rattenfänger zu Hameln: http://www.udoklinger.de/Sagen/S5.htm – **S. 115:** Das steinerne Weib bei Wiesensteig. Aus: Wetzel Manfred: Vom Mummelsee zur Weibertreu. Die schönsten Sagen aus Baden-Württemberg. Theiss, Stuttart 21997, S. 105. – **S. 115:** Angeschnallte Wildsau. Aus: Süddeutsche Zeitung 29./30. August 1992, abgedruckt in: Rolf Wilhelm Brednich: Das Huhn mit dem Gipsbein. Neuste sagenhafte Geschichten von heute. Verlag C.H.Beck, München 1993, S. 134. – **S. 120:** Morgenstern, Christian: Die Trichter. aus: Alle Galgenlieder. Insel, Wiesbaden 1956, S. 29. – **S. 120:** Döhl, Reinhard: Apfel. Aus: konkrete Poesie. Deutschsprachige Autoren. Hrsg.v. Eugen Gomringer, Reclam, Stuttgart 1972, S. 38. – **S. 122:** Hugo Ball : Wolken. Aus: Der neue Conrady. Artemis und Winkler, Düsseldorf/Zürich 2000, S. 608. – **S. 124:** Krüss, James : Das Feuer. Aus: Die Wundertüte. Alte und neue Gedichte für Kinder. Hrsg.v. Heinz-Jürgen Kliewer, Reclam, Stuttgart 1989, S. 169. – **S. 124:** Auer, Martin: „Noch". Aus: Großer Ozean. Hrsg.v. Hans-Joachim Gelberg, Beltz & Gelberg, Weinheim/Basel 2001, S. 96. – **S. 125:** Moser, Erwin: Gewitter. Aus: Überall und neben dir. Gedichte für Kinder. Hrsg.v. Hans-Joachim Gelberg, Beltz & Gelberg, Weinheim/Basel 1986, S. 260. – **S. 127:** Fried, Erich: Humorlos. Aus: Anfechtungen. Wagenbach, Berlin 2001, S. 26. – **S. 127:** Heise, Hans-Jürgen: Vorboten. Aus: Der neue Conrady. Artemis und Winkler, Düsseldorf/Zürich 2000, S. 937. – **S. 129:** Morgenstern, Christian: Wenn es Winter wird. Aus: Die Wundertüte. Alte und neue Gedichte für Kinder. Hrsg.v. Heinz-Jürgen Kliewer, Reclam, Stuttgart 1989, S. 91. – **S. 131:** Bächler, Wolfgang: Ins Weiße blickend. Aus: Ausbrechen. Gedichte aus 30 Jahren. Fischer, Frankfurt 1976, S. 146. – **S. 132:** Georg Britting: Fröhlicher Regen. Aus: Gedichte 1930–1940. Hrsg. v. W. Schmitz, List Verlag, München 1993, S. 54. – **S. 133:** Bächler, Wolfgang: Der Nebel. Aus: Gedichte für Anfänger. Hrsg. v. J. Fuhrmann, Rowohlt, Reinbek 1980, S. 75. – **S. 135:** Kästner, Erich: Besagter Lenz ist da. Aus: Dr. Erich Kästners Lyrische Hausapotheke. dtv, München 2001, S. 69 [Ausschnitt; Reihenfolge der Verse verändert]. – **S. 139–141:** Kabermann, Friedrich: Moira. Reise zum Nullpunkt der Welt. 16 Zeichnungen von Dieter Zirkel. 2. Aufl. Würzburg: Arena 1982, S. 53–56. – **S. 145:** Beschreibungen Computerspiele aus: Kids&Co 3/2003, Springer, Hamburg S. 48/49. – **S. 147, 150f., 153:** Kirschner, David: Der Herr der Worte. Der Pagemaster. Illustrationen von Jerry Tiritilli. Ins Deutsche übertragen von Annekatrin Gudat. Heyne, München 1994. S.12 (Eintritt in die Bibliothek), S. 28–31 (Fantasie). – **S. 155, 158–160:** Gaarder, Jostein und Hagerup, Klaus: Bibbi Bokkens magische Bibliothek. Aus dem Norwegischen von Gabriele Haefs. Hanser, München 2001. S. 7 (Beginn), S.197 (Ende), S. 198 (Inhalt), S. 108–110 (Eintritt in die magische Bibliothek), S. 148–149 (Bibliothekssystem).– **S. 167:** Morgenstern, Christian: Neue Bildungen, der Natur vorgeschlagen. Aus: Alle Galgenlieder. Diogenes, Zürich 1981, S. 29. – **S. 168:** Kusenberg, Kurt: Kombiwörter bilden. Aus: Zweites Jahrbuch für Kinderliteratur. Hrsg. v.

H.-J. Gelberg. Beltz, Weinheim 1973, S. 257. – **S. 169:** Waechter, Friedrich Karl: Warum heißt der Apfel Apfel? Aus: Opa Huckes Mitmachkabinett. Beltz & Gelberg, Weinheim/ Basel 1974. – **S. 170:** Britting, Georg: Raubritter. Aus: Sämtliche Werke. Bd.2: Gedichte. Hrsg. v. Walter Schmitz, List Verlag, München/Leipzig 1993, S. 47. – **S. 170:** Hecht. Schnöck Wasserwolf Esox lucius. Aus: wissen.de-Lexikon. Wissen.de GmbH, München 2000-2003. – **S. 173:** Schnurre,Wolfdietrich: Lieben heißt loslassen können. Aus: Was ich für mein Leben gern tue. Luchterhand, Neuwied 1967, S. 53f. – **S. 174:** Rauprich, Nina: Lasst den Uhu leben! – **S. 178:** Morgenstern, Christian: Gruselett. Aus: Werke und Briefe. Stuttgarter Ausgabe Bd.3, Urachhaus, Stuttgart 1990, S. 213. – **S. 179f., 185, 194:** Carroll, Lewis: Alice hinter den Spiegeln. Insel Taschenbuch 1980, S. 46f., S. 49, S. 103, S. 50. – **S. 181:** Rowling, Joanne K.: Harry Potter und die Kammer des Schreckens. Carlsen, Hamburg 1999, S. 298f. – **S. 182, 197f., 201:** Szabo, Arpad: Herakles und die Hydra. Aus: Griechische Götter und Heldensagen. Boje, Stuttgart 1971. – **S. 186:** Morgenstern, Christian: Der Werwolf. Aus: Werke und Briefe. Stuttgarter Ausgabe Bd.3, Urachhaus, Stuttgart 1990, S. 87. – **S. 189, 200:** Ende, Michael: Die unendliche Geschichte. Thienemanns, Stuttgart 1979, S. 68f., S. 266. – **S. 191–194, 196, 201f.:** Tolkien, John Ronald R.: Der kleine Hobbit. dtv, München 2003, S. 118, S. 124, S. 131, S.136f., S. 396ff. – **S. 203:** Zwischen Skylla und Charybdis. Aus: Ilias und Odyssee. Nacherzählt von Walter Jens, Otto Maier, Ravensburg 21959, S. 69. – **S. 205–207:** Scholz, Heinz: Siegfried. Aus: Sagen des Abendlandes. Neu erzählt von Heinz Scholz, Österreichischer Bundesverlag, Wien/ München 1957, S. 168-170. – **S. 208:** Der Zipferlake. Aus: Carroll, Lewis: Alice hinter den Spiegeln. Insel Taschenbuch, Frankfurt a.M. 1980, S. 27. – **S. 229:** Nasreddin Mullah Aufs Wort glauben. – **S. 238:** Dürrson, Werner: Flohgedicht. Aus: Überall und neben dir. Hrsg. v. H.-J. Gelberg, Beltz & Gelberg, Weinheim/Basel 2000, S. 107. – **S. 238–243:** Käpt´n Blaubärs Geschichtenbuch, Erzählt von B. Lassahn, Otto Maier Verlag, Ravensburg 1991, S. 5, S. 6f., S. 35ff. – **S. 245:** Internet-Text zur Wilhelma.: www.wilhelma.de/de/herb/wissenswertes/tiere und pflanzen – **S. 248, 251:** Fährmann, Willi: Das Jahr der Wölfe. Arena, Würzburg 1999, S. 5 (2 Texte). – **S. 252:** Hardey, Ewelyn B.: Bärenfang. Aus: Überall und neben dir. Hrsg. v. H.-J. Gelberg, Weinheim/Basel: Beltz 2000, S. 79. – **S. 256:** Rezept für Mandelmakronen aus: Wenn es wieder Weihnachten wird. Tigris Verlag, Köln o.J., S. 21. – **S. 257:** Guggenmos, Josef: Wenn Riesen niesen. Aus: Oh Verzeihung, sagte die Ameise. Beltz, Weinheim/Basel 1990. – **S. 263:** Göpfert, Ingrid: Virentext aus: Köpchen, Köpfchen. Freiarbeitskartei Rechtschreiben. Klett, Stuttgart 1997, S. A16. – **S. 265f.:** Krüss, James: Das Arche-Noah-ABC. Aus: Überall und neben dir. Hrsg. v. H.-J. Gelberg, Beltz & Gelberg, Weinheim/Basel 2000, S. 99ff.

Bildquellen

Cover: Ctibor Bachraty, Bratislava; – **S. 5:** Mauritius(age), Mittenwald; – **S. 6:** Bananastock RF, Watlington/Oxon; – Silvestris (Kerscher), Dießen; – Sascha Reuen,Essen; – Corbis Digital Stock, London; – **S. 9:** Joker (Ralf Gerard), Bonn; – **S. 11:** Joker (David Ausserhofer), Bonn; – Corbis, Düsseldorf; – ullstein bild, Berlin; – Kessler-Medien, Saarbrücken; – Corbis (Michael Pole), Düsseldorf; – **S. 14:** Corbis, Düsseldorf; – S. 15: dpa (Enterpress Buena Vista), Hamburg; – **S. 17:** © Disney/ct-Archiv; Frankfurt/Main; – **S. 21:** © Disney/ct-Archiv; Frankfurt/Main; – **S. 26:** © Falk Verlag, Ostfildern; – Silvestris (Pelka), Dießen; – Okapia (B. Cavignaux, BIOS), Frankfurt/Main; – Reinhard-Tierfoto, Heiligkreuzsteinach; – **S. 27:** Corbis (Norbert Schaefer), Düsseldorf; – **S. 28:** Cinetext, Frankfurt; – **S. 41:** Das Fotoarchiv (Knut Müller), Essen; – **S. 42:** (2) Susanne Lutz, Munderkingen – Mauritius (fact), Mittenwald; – Mauritius (Dr. J. Müller), Mittenwald; – **S. 45:** dpa (Wolfgang Thieme), Hamburg; – Das Fotoarchiv (Wolfgang Schmidt), Essen; – **S. 57/58:** aus: e.o.plauen: Vater und Sohn. Gesamtausgabe Erich Ohser © Südverlag GmbH, Konstanz 2000 mit Genehmigung der Gesellschaft für Verlagswerte GmbH, Kreuzlingen, Schweiz; – **S. 59:** aus: e.o.plauen: Vater und Sohn. Gesamtausgabe Erich Ohser © Südverlag GmbH, Konstanz 2000 mit Genehmigung der Gesellschaft für Verlagswerte GmbH, Kreuzlingen, Schweiz; – **S. 60:** aus: Der Virtuose und andere Bildergeschichten von Wilhelm Busch. Verlag Braun & Schneider, München 1922; – **S. 61:** Artothek, Weilheim; – **S. 62:** Mauritius (age), Mittenwald; – MEV, Augsburg; – MEV, Augsburg; – Dieter Gebhardt, Asperg; – Mauritius (age), Mittenwald; – Mauritius (Auktionshaus Dr. Nagel), Mittenwald; – **S. 75:** Corbis (Bob Rowan/Progressive Image/C), Düsseldorf; – **S. 78:** Interfoto, München; – (2) dpa (Matthias Schrader), Hamburg; – © 2003 Les Editions Albert Rene/Goscinny-Uderzo; – (2) Mauritius, Mittenwald; – **S. 79:** Mauritius (Sammy), Mittenwald; – Mauritius (Male), Mittenwald; – Joker (Marcus Gloger), Bonn; – dpa (Frank Leonhardt), Hamburg; – **S. 80:** (4) aus: Samy Molcho: Alles über Körpersprache. Verlagsgruppe Random House, München, Foto: Thomas Klinger; – Corbis, Düsseldorf; – Interfoto (IFPA), München; – **S. 81:** Falko Seime, Dr. Walter Streit, Jena; – **S. 87:** Mauritius, Mittenwald; – **S. 93:** Verlag Friedrich Oetinger, Hamburg; – **S. 95:** Artografika (Andreas Rose), München; – **S. 101:** Rudyard Kipling: Das Dschungelbuch. Illustration und Konzeption Copyright © 1994 Edition Gallimard, Paris. Deutsche Ausgabe Copyright © 2001 Gerstenberg Verlag, Hildesheim; – **S. 104:** Corbis (Terry Eggers), Düsseldorf; – Otto Ubbelohde; – Mauritius (Kumicak), Mittenwald; – EPD, Frankfurt; – **S. 105:** AKG, Berlin; – **S. 114:** AKG, Berlin; – Mauritius, Mittenwald; – Mauritius (Mattes), Mittenwald; – **S. 115:** aus: Manfred Wetzel: Vom Mummelsee zur Weibertreu. Theiss Verlag, Stuttgart 1988. Illustration von Joachim Burzig; – (2) Verlag C. H. Beck, München;

– **S. 116:** Hans Posovszky, Ellhofen; – (3) Photo Affairs (Jürgen Bögelspacher), Deisslingen; – (2) Morstadt Verlag, Kehl/Rhein; – Heike Tausendfreund, Münster; – Landesmedienzentrum Baden-Württemberg, Stuttgart; – Husum Druck- u. Verlagsgesellschaft, Husum; – Silberburg Verlag, Tübingen; – Verlag C. H. Beck, München; – **S. 117:** (2) AKG, Berlin; – aus: Peter Morsbach: Oberschwaben und Schwäbische Alb. Kunst, Kultur und Landschaft zwischen mittlerem Neckar und Iller. DuMont Kunst-Reiseführer © 2001 DuMont Buchverlag, Köln; – **S. 119:** Mauritius, Mittenwald; – **S. 120:** Stiftung Archiv der Akademie der Künste, Berlin; – **S. 123:** MEV, Augsburg; – **S. 124:** Corbis (Will & Deni Mctintyre), Düsseldorf; – **S. 127:** Mauritius (Frank), Mittenwald; – **S. 128:** Ehrmann AG (Leonhardt und Kern Werbung, Stuttgart), Leonberg; – Haribo GmbH u. Co. KG, Bonn; – Jutta Bauer, Hamburg; – **S. 130:** Artothek, Weilheim; – **S. 133:** Mauritius (Photo Library), Mittenwald; – **S. 137:** Mauritius (Hubatka), Mittenwald; – **S. 138:** (2) aus: Quint Buchholz: BuchBilderBuch. 45 Bilder von Quint Buchholz und 45 Texte von Herbert Achternbusch bis Paul Wühr. Mit einem Vorwort von Michael Krüger, © 1997 Carl Hanser Verlag, München-Wien; – Quint Buchholz, München; – **S. 144:** Corbis (Roy Morsch), Düsseldorf; – Corbis (Ted Horowitz), Düsseldorf; – Corbis (William Whitehurst), Düsseldorf; – Corbis (Julius), Düsseldorf; – Helga Lade, Frankfurt/Main; – Fotex, Hamburg; – Mauritius (AGE), Mittenwald; – Mauritius, Mittenwald; – MEV, Augsburg; – Mauritius (J. Bauer), Mittenwald; – Mauritius (SST), Mittenwald; – **S. 145:** (2) Ubi Soft Entertainment, Düsseldorf; – SONY, Köln; – Terzio, Möller & Bellinghausen Verlag GmbH, München; – Activision Deutschland GmbH, Burglengenfeld; – **S. 148:** (6) Warner Bros., Burbank, California 91522; – (3) EM Entertainment Film und Fernseh GmbH, Unterföhring; – **S. 151:** EM Entertainment Film und Fernseh GmbH, Unterföhring; – **S. 152:** aus: Quint Buchholz: BuchBilderBuch. 45 Bilder von Quint Buchholz und 45 Texte von Herbert Achternbusch bis Paul Wühr. Mit einem Vorwort von Michael Krüger, © 1997 Carl Hanser Verlag, München-Wien; – Warner Bros., Burbank, California 91522; – **S. 153:** EM Entertainment Film und Fernseh GmbH, Unterföhring; – **S. 154:** Florian Schultz-Pernice, München – aus: Jostein Gaarder: Bibbi Bokkens magische Bibliothek. © 2001 Hanser Verlag, München-Wien; – **S. 156:** Arbeitskreis für Jugendliteratur e.V., München; – **S. 157:** Amazon.de GmbH, München; – **S. 161:** (3) Börsenverein des Deutschen Buchhandels, Landesverband Bayern, www.muenchner-buecherschau.de; – **S. 163:** dpa (Oliver Berg), Frankfurt/Main; – **S. 164:** Ivan Steiger, München; – **S. 165:** dpa (Peter Kneffel), Frankfurt/Main; – laif, Köln; – **S. 166:** Horst Haitzinger, München; – **S. 169:** F.K. Waechter, Frankfurt/Main; – **S. 171:** Mauritius (Reinhard), Mittenwald; – **S. 173:** Mauritius (Reinhard), Mittenwald; – Mauritius (Wilson), Mittenwald; – **S. 174:** Mauritius (Wiede), Mittenwald; – **S. 175:** Mauritius (age), Mittenwald; – Mauritius (The copyright Group), Mittenwald; – **S. 177:** Birgit Jakel, Leipzig – **S. 182:** Corbis (Todd A. Gipstein), Düsseldorf; – **S. 183:** (3) AKG (Joseph Martin), Berlin; – **S. 185:** Corbis (Francis G. Mayer), Düsseldorf; – **S. 198:** Corbis, Düsseldorf; – **S. 203:** Corbis, Düsseldorf; – **S. 205:** Corbis, Düsseldorf; – **S. 209:** Klett-Archiv (Henry Zeidler), Stuttgart; – **S. 229:** (2) spiesser - die jugendzeitschrift, Dresden; – **S. 237:** Klett-Archiv (Henry Zeidler), Stuttgart; – **S. 239:** Cinetext, Frankfurt; – **S. 241:** Cinetext, Frankfurt; – **S. 243:** Cinetext, Frankfurt; – **S. 245:** Landesmedienzentrum Baden-Württemberg, Stuttgart; – **S. 246:** Corbis Digital Stock, London; – Mauritius (IPS), Mittenwald; – **S. 259:** Mauritius (Hackenberg), Mittenwald; – **S. 267:** (3) Ernst Klett Schulbuchverlag Leipzig, Leipzig; – **S. 273:** Mauritius, Mittenwald; – **S. 279:** Bulls Press, Frankfurt; – Bulls Press, Frankfurt; – **S. 283:** MEV, Augsburg; – ZEFA (Bill Frymire), Düsseldorf; – Mauritius, Mittenwald; – Mauritius, Mittenwald; – Mauritius, Mittenwald; – Klett-Archiv (Henry Zeidler), Stuttgart

---

1. Auflage A 1 5 4 3 2 1 | 2008 2007 2006 2005 2004

Dieses Werk folgt der reformierten Rechtschreibung und Zeichensetzung. Ausnahmen bilden Texte, bei denen künstlerische, philologische oder lizensrechtliche oder andere Gründe einer Änderung entgegen stehen. Alle Drucke dieser Auflage können im Unterricht nebeneinander benutzt werden, sie sind untereinander unverändert. Die letzte Zahl bezeichnet das Jahr des Druckes.

Redaktion: Eva Kaiser
Herstellung: Sylvia Kusch, Anke Bausch
Illustrationen: Isabel Große Holtforth, München; Iris Hardt, Münster; Angelika Hilbig, Aachen; Sabine Mrasek-Stübner, Aachen; Jörg Mühle, Frankfurt
Layout: Team für Gestaltung, Jülich
Repro: Meyle + Müller GmbH CO, Pforzheim
Druck: Aprinta, Wemding

W-Nr. 300001 zur ISBN 3-12-314201-9